Deutscher Caritasverband,
Referat Integration und Migration (Hg.)

**Unbegleitete minderjährige Flüchtlinge in Deutschland
Rechtliche Vorgaben und deren Umsetzung**

2., überarbeitete und erweiterte Auflage

Mit einem Vorwort von Dr. Andrea Schlenker,
Referatsleitung Migration und Integration
des Deutschen Caritasverbandes

Laden Sie dieses Buch kostenlos auf Ihr Smartphone, Tablet und/oder Ihren PC und profitieren Sie von zahlreichen Vorteilen:

- **kostenlos:** Der Online-Zugriff ist bereits im Preis dieses Buchs enthalten
- **verlinkt:** Die Inhaltsverzeichnisse sind direkt verlinkt, und Sie können selbst Lesezeichen hinzufügen
- **durchsuchbar:** Recherchemöglichkeiten wie in einer Datenbank
- **annotierbar:** Fügen Sie an beliebigen Textstellen eigene Annotationen hinzu
- **sozial:** Teilen Sie markierte Texte oder Annotationen bequem per E-Mail oder Facebook

Aktivierungscode: umf-2016
Passwort: 3628-8274

Download App Store/Google play:
- **App Store/Google play** öffnen
- Im Feld **Suchen Lambertus+** eingeben
- **Laden** und **starten** Sie die **Lambertus+ App**
- **Account/Login** oben rechts anklicken um das E-Book zu öffnen
- Bei **Produkte aktivieren** den **Aktivierungscode** und das **Passwort** eingeben und mit **Aktivieren** bestätigen
- Mit dem Button **Bibliothek** oben links gelangen Sie zu den Büchern

PC-Version:
- Gehen Sie auf **www.lambertus.de/appinside**
- **Account/Login** oben rechts anklicken, um das E-Book in der App freizuschalten
- **Aktivierungscode** und **Passwort** eingeben und mit **Aktivieren** bestätigen
- Wenn Sie Zusatzfunktionen wie persönliche Notizen und Lesezeichen nutzen möchten, können Sie sich unten mit einer persönlichen E-Mail-Adresse dafür registrieren
- Mit dem Button **Bibliothek** oben links gelangen Sie zu den Büchern

Bei Fragen wenden Sie sich gerne an uns:
Lambertus-Verlag GmbH – Tel. 0761/36825-24 oder
E-Mail an info@lambertus.de

Deutscher Caritasverband,
Referat Integration und Migration (Hg.)

Unbegleitete minderjährige Flüchtlinge in Deutschland

Rechtliche Vorgaben und deren Umsetzung

2., überarbeitete und erweiterte Auflage

Mit einem Vorwort von Dr. Andrea Schlenker,
Referatsleitung Migration und Integration
des Deutschen Caritasverbandes

LAMBERTUS

Das Bild auf dem Umschlag wurde von einem Jugendlichen aus Afghanistan im Rahmen einer Psychotherapiegruppe im Kinder- und Jugendprojekt des Therapiezentrums für Folteropfer (TZFO) in Köln gemalt.

Bibliografische Information der Deutschen Nationalbibliothek

Die Deutsche Nationalbibliothek verzeichnet diese Publikation in der Deutschen Nationalbibliografie; detaillierte bibliografische Daten sind im Internet über http://dnb.d-nb.de abrufbar.

Alle Rechte vorbehalten
© 2017, Lambertus-Verlag, Freiburg im Breisgau
2. Auflage
www.lambertus.de
Umschlaggestaltung: Nathalie Kupfermann, Bollschweil
Druck: Franz X. Stückle, Druck und Verlag, Ettenheim
ISBN: 978-3-7841-2850-4
ISBN ebook: 978-3-7841-2863-4

Inhalt

Vorwort		7
1 Benutzerhinweise		10
2 Hintergrundinformationen		
2.1	Begriffsbestimmungen	15
2.2	Europäische Perspektive	17
2.3	Zahlen, Herkunftsländer und Verteilung innerhalb Deutschlands	18
2.4	Fluchtgründe und besondere Schutzbedürftigkeit von umF	21
3 Zentrale Themenkomplexe		
3.1	Alter und Handlungsfähigkeit *Claudia Vogel (Kapitel 3.1 – 3.4)*	25
3.2	Fiktive Altersfestsetzung	29
3.3	Aufgriffe durch die Bundespolizei	40
3.4	Flughafenverfahren	50
3.5	Inobhutnahme *Kathleen Neundorf (Kapitel 3.5 – 3.7)*	58
3.6	Nach dem Clearingverfahren: Unterbringung und spezifische Hilfen	87
3.7	Hilfen für junge Volljährige	94
3.8	Das Asylverfahren *Carsten Hörich (Kapitel 3.8 – 3.12)*	97
3.9	„Dublin-Verfahren"	101
3.10	Soziale Rechte während des Verfahrens	107
3.11	Ende des Asylverfahrens	111
3.12	Alternativen zum Asylantrag	127

4 Traumatisierte umF – welche Unterstützung brauchen sie?
Dorothea Irmler

4.1	Einleitung	133
4.2	Erste Unterstützungsmaßnahmen für traumatisierte umF	138
4.3	Längerfristige Unterstützungsmaßnahmen für traumatisierte umF	140
4.4	Ein Fallbeispiel	144
4.5	Schlussbemerkung	149

5 Praxisbeispiele

5.1	Unbegleitete minderjährige Flüchtlinge in Freiburg *Jakob Schwille*	151
5.2	Evaluation der pädagogischen Arbeit mit unbegleiteten minderjährigen Flüchtlingen *Timo Herrmann, Michael Macsenaere, Stephan Hiller*	186
5.3	Unbegleitete minderjährige Flüchtlinge in der Praxis der Jugendjustiz *Birgitta Stückrath, Ulrich Riesterer*	191

Anhang

Literaturverzeichnis	215
Abkürzungsverzeichnis	228
Die Autorinnen und Autoren	231

Vorwort

Es hat viele Ursachen, warum unbegleitete minderjährige Flüchtlinge (umF) ihre Heimat verlassen und sich auf den Weg nach Europa und Deutschland machen. Manche fliehen aus den gleichen Gründen wie erwachsene Schutzsuchende, z. B. vor Krieg und Gewalt, Diskriminierung und Verfolgung oder Armut. Häufig sind es aber auch spezifische Fluchtgründe, die nur Kinder oder Jugendliche betreffen. Hierzu zählen Kinderarbeit, Zwangsrekrutierung als KindersoldatInnen sowie Verfolgung wegen Wehrdienstverweigerung. Insbesondere bei Mädchen und jungen Frauen können weitere spezifische Gründe für eine Flucht maßgeblich sein, wie (drohende) Genitalverstümmelung, Zwangsheirat, sexueller Missbrauch oder Zwangsprostitution. Daneben spielt immer wieder auch der Wunsch der Eltern eine Rolle, dass ein nach Europa geschicktes Kind dort sicher leben, einen Beruf ergreifen und später aus der Ferne zum Lebensunterhalt der Familie beitragen kann. In den meisten Fällen dürfte eine Kombination aus verschiedenen Gründen der Auslöser dafür sein, dass sich ein junger Mensch ganz allein auf den gefährlichen Fluchtweg begibt.

Das Zusammenspiel aus den Erlebnissen im Herkunftsland, den Erfahrungen während der Flucht, der Minderjährigkeit und dem Unbegleitetsein führen dazu, dass umF im Gegensatz zu anderen Schutzsuchenden ganz spezifische physische, psychische und soziale Bedürfnisse haben. So leiden sie oftmals in besonderem Maße unter den Erfahrungen von Gewalt und Misshandlung, von Armut und Hunger sowie unter politischem und sozialem Druck und der Trennung von ihrer Familie. UmF zählen daher zu der Gruppe besonders verletzlicher und gleichzeitig besonders schutzbedürftiger Flüchtlinge.

Seit dem 1.11.2015 wurde die Zuständigkeit für die Unterbringung, die Versorgung und die Betreuung von umF bundesweit neu geregelt. Durch die Einführung eines bundesweiten Verteilverfahrens befinden sich viele umF nun in Warteschleifen, bis sie – oftmals erst nach Wochen der vorläufigen Inobhutnahme – der für sie zuständigen Kommune zugewiesen und regulär in Obhut genommen werden. Häufig wird erst nach einem Monat ein Vormund oder eine Vormundin bestellt, und ein Sprachkurs, Schulbesuch oder Ausbildungsplatz erst nach der kommunalen Zuweisung organisiert. Eine schnelle Vormundbestellung hat zudem an Bedeutung gewonnen, um das Asylverfahren starten zu können, seit mit dem Asylverfahrensbeschleunigungsgesetz die Handlungsfähigkeit für das Asylverfahren von zuvor 16 auf 18 Jahre hochgesetzt wurde.

Problematisch ist nach wie vor das Thema Altersfestsetzung. Trotz Stellungnahmen, u. a. der Bundesärztekammer, zur nicht vorhandenen wissenschaftlichen Evidenz der medizinischen Verfahren, zu denen u. a. Röntgenaufnahmen, CT und eine körperliche Untersuchung gehören, werden diese weiterhin in einigen Landkreisen angewandt. Dennoch entscheiden diese Methoden über den Zugang zu eigenem Wohnraum, Bildung, rechtlicher Vertretung, Gesundheitsversorgung und möglicherweise sogar über einen Aufenthaltstitel. Eine qualifizierte Inaugenscheinnahme, welche die Feststellung des Reifegrades beinhaltet, scheint für eine fiktive Altersfestsetzung am ehesten geeignet zu sein. Werden umF volljährig, fallen sie häufig, auch wenn nach wie vor Hilfe notwendig ist, trotz des gesetzlichen Anspruchs nach § 41 SGB VIII aus Anschlussmaßnahmen heraus, was ihre Verlegung in eine Gemeinschaftsunterkunft und damit ein völlig neues Umfeld und den Abbruch der bisherigen Schule oder Ausbildung bedeuten kann.

Darüber hinaus gestaltet sich auch für junge unbegleitete Flüchtlinge der Familiennachzug häufig schwierig – obwohl allgemein anerkannt ist, dass das familiäre Umfeld ein zentraler Baustein für gelingendes Ankommen, Teilhabe und den Aufbau von Perspektiven in Deutschland ist. Etwa zwei Drittel der umF sind zwischen 16 und 17 Jahren alt und warten einer Analyse des Bundesfachverbands umF besonders lange auf ihren Asylbescheid, der allerdings wichtige Voraussetzung für den elterlichen Nachzug ist.[1] Auch müssen oftmals lange Wartezeiten in den deutschen Botschaften für die Antragstellung auf Nachzug einberechnet werden. Diese Umstände sowie die neue Praxis der Zuerkennung von subsidiärem Schutz, durch den der Familiennachzug bis März 2018 ausgesetzt ist, führen dazu, dass es für die meisten umF nahezu unmöglich ist, ihre Eltern nachzuholen, was laut Gesetz vor dem 18. Geburtstag der/des Geflüchteten erfolgen muss.

Besondere Härten entstehen darüber hinaus für jene Familien, die weitere minderjährige Kinder im Herkunftsland haben. Da umF lediglich das Recht auf Nachzug der Eltern haben, müssen diese sich bisweilen auf unbestimmte Zeit

---

1 http://www.bumf.de/de/startseite/aktuelle-asylzahlen-unbegleitete-minderjaehrige-warten-besonders-lange (Zugriff: 10.1.2017).

trennen, um die anderen Kinder nicht allein im Herkunftsland zurücklassen zu müssen. Erst wenn ein Elternteil wiederum in Deutschland als Flüchtling anerkannt ist, kann die restliche Familie nachgeholt werden. Hier wäre eine je nach Fallkonstellation im Hinblick auf die Familieneinheit humanere Lösung wünschenswert.

Die besondere Schutzbedürftigkeit von umF und der mancherorts ihre besonderen Bedürfnisse und Umstände missachtende Umgang mit ihnen sind handlungsleitend für den Deutschen Caritasverband und die Dienste und Einrichtungen der Caritas, sich für umF engagiert einzusetzen. Mit der vollständig überarbeiteten Auflage des vorliegenden Buches möchten wir für die aktuelle Situation von umF sensibilisieren sowie haupt- und ehrenamtlichen Fachkräften eine Einführung in die zentralen Probleme von unbegleiteten minderjährigen Flüchtlingen geben und Handlungsmöglichkeiten aufzeigen.

Das Buch bietet daher aktualisierte Hintergrundinformationen zum Begriff, zur europäischen Perspektive, zu Zahlen, Herkunftsländern und Verteilung sowie zu unterschiedlichen Fluchtgründen und der besonderen Schutzbedürftigkeit von umF. Die Frage des Alters und damit verbundene Besonderheiten werden ebenso erläutert wie die verschiedenen, teilweise geänderten Verfahren und Hilfeleistungen für umF. Ein Schwerpunkt stellt darüber hinaus die Frage dar, welche Unterstützung insbesondere jene mit Traumatisierung brauchen. Abschließend veranschaulicht ein neu aufgenommener Teil des Buches anhand von Praxisbeispielen erfolgreiche Ansätze in der Arbeit für und mit umF, aber auch die besonderen Herausforderungen. So bietet Jakob Schwille vom Christophorus Jugendwerk mit einem gelungenen Beispiel dieser Arbeit eine Anregung auch für andere Kommunen. Vor dem Hintergrund der praktischen Erfahrungen des BVkE enthält der Beitrag von Michael Macsenaere eine Evaluation der pädagogischen Arbeit mit umF. Schließlich zeigt jedoch Birgitta Stückrath in ihrem Beitrag „Aus der Praxis der Jugendjustiz" auch die Grenzen dieser Arbeit auf.

Freiburg i.Br., im Winter 2016

PD Dr. Andrea Schlenker

Referatsleiterin Migration und Integration des Deutschen Caritasverbandes

1 Benutzerhinweise

Das hier vorliegende Arbeitsbuch „Unbegleitete minderjährige Flüchtlinge[2] in Deutschland" ist so konzipiert, dass es gleichermaßen Mitarbeitenden in Einrichtungen der Kinder- und Jugendhilfe als auch Mitarbeitenden der Migrations- und Flüchtlingsdienste eine Hilfe in der Arbeit mit unbegleiteten minderjährigen Flüchtlingen (umF) zu geben vermag.

Es orientiert sich an den zentralen Themenkomplexen, die in der Arbeit mit umF von grundlegender Bedeutung sind. Hierzu stellt es überblicksartig die rechtlichen Voraussetzungen für den Umgang mit umF dar und beleuchtet die Schwierigkeiten und Problemfelder, mit denen sowohl umF selbst als auch diejenigen Personen, die sich in der Beratung und Betreuung um umF kümmern, konfrontiert werden können.

Darüber hinaus bietet das Buch allgemeine Hintergrundinformationen zur Situation von umF in Deutschland. Zum besseren Verständnis bedient es sich entsprechenden statistischen Datenmaterials.

Die Ausführungen konzentrieren sich hinsichtlich der rechtlichen Vorgaben und deren praktischer Umsetzung auf Grundzüge, um auch den unkundigen Lesern den Einstieg in die Thematik zu erleichtern.

Der Bedeutung der besonderen Schutzbedürftigkeit von unbegleiteten minderjährigen Flüchtlingen, insbesondere hinsichtlich der von ihnen erlittenen Traumatisierungen, wird durch die beispielhafte Darstellung eines Arbeitsmodells des Kinder- und Jugendprojektes im Therapiezentrum für Folteropfer (TZFO) des Caritasverbandes für die Stadt Köln Rechnung getragen.

Für eine weitergehende Befassung mit dem Thema umF im Allgemeinen sei der/die LeserIn auf die in dem Arbeitsbuch genannte Fachliteratur und darüber hinaus auf die einschlägigen wissenschaftlichen Veröffentlichungen verwiesen.

Im Text wird grundsätzlich Wert auf eine gendergerechte Sprache gelegt. Sofern dies im Einzelfall zu grammatikalisch problematischen Konstruktionen führt, die den Lesefluss stören, wird die männliche Form genannt.

---

2   Im Buch wird durchgängig der Begriff „unbegleitete minderjährige Flüchtlinge" für die betroffenen Jugendlichen verwandt, entsprechend der Empfehlung des Bundesfachverbands unbegleitete minderjährige Flüchtlinge, http://www.b-umf.de/images/Kritik_Begriff_umA.pdf (Zugriff: 16.1.2017).

Abschließend sei noch erwähnt, dass sich die in den Fußnoten genannten Dokumente zur leichteren Auffindbarkeit in ihrer ausführlichen Bezeichnung im Gesamtliteraturverzeichnis am Ende des Buches befinden.

2 Hintergrundinformationen

2.1 Begriffsbestimmungen

Das Thema umF wird innerhalb der Fachöffentlichkeit rege diskutiert. Gleichzeitig bleibt jedoch oftmals unscharf, welche Menschen nun genau mit der Begrifflichkeit umF erfasst werden. Eine möglichst präzise Begriffsbestimmung ist für die Beschäftigung mit der Thematik jedoch unerlässlich.

Als „unbegleitet" gelten nach gängiger Definition Minderjährige, die ohne Eltern oder Erziehungsberechtigte in das Gebiet der Bundesrepublik einreisen. Gleiches gilt für den Fall, dass Kinder nach der Einreise von ihren Eltern getrennt werden und davon ausgegangen werden muss, dass diese Trennung von längerfristiger Dauer ist und die Eltern nicht in der Lage sind, sich um ihre Kinder zu kümmern.[3]

Als „minderjährig" gilt gemäß den zivilrechtlichen Vorgaben des deutschen Rechts jede Person unter 18 Jahren.[4] Nach der Definition der UN-Kinderrechtskonvention ist „ein Kind jeder Mensch, der das 18. Lebensjahr noch nicht vollendet hat, soweit die Volljährigkeit nach dem auf das Kind anzuwendenden Recht nicht früher eintritt"[5]. Bis zu diesem Zeitpunkt werden die Interessen der Minderjährigen von den jeweiligen Erziehungsberechtigten (Eltern bzw. Vormund) vertreten.

Die Verwendung des Begriffs „Flüchtling" darf in der vorliegenden Veröffentlichung nicht im engeren juristischen Sinne verstanden werden, wonach ein Flüchtling diesen Status nach dem erfolgreichen Durchlaufen eines Anerkennungsverfahrens gemäß der Genfer Flüchtlingskonvention[6] bereits erhalten hat.

---

3   Die Richtlinie 2011/95/EU des Europäischen Parlaments und des Rates vom 13.12.2011 (Qualifikationsrichtlinie) definiert in Art. 2l einen unbegleiteten Minderjährigen als einen Minderjährigen, der ohne Begleitung eines für ihn nach dem Gesetz oder der Praxis des betreffenden Mitgliedstaats verantwortlichen Erwachsenen in das Hoheitsgebiet eines Mitgliedstaats einreist, solange er sich nicht tatsächlich in der Obhut eines solchen Erwachsenen befindet; dies schließt Minderjährige ein, die nach der Einreise in das Hoheitsgebiet eines Mitgliedstaats dort ohne Begleitung zurückgelassen wurden.
4   § 2 Bürgerliches Gesetzbuch (BGB) bestimmt, dass die Volljährigkeit mit der Vollendung des 18. Lebensjahres eintritt.
5   Vgl. Art. 1 des Übereinkommens über die Rechte des Kindes vom 20.11.1989 (UN-Kinderrechtskonvention).
6   Nach dem Abkommen über die Rechtsstellung der Flüchtlinge (Genfer Flüchtlingskonvention – GFK) ist ein Flüchtling definiert als eine Person, welche „aus der begründeten Furcht vor Verfolgung wegen ihrer Rasse, Religion, Nationalität, Zugehörigkeit zu einer bestimmten sozialen Gruppe oder wegen ihrer politischen Überzeugung sich außerhalb des Landes befindet, dessen Staatsangehörigkeit sie besitzt, und den Schutz dieses Landes nicht in Anspruch nehmen kann oder wegen dieser Befürchtungen nicht in Anspruch nehmen will" (Art. 1a Nr. 2 GFK).

Vielmehr soll als „Flüchtling" in diesem Kontext auch jede minderjährige Person angesehen werden, die den Status eines anerkannten Flüchtlings oder eine andere Form des humanitären Aufenthalts in Deutschland bisher lediglich anstrebt.

Aufgrund dieser (juristischen) Ungenauigkeit der Bezeichnung umF werden seit Inkrafttreten des Gesetzes zur Verbesserung der Unterbringung, Versorgung und Betreuung ausländischer Kinder und Jugendlicher (Umverteilungsgesetz) vom 1.11.2015 Minderjährige, die unbegleitet nach Deutschland einreisen, vielerorts nicht mehr unbegleitete minderjährige Flüchtlinge (umF), sondern unbegleitete minderjährige AusländerInnen genannt (umA).[7]

Das Bundesfamilienministerium begründet dies u. a. mit den bereits dargestellten Überlegungen, dass bei der Einreise der Minderjährigen keineswegs erwiesen ist, ob es sich um anerkannte Flüchtlinge nach der Genfer Flüchtlingskonvention handelt oder nicht.

Da jedoch in Fachdiskursen weiterhin der Begriff „Flüchtling" statt „AusländerIn" verwendet wird und sich auch der Bundesfachverband Unbegleitete Minderjährige Flüchtlinge (B-UMF) gegen die Verwendung der neuen Bezeichnung ausspricht, halten wir ebenfalls am bisherigen Begriff der umF fest; denn unbegleitete minderjährige Flüchtlinge sollten nicht in erster Linie als AusländerInnen wahrgenommen werden, sondern als Kinder und Jugendliche, die aufgrund ihrer Flucht spezifische Bedürfnisse haben.[8]

Der Begriff „Flüchtling" bezieht sich in der vorliegenden Darstellung im Kontext von umF daher in erster Linie auf unbegleitete minderjährige Schutzsuchende, schließt jene, die nach Durchlaufen des Asylverfahrens in Deutschland den Status eines anerkannten Flüchtlings letztlich erhalten haben, jedoch ebenso mit ein.

---

7 Vgl. hierzu die Stellungnahme und Kritik des BumF vom 18.12.2015.
8 BumF vom 18.12.2015.

2.2 Europäische Perspektive

Im Jahr 2015 stellten innerhalb der EU-Mitgliedstaaten 88.300 unbegleitete Minderjährige einen Antrag auf Asyl, was insgesamt fast ein Viertel (23 %) aller Asylbewerber ausmachte.[9] Damit hat sich die Anzahl der Asylanträge im Vergleich zu den Jahren 2008 bis 2013 (hier gab es durchschnittlich 11.000 bis 13.000 Asylanträge) verachtfacht und im Vergleich zu 2014 (mit knapp 23.000 Asylanträgen) fast vervierfacht. Die Ankunft von unbegleiteten minderjährigen Flüchtlingen in den Ländern Europas ist somit kein vorübergehendes Phänomen, sondern stellt ein bleibendes Charakteristikum von Migrationsbewegungen in die EU dar.[10] Die große Mehrheit der umF im Jahre 2015 war männlich (91 %), 57 Prozent der umF waren im Alter zwischen 16 und 17 Jahren, 29 Prozent zwischen 14 und 15 und knapp 13 Prozent unter 13 Jahren.[11] Etwa die Hälfte (51 %, ca. 45.295) stammte aus Afghanistan; weitere Herkunftsländer waren u. a. Syrien (16 %, ca. 14.345), Erirea (6 %, ca. 5.455), Irak (5 %, ca. 4.685), Somalia (4 %, ca. 3.590) und Gambia (2 %, ca. 1.450).

2015 wurden die meisten Asylanträge von unbegleiteten minderjährigen Flüchtlingen innerhalb der EU in Schweden (35.300) gestellt, gefolgt von Deutschland (14.400), Ungarn (8.800) und Österreich (8.300).[12] Von den insgesamt 441.899 Asylerstanträgen, die 2015 in Deutschland gestellt wurden, beliefen sich allein 137.479 auf Minderjährige unter 18 Jahren.[13] Somit handelte es sich bei etwa einem Zehntel (14.400) um unbegleitete Minderjährige.

2010 wurde von der Europäischen Kommission ein sogenannter Aktionsplan verabschiedet[14], welcher die Situation von unbegleiteten Minderjährigen in der EU aufgreift und die Forderung erhebt, dass bei allen Entscheidungen unabhängig vom Einwanderungsstatus primär das Kindeswohl Berücksichtigung finden müsse. Der Aktionsplan lief bis 2014.

---

9 ec.europa.eu/eurostat (statistisches Amt der EU), Pressemitteilung vom 2.5.2016.
10 Vgl. Europäische Kommission (2012).
11 ec.europa.eu/eurostat, Pressemitteilung vom 2.5.2016.
12 ec.europa.eu/eurostat, Pressemitteilung vom 2.5.2016.
13 www.bamf.de: Bundesamt für Migration und Flüchtlinge; „aktuelle Zahlen für Asyl", Ausgabe Dezember 2015.
14 Vgl. European Commission (2010).

2.3 Zahlen, Herkunftsländer und Verteilung innerhalb Deutschlands

2.3.1 Allgemeines

Betrachtet man die weltweite Situation, handelt es sich bei einer Vielzahl der registrierten Flüchtlinge um Minderjährige: 2015 betrug ihr Anteil an allen Flüchtlingen 51 Prozent.[15] Ein Teil von ihnen ist allein auf der Flucht oder wird während der Flucht von anderen Familienmitgliedern getrennt. Nur einige wenige der von ihren Eltern getrennten Flüchtlingskinder gelangen dabei nach Deutschland.[16]

Die Datenlage zu unbegleiteten minderjährigen AusländerInnen (d. h. auch zu solchen, die nicht um Asyl oder einen Abschiebungsschutz nachsuchen) ist insgesamt in Deutschland sehr unbefriedigend. So enthält das Ausländerzentralregister (AZR) zwar Angaben über das Alter der erfassten Personen, macht jedoch keine Rückschlüsse über familiäre Verbindungen möglich. Daher ist nicht nachvollziehbar, ob ein im AZR erfasster Minderjähriger Eltern oder Erziehungsberechtigte in Deutschland hat oder nicht – weshalb eine genaue Aussage darüber, wie viele unbegleitete Minderjährige in Deutschland leben, hiernach nicht möglich ist. Auch hinsichtlich der Zahl der durchgeführten Abschiebungen von unbegleiteten Minderjährigen und der Zahl von unbegleiteten Minderjährigen, die in Abschiebungshaft genommen wurden, liegen lediglich ungefähre Werte vor.[17] Ferner muss davon ausgegangen werden, dass die Asylantragszahlen 2015, insbesondere auch diejenigen der umF, jedoch nur bedingt Auskunft über die tatsächliche Anzahl der Menschen bzw. Minderjährigen, die in Deutschland Schutz suchten, geben. Laut Angabe von Pro Asyl hatten mehrere Hunderttausende Asylsuchende aufgrund der Überlastung des Bundesamtes für Migration und Flüchtlinge keine Möglichkeit, überhaupt einen Asylantrag zu stellen. Zudem kann eine hohe Anzahl von Doppel- und Fehlregistrierungen nicht ausgeschlossen werden. Des Weiteren muss davon ausgegangen werden, dass nicht wenige unbegleitete Minderjährige unbemerkt nach Deutschland einreisen oder die BRD lediglich als Transitland nutzen und nicht in Kontakt mit den deutschen Behörden kommen.[18] Da es somit nicht möglich ist, die Zahl von in Deutschland lebenden unbegleiteten minderjährigen Flüchtlingen genau zu bestimmen, können hier nur Schätzwerte genannt werden. Der Bundesfachverband Unbe-

---

15 UNHCR – diese Angabe bezieht sich allerdings auf weniger als die Hälfte aller Flüchtlinge, die vom UNHCR gezählt wurden. Für die Übrigen liegen keine Informationen vor.
16 Vgl. Breithecker/Freesemann (2009), S. 3.
17 Vgl. Parusel (2009), S. 17 f.
18 Vgl. Breithecker/Freesemann (2009), S. 3.

2.3 Zahlen, Herkunftsländer und Verteilung innerhalb Deutschlands

gleitete Minderjährige Flüchtlinge (B-UMF) veranschlagt, dass die Zahl der umF Ende Januar 2016 auf rund 60.000 gewachsen ist. Allerdings haben hiervon nur knapp 14.400 tatsächlich einen Asylantrag (Erstantrag) gestellt, über welche allerdings nur in knapp einem Fünftel (ca. 2.900) entschieden wurde.[19]

Es gibt mehrere Anhaltspunkte, um die Zahlen von umF in Deutschland wenigstens näherungsweise zu bestimmen. Einerseits können dazu die Aufgriffe durch die Bundespolizei herangezogen werden, andererseits die Zahl der gestellten Asylerstanträge oder die Anzahl der Erstaufnahmen von umF.

2.3.2 Zahl der Asylanträge

Während zwischen 1995 und 2007 die Zahl der Asylerstanträge insgesamt kontinuierlich von ca. 128.000 auf etwa 19.000 zurückging, kam es seit 2008 zu einem deutlichen Anstieg. Waren es im Jahr 2010 noch ca. 41.000 Asyl-Erstanträge, stieg die Zahl im Jahr 2013 auf rund 109.580 und im Jahr 2014 173.072. Im Jahr 2015 hatten knapp 441.899 Personen einen Asyl-Erstantrag gestellt; somit stieg die Zahl im Vergleich zu 2010 um das mehr als 10-Fache und im Vergleich zum Vorjahr um ca. das 2,5-Fache.[20] Dies ist in erster Linie auf die Lage in Afghanistan und Syrien zurückzuführen. Seit 2008 stieg auch die Zahl von unbegleiteten minderjährigen Flüchtlingen an, von welchen jedoch bei weitem nicht alle einen Asylantrag stellten.[21] Während es 2008 insgesamt lediglich 763 umF waren, die in Deutschland einen Asylerstantrag stellten[22], stieg ihre Zahl stetig an auf 1.304 in 2009, 1.948 in 2010[23], 2.126 in 2011 und schließlich 2015 auf 14.439. Die meisten unbegleiteten minderjährigen Flüchtlinge, die im Jahr 2015 in Deutschland einen Asylantrag stellten, kamen aus Afghanistan (ca. 4.744), Syrien (ca. 3.985), Eritrea (ca. 1.349), Irak (ca. 1.340) und Somalia (ca. 793).[24]

Die Asylanträge von umF verteilen sich auf die einzelnen Bundesländer höchst unterschiedlich. Hamburg nahm 2011 mit 399 Asylanträgen den „Spitzenplatz" ein; an zweiter und dritter Stelle lagen Hessen (369) und Bayern (357); in Nordrhein-Westfalen stellten im Jahr 2011 240 umF einen Asylantrag, in Baden-

---

19 Bundesamt für Migration und Flüchtlinge, Stand 31.12.2015.
20 www.bamf.de: Bundesamt für Migration und Flüchtlinge; „Aktuelle Zahlen für Asyl", Ausgabe Dezember 2015.
21 Vgl. Espenhorst (2011), S. 19.
22 Hierbei entfielen 324 auf Personen bis 15 Jahre und 439 auf 16- bis 17-Jährige. Vgl. Parusel (2009), S. 41.
23 Vgl. Berthold/Espenhorst (2011a).
24 Bundsamt für Migration und Flüchtlinge, Stand 31.12.2015; ec.europa.eu/eurostat, Pressemitteilung vom 2.5.2016.

Württemberg waren es 163. Es folgten Niedersachsen mit 126, Berlin mit 95 und das Saarland mit 92 Asylanträgen von umF. In den Bundesländern Sachsen-Anhalt (10 Anträge in 2011) sowie Mecklenburg-Vorpommern und Thüringen (jeweils 7 Anträge auf Asyl in 2011) spielte die Problematik von umF in diesem Zusammenhang dagegen nur eine vergleichsweise geringe Rolle.[25]

2.3.3 Zahl der Erstaufnahmen

Eine weitere Möglichkeit, sich der Zahl der umF in Deutschland anzunähern, besteht darin, die Zahl der Erstaufnahmen von neu eingereisten umF in Einrichtungen der Kinder- und Jugendhilfe zu betrachten. Seit dem 1.11.2015 werden umF über eine Quotenregelung bundesweit verteilt. Nach Recherchen des B-UMF stieg die Zahl der Erstversorgungen durch Jugendämter zwischen 2009 und 2010 von 3.015 auf mindestens 4.200 an.[26] Während es im Jahre 2011 zu 3.782 Kontakten mit umF kam[27], stieg die Zahl der Inobhutnahme im Jahre 2014 auf 11.642 und 2015 sogar auf 42.309.[28]

Daneben geben die Bestandszahlen der Kinder- und Jugendhilfe, die das Bundesverwaltungsamt seit November 2015 sammelt und erhebt, ebenfalls Auskunft über umF in Deutschland. Diese Angaben differenzieren zwischen umF, für die die Zuständigkeit vor dem 1.11.2015 bereits bestand und denjenigen, die neu aufgenommen werden. Aus diesen Zahlen lässt sich erkennen, dass die Einreise von umF seit November 2015 kontinuierlich abnimmt. Wurden von November 2015 bis März 2016 noch knapp 25.000 neu eingereiste umF registriert, wurden von April bis Juli 2016 nur knapp 2.000 weitere umF aufgenommen.[29]

Was die Verteilung der umF auf die einzelnen Bundesländer betrifft, so haben die Bundesländer Bayern (hier befanden sich Ende Januar 2016 15.789 umF in jugenhilferechtlicher Zuständigkeit[30], Quotenerfüllung 149,9 %), Berlin (4.062 umF, 118,5 %), Bremen (2.562 umF, 394,4 %), Hamburg (2.601 umF, 151,5 %), Hessen (6.860 umF, 137,3 %), Saarland (1.299 umF, 156,6 %) und Schleswig-Holstein (2.569 umF, 111,2 %) ihre Quote nach dem Königsteiner-Schlüssel übererfüllt; diese Länder können nun neueinreisende umF an die anderen

---

25 Vgl. B-UMF (2012).
26 Vgl. Berthold/Espenhorst (2011a).
27 Vgl. B-UMF (2012b), S. 8.
28 B-UMF, Pressemitteilung vom 2.8.2016; es handelt sich hierbei jedoch um eine Leistungsstatistik, nicht um eine Personenstatistik, sodass Fehler bspw. durch Mehrfachregistrierungen nicht ausgeschlossen werden können.
29 B-UMF, Pressemitteilung vom 2.8.2016.
30 B-UMF, Pressemitteilung vom 29.1.2016.

Länder weiterverteilen. Hauptaufnahmeländer sind Bayern, Nordrhein-Westfalen (mit 12.388 umF, 86 % Quotenerfüllung) Baden-Württemberg (6.281 umF, 71,9 %), und Hessen.

Obwohl also auch die Zahl der Erstaufnahmen von umF keine genaue Aussage über alle umF in Deutschland zulässt, scheint diese Zahl trotz aller Schwächen am besten als Bezugsgröße geeignet zu sein, da wie erwähnt nicht alle umF auch einen Antrag auf Asyl stellen.

2.4 Fluchtgründe und besondere Schutzbedürftigkeit von umF

2.4.1 Fluchtgründe

Neben Fluchtgründen, die auch auf erwachsene Flüchtlinge zutreffen, existiert eine Reihe von kinderspezifischen Fluchtursachen. Hierzu zält, dass die Betroffenen von einer Zwangsrekrutierung als Kindersoldat sowie von Kinderhandel bedroht oder bereits Opfer davon geworden sind.[31]

Kinder fliehen außerdem wegen körperlicher Ausbeutung, weil sie als Geiseln festgehalten und gefoltert wurden oder weil sie befürchten, für politische Aktivitäten ihrer Eltern zur Rechenschaft gezogen zu werden. Manche Kinder fliehen, weil sie auf der Suche nach Familienangehörigen oder der Chance auf Bildung und einer Perspektive in ihrem Leben sind.[32] Auch Zwangsprostitution, Zwangsverheiratung, Sippenhaft, Diskriminierungen und die Zugehörigkeit zu einer benachteiligten sozialen Gruppe gelten für Erwachsene wie auch für Kinder als fluchtauslösende Faktoren. Oftmals kommt es auch zu einer Verknüpfung verschiedener Fluchtursachen.[33] Einige der umF haben zudem Gewalterfahrungen gemacht oder wurden sexuell missbraucht.[34] Mädchen sind darüber hinaus nicht selten von geschlechtsspezifischen Formen der Gewalt bedroht bzw. waren ihnen ausgesetzt (etwa Genitalverstümmelung).[35] Auch fliehen sie oftmals vor familiärer Gewalt.[36] Schließlich spielt als Fluchtursache auch die direkte Bedrohung (bzw. Misshandlung) durch Familienangehörige selbst und Bekannte (etwa in Form sexueller Gewalt) eine Rolle.

---

31 Vgl. Berthold/Espenhorst (2011a), S. 320.
32 Vgl. Rieger (2010). In: Dieckhoff (2010), S. 21.
33 Vgl. Berthold/Espenhorst (2011a), S. 320.
34 Vgl. Riedelsheimer (2006), S. 23.
35 Vgl. Deutscher Caritasverband e.V. (2010), S. 24.
36 Vgl. Rieger (2010). In: Dieckhoff (2010), S. 21.

Dies kann dazu führen, dass bei den betroffenen Minderjährigen besonders starke Formen von Traumatisierung auftreten können. Aufgrund ihres Unbegleitetseins fehlt dieser Gruppe von Flüchtlingen der innerfamiliäre Halt und die Unterstützung durch die Familie. Zum Teil mussten sie den Verlust von Angehörigen miterleben oder wurden Zeuge von anderen gravierenden belastenden Gewalterfahrungen, was tief verankerte Gefühle der Hilflosigkeit und einen Vertrauensverlust gegenüber anderen Menschen zur Folge haben kann.[37]

2.4.2 Fluchtumstände

Kinderflüchtlinge wurden entweder von ihren Eltern bzw. anderen Bezugspersonen losgeschickt oder fliehen aus eigenem Antrieb. Oftmals werden sie auch im Herkunftsland (etwa während eines Krieges) oder aber auf der Flucht von ihren Eltern getrennt. In den meisten Fällen sind sie von Schleusern und Menschenhändlern abhängig, um über die Landesgrenzen zu gelangen. Häufig sind sie Monate oder gar Jahre auf der Flucht und überwinden große Entfernungen, bis sie schließlich in dem Land ankommen, in welchem sie Schutz suchen. Während der Flucht werden Kinder nicht selten abermals Opfer von Gewalt.[38]

2.4.3 Besondere Schutzbedürftigkeit

Alle Flüchtlinge – egal welchen Alters – teilen das Schicksal, dass sie ihre Heimat unfreiwillig verlassen, um vor Krieg, Verfolgung oder anderen Bedrohungen zu fliehen. Doch Kinder nehmen dieses Schicksal auf eine andere Weise wahr. Dies wird deutlich in den 2009 vom UNHCR veröffentlichten „Richtlinien zum internationalen Schutz: Asylanträge von Kindern" beschrieben. Darin heißt es unter dem Abschnitt „Wirkung der Verfolgung auf Kinder":
„Handlungen oder Bedrohungen, die im Fall eines Erwachsenen noch nicht als Verfolgung anzusehen sind, können bei Kindern bereits Verfolgung bedeuten, einfach deshalb, weil sie Kinder sind. Fehlende Reife, Verletzlichkeit, noch unentwickelte Bewältigungsmechanismen und Abhängigkeit sowie unterschiedliche Entwicklungsstadien und beeinträchtigte Fähigkeiten stehen in direktem Zusammenhang mit der Art, wie ein Kind eine Schädigung erlebt oder eine solche befürchtet. [. . .] Musste ein Kind etwa Gewalt gegen einen Elternteil oder eine andere Person, von der es abhängig ist, mit ansehen oder hat es deren Verschwinden oder Tötung erlebt, kann das Kind eine wohlbegründete Furcht vor Verfolgung haben, selbst wenn die Handlung nicht direkt gegen das Kind gerichtet war. Unter bestimmten Umständen kann zum Beispiel auch die erzwungene Trennung eines

---

[37] Vgl. Deutscher Caritasverband e. V. (2010), S. 24.
[38] Vgl. Rieger (2010). In: Dieckhoff (2010), S. 21.

2.4 Fluchtgründe und besondere Schutzbedürftigkeit von umF

Kindes von seinen Eltern, bedingt durch diskriminierende Sorgerechtsbestimmungen oder die Inhaftierung eines oder beider Elternteile des Kindes, Verfolgung darstellen."[37]

Bei unbegleiteten minderjährigen Flüchtlingen kommt erschwerend hinzu, dass es sich hierbei um Kinder bzw. Heranwachsende handelt, die nun auf sich allein gestellt Hilfe und Schutz in einem ihnen fremden Land suchen. Während auch erwachsene Flüchtlinge bereits in ihren Herkunftsländern und während der Flucht oftmals dramatische Erfahrungen gemacht haben, beruht die besondere Verletzlichkeit von unbegleiteten minderjährigen Flüchtlingen jedoch auch „auf der während der Entwicklungsphase stattfindenden Herauslösung aus dem sozialen Umfeld und der Trennung von ihrer Familie"[39]. Das von der Europäischen Kommission unterstützte Separated Children in Europe Programme hat in diesem Zusammenhang festgestellt, dass unbegleitete Minderjährige „körperlich, sozial und psychisch leiden, weil sie ohne Schutz durch ihre Eltern oder sonstige Sorgeberechtigte sind"[40]. Diese Gruppe von Flüchtlingen ist somit einer doppelten Belastung ausgesetzt. Das Kind bzw. der/die Jugendliche ist ohne vertraute Bezugspersonen nach einer oftmals wochenlangen strapaziösen Flucht und vielfach unter traumatisierenden Umständen schließlich in Deutschland angekommen.[41]

Unbegleitete minderjährige Flüchtlinge, die in Deutschland ankommen, benötigen deshalb besonderen Schutz und Unterstützung und häufig auch therapeutische Hilfe durch staatliche Einrichtungen.

---

39 Siehe Homepage des Flüchtlingsrates Niedersachsen e. V. zum Thema unbegleitete minderjährige Flüchtlinge unter: http://www.nds-fluerat.org.
40 Siehe Homepage des Separated Children in Europe Programme zum Thema unbegleitete Kinder unter: http://separated-children-europe-programme.org.
41 Vgl. Jockenhövel-Schiecke (2006), Kap 87, S. 1.

3 Zentrale Themenkomplexe

3.1 Alter und Handlungsfähigkeit

Claudia Vogel (Kapitel 3.1 – 3.4)

Seit Inkrafttreten des Asylverfahrensbeschleunigungsgesetzes am 24.10.2015 ist in § 12 AsylG die Verfahrens- und Handlungsfähigkeit in Asylverfahren neu geregelt worden. Nunmehr gelten Jugendliche auch im Ausländerrecht erst mit Vollendung des 18. Lebensjahres als handlungs- und verfahrensfähig. Gleiches gilt aufgrund einer Gesetzesänderung vom 28.10.2015 nun auch für das Aufenthaltsgesetz (s. § 80 AufenthG). Diese Gesetzesänderung basiert auf dem Gesetz zur Verbesserung der Unterbringung, Versorgung und Betreuung ausländischer Kinder und Jugendlicher vom 28.10.2015, in Kraft seit dem 1.11.2015. Der Gesetzgeber beabsichtigt mit diesem Gesetz eine Verbesserung der Lage der minderjährigen Flüchtlinge in Deutschland und beruft sich dabei auf die UN-Kinderrechtskonvention (UN-KRK) und auf die Richtlinien des Europäischen Parlaments und des Rates vom 26.6.2013 (Richtlinie 2013/33/EU, sogenannte „Aufnahme-Richtlinie", Richtlinie 2013/32/EU, sogenannte „Asylverfahrens-Richtlinie").

Die Bestimmungen der UN-Kinderrechtskonvention (UN-KRK) und des SGB VIII (Kinder-und Jugendhilferecht) stehen nach dieser Gesetzesänderung in Einklang mit dem Ausländerrecht.

3.1.1 Vorgaben der UN-Kinderrechtskonvention
Kinder und Jugendliche, die aus ihren Herkunftsländern allein in die Bundesrepublik Deutschland kommen, gehören zu den nach der UN-KRK schutzbedürftigen Personengruppen.

Die UN-KRK ist ein Menschenrechtsvertrag, der als umfassendes Regelwerk den Schutz der Minderjährigen sicherstellen will. In dieser Konvention werden kinderspezifische Freiheitsrechte, Leistungs-, Schutz- und Verfahrensgarantien geregelt. Unbegleitete minderjährige Flüchtlinge haben ein Recht darauf, dem Kindeswohl entsprechend untergebracht, versorgt und betreut zu werden.

Die Bestimmungen der UN-KRK[42], wonach bei allen Maßnahmen, die Kinder betreffen, das Kindeswohl vorrangig zu berücksichtigen ist (Art. 3 UN-KRK), beziehen sich grundsätzlich auf alle Personen, die das 18. Lebensjahr noch nicht

---

[42] Vgl. Übereinkommen über die Rechte des Kindes vom 20.11.1989 (UN-Kinderrechtskonvention).

erreicht haben (Art. 1 UN-KRK).[43] Daneben wird in Art. 22 UN-KRK der Konvention ausdrücklich auf Flüchtlingskinder Bezug genommen, wobei die Gruppe der unbegleiteten minderjährigen Flüchtlinge explizit mit eingeschlossen wird. Hiernach muss sichergestellt sein, dass Flüchtlingskinder angemessenen Schutz erhalten und bei der Wahrnehmung aller Rechte der Konvention unterstützt werden. Unbegleiteten minderjährigen Flüchtlingen ist außerdem derselbe Schutz zu gewähren wie allen anderen Kindern, die vorübergehend oder auf Dauer von ihrem familiären Umfeld getrennt sind.

Die UN-KRK wurde am 20.11.1989 von der Generalversammlung der Vereinten Nationen (VN) verabschiedet; von Deutschland wurde sie 1992 ratifiziert, dies jedoch nur in Verbindung mit verschiedenen Einschränkungen. So hatte Deutschland die Konvention nur unter dem Vorbehalt unterzeichnet, dass diese innerstaatlich nicht unmittelbar anwendbar sei und das deutsche Ausländerrecht Vorrang vor den Verpflichtungen der Konvention genieße. Von diesen Einschränkungen betroffen waren u. a. minderjährige Flüchtlinge, denen dadurch nicht dieselben Rechte wie deutschen Kindern zugestanden worden waren. Nach lang andauernder und vielfältiger Kritik (u. a. durch den UN-Ausschuss für die Rechte des Kindes) hat die Bundesregierung schließlich am 3.5.2010 nach 18 Jahren ihren Vorbehalt zurückgenommen und dies am 15.7.2010 auch gegenüber den Vereinten Nationen offiziell erklärt. Seitdem gilt die Konvention auch in Deutschland als uneingeschränkt anwendbar.

Hinsichtlich der Anwendung der UN-KRK ist jedoch zu beachten, dass eine Willenserklärung der Vertragsstaaten zu einer unmittelbaren Anwendbarkeit[44] nicht vorliegt. Die Vertragsstaaten wollten in erster Linie Staatenverpflichtungen begründen. Nur Art. 3 Abs. 1 UN-KRK bildet hier einen Sonderfall, da das hier geregelte Vorrangprinzip unmittelbar anwendbar ist, d. h. sich direkt an den Rechtsanwender wendet.

„[...] Es handelt sich bei dem Vorrang des Kindeswohls deshalb um unmittelbar anwendbares Völkerrecht, das bei der Auslegung und Anwendung innerstaatlichen Rechts vom Rechtsanwender beachtet werden muss."[45]

---

43 Art. 1 der Konvention definiert als Kind jeden Menschen, der das 18. Lebensjahr noch nicht vollendet hat, soweit die Volljährigkeit nach dem auf das Kind anzuwendenden Recht nicht früher eintritt. Vgl. Übereinkommen über die Rechte des Kindes vom 20.11.1989 (UN-Kinderrechtskonvention).
44 Ob eine unmittelbare Anwendbarkeit der UN-KRK dennoch angenommen werden kann, ist unter Fachleuten umstritten. Unstreitig ist jedoch, dass in der UN-KRK Kinderrechte und Grundsätze definiert werden, welche von den Staaten zu beachten sind. Cremer (2011b), S. 17.
45 Vgl. Lorz (2010), S. 17.

Infolge der unmittelbaren Anwendbarkeit des Art. 3 Abs. 1 UN-KRK kommt dem Kindeswohlvorrang maßgebliche Bedeutung zu. Betrifft eine behördliche Maßnahme Kinder, so ist das Kindeswohl vorrangig zu berücksichtigen. Es werde daher in großen Teilen durch die UN-KRK Rechtspositionen für Kinder begründet, auf welche sich Kinder unmittelbar berufen können.[46]

3.1.2 Vorgaben des Bürgerlichen Gesetzbuches (BGB)

Gemäß § 12 Abs. 2 Satz 1 AsylG sind für die Anwendung dieses Gesetzes in Bezug auf die Volljährigkeit die Vorschriften des Bürgerlichen Gesetzbuches (BGB) maßgebend. Gleiches gilt gemäß § 80 Abs. 3 Satz 1 AufenthG. Gemäß § 2 BGB tritt die Volljährigkeit mit Vollendung des 18. Lebensjahres ein, d. h. am 18. Geburtstag.

Nach dem unter 3.1.3 erläuterten Verfahren der Inobhutnahme ist die unverzügliche Bestellung eines Vormunds oder Pflegers durch das Familiengericht zu veranlassen. Das Familiengericht hat das Ruhen der elterlichen Sorge festzustellen (§ 1674 BGB), die Vormundschaft anzuordnen (§ 1774 BGB), den Vormund auszuwählen (§ 1779 BGB) und zu bestellen (§ 1789 BGB). Das Familiengericht hat gemäß § 1693 BGB die im Interesse des Kindes erforderlichen Maßregeln zu treffen und kann dazu auch vorläufige Maßnahmen durch einstweilige Anordnungen gemäß §§ 49 f. FamFG treffen.

3.1.3 Bestimmungen des Sozialgesetzbuches (SGB)

Im Sozialrecht ist grundsätzlich „zur Verfolgung eines Antrags" in Verwaltungsverfahren handlungsfähig, wer das 15. Lebensjahr vollendet hat (§ 36 Abs. 1 SGB I). Ein Minderjähriger kann also Anträge auf Sozialleistungen stellen und verfolgen sowie Sozialleistungen entgegennehmen. Diese Handlungsfähigkeit kann vom gesetzlichen Vertreter durch schriftliche Erklärung gegenüber dem Leistungsträger eingeschränkt werden (§ 36 Abs. 2 SGB I). Die Rücknahme von Anträgen, der Verzicht auf Sozialleistungen und die Entgegennahme von Darlehen bedürfen jedoch immer der Zustimmung des gesetzlichen Vertreters. Das Verfolgen eines Antrags umfasst auch die Einlegung eines Widerspruchs. Für das gerichtliche Verfahren gelten die besonderen Vorschriften der §§ 62 Abs. 1 Ziff. 2 VwGO, 71 Abs. 2 SGG über die Prozessfähigkeit. Sie ist im Ergebnis in Bezug auf minderjährige Flüchtlinge erst dann gegeben, wenn diese die Volljährigkeit erreicht haben.

---

[46] Vgl. Heinhold (2012), S. 17.

Für die Bestimmungen des SGB VIII gilt:
Grundsätzlich hat jeder junge Mensch in Deutschland gemäß § 1 SGB VIII das „Recht auf Förderung seiner Entwicklung und auf Erziehung zu einer eigenverantwortlichen und gemeinschaftsfähigen Persönlichkeit". Gemäß § 1 Abs. 3 Nr. 3 SGB VIII sind Kinder und Jugendliche dabei „vor Gefahren für ihr Wohl" zu schützen. Gemäß § 42 Abs. 1 Nr. 3 SGB VIII gilt, dass in Deutschland das Jugendamt „berechtigt und verpflichtet [ist], ein Kind oder einen Jugendlichen in seine Obhut zu nehmen, wenn [...] ein ausländisches Kind oder ein ausländischer Jugendlicher unbegleitet nach Deutschland kommt und sich weder Personensorge- noch Erziehungsberechtigte im Inland aufhalten." Gemäß § 42a Abs. 1 SGB VIII „ist das Jugendamt berechtigt und verpflichtet, ein ausländisches Kind oder einen ausländischen Jugendlichen vorläufig in Obhut zu nehmen, sobald dessen unbegleitete Einreise nach Deutschland festgestellt wird".[47] Im Unterschied zu § 42 Abs. 1 Satz 1 Nr. 3 SGB VIII fordert 42a SGB VIII lediglich die unbegleitete Einreise.

Kind ist gemäß § 7 Abs. 1 Nr. 1 SGB VIII, „wer noch nicht 14 Jahre alt ist", Jugendlicher gemäß § 7 Abs. 1 Nr. 2 SGB VIII, „wer 14, aber noch nicht 18 Jahre alt ist".

3.1.4 Ausländerrechtliche Bestimmungen

Nunmehr sind unbegleitete minderjährige Flüchtlinge gemäß § 12 Abs. 1 AsylG und § 80 Abs. 1 AufenthG auch erst mit Vollendung des 18. Lebensjahres fähig, Verfahrenshandlungen zu tätigen. Das bedeutet, dass sie in asyl- und ausländerrechtlichen Verfahrensfragen nur durch einen Vormund rechtlich wirksame Handlungen vornehmen können. Die bisherigen Regelungen führten dazu, dass unbegleitete minderjährige Flüchtlinge, die das 16. Lebensjahr vollendet hatten, in asyl- und ausländerrechtlichen Verfahrensfragen handlungsfähig und verfahrensfähig waren und ihre Asylanträge selbstständig zu stellen hatten. Gerechtfertigt wurde dies mit der Begründung, der vorzeitige Eintritt der Handlungs- bzw. Verfahrensfähigkeit ab dem 16. Lebensjahr sei für die Jugendlichen von Vorteil. Dieses Argument wurde wohl aus § 107 BGB hergeleitet, der die Einwilligung des gesetzlichen Vertreters für die Willenserklärungen, durch die die/der Minderjährige lediglich einen „rechtlichen Vorteil" erlangt, für nicht erforderlich erklärt.[48]

---

[47] § 42a SGB VIII, eingeführt durch das Gesetz zur Verbesserung der Unterbringung, Versorgung und Betreuung ausländischer Kinder und Jugendlicher vom 28.10.2015.
[48] Vgl. Heinhold (2013), S. 65.

3.2 Fiktive Altersfestsetzung

3.2.1 Bedeutung

Verfolgung im Herkunftsland und die Abschottung an den EU-Außengrenzen führen dazu, dass Flüchtlinge auf verschlungenen Wegen, die sie meist selbst nicht mehr nachvollziehen können, in die Bundesrepublik Deutschland einreisen. Häufig führen sie bei der Einreise keine oder keine gültigen Ausweispapiere mit sich und geben an, minderjährig zu sein, oder es gibt anderweitige Hinweise, dass ein Flüchtling minderjährig ist. Da sie nicht über gültige Ausweispapiere verfügen, können sie ihr Alter gegenüber den deutschen Behörden nicht dokumentieren. Ist die betroffene Person nicht im Besitz von anerkannten Dokumenten, aus denen das Alter hervorgeht, sind die Behörden gehalten, das Alter fiktiv festzustellen.[49] Dabei hat nicht nur der deutsche Staat, sondern auch die betroffene Person selbst ein Interesse daran, sein Alter nachzuweisen, da nur bei Feststellung der Minderjährigkeit die speziellen Rechte und Ansprüche für Minderjährige geltend gemacht werden können.[50]

Eine Einschätzung des Alters ist in vielen Fällen notwendig. Aus diesem Grund erfolgen häufig sogenannte fiktive Altersfestsetzungen. Deren Ergebnis hat für die Betroffenen weitreichende Folgen. Nur bei Feststellung der Minderjährigkeit kann die betroffene Person von den Schutzbestimmungen profitieren, welche ihr durch die verschiedenen gesetzlichen Bestimmungen (UN-KRK, § 42 SGB VIII etc.) gewährt werden. Dies betrifft etwa die Pflicht zur Inobhutnahme durch das Jugendamt, die Einleitung eines Clearingverfahrens, die Unterstützung durch einen Vormund, die Unterbringung in einer Jugendhilfeeinrichtung statt in einer Asylbewerberunterkunft, den Zugang zu Leistungen der Jugendhilfe statt nach dem Asylbewerberleistungsgesetz, den Zugang zu Schulbildung, die besonderen Vorkehrungen, die im Vorfeld einer Abschiebung getroffen werden müssen und Weiteres mehr.[51] Aufgrund der weitreichenden Folgen für die betroffenen Jugendlichen ist dieses Verfahren für sie mit einer hohen Belastung verbunden. Der Prozess der Alterseinschätzung ist daher fair, transparent und kindgerecht zu gestalten, um diese Belastung auf ein Mindestmaß zu reduzieren.

---

[49] Vgl. Heinhold (2012), S. 87.
[50] Vgl. ebd.
[51] Vgl. Berthold/Espenhorst/Rieger (2011a), S. 26.

3.2.2 Gesetzliche Vorgaben zur fiktiven Altersfestsetzung

3.2.2.1 Vorgaben der EU-Asylverfahrensrichtlinie

Gemäß Art. 25 Abs. 5 der EU-Asylverfahrensrichtlinie[52] können Mitgliedstaaten „im Rahmen der Prüfung eines Antrags auf internationalen Schutz ärztliche Untersuchungen zur Bestimmung des Alters unbegleiteter Minderjähriger durchführen lassen". Dies gilt zumindest dann, wenn aufgrund allgemeiner Aussagen oder anderer einschlägiger Hinweise Zweifel bezüglich des Alters des Antragstellers bestehen. Im Falle einer ärztlichen Untersuchung ist sicherzustellen, dass
„unbegleitete Minderjährige vor der Prüfung ihres Asylantrags in einer Sprache, deren Kenntnis vernünftigerweise vorausgesetzt werden kann, über die Möglichkeit der Altersbestimmung im Wege einer ärztlichen Untersuchung informiert werden. Diese Information umfasst eine Aufklärung über die Untersuchungsmethode, über die möglichen Folgen des Untersuchungsergebnisses für die Prüfung des Asylantrags sowie über Folgen der Weigerung des unbegleiteten Minderjährigen, sich der ärztlichen Untersuchung zu unterziehen."

Ferner haben die Mitgliedstaaten zu gewährleisten, dass eine Untersuchung zur Altersbestimmung nur „nach Einwilligung des unbegleiteten Minderjährigen und/oder seines Vertreters durchgeführt wird", wobei „die Entscheidung, den Asylantrag eines unbegleiteten Minderjährigen abzulehnen, der diese ärztliche Untersuchung verweigert hat, nicht ausschließlich in dieser Weigerung begründet" sein darf. Sofern nach Abschluss der Untersuchung noch Zweifel darüber bestehen, ob der Flüchtling minderjährig ist, so ist zu seinen Gunsten davon auszugehen.

---

[52] Richtlinie 2013/32/EU des Europäischen Parlaments und des Rates vom 26. 6. 2013 (Asylverfahrensrichtlinie).

3.2.2.2 Nationales Recht

Der Minderjährige muss gemäß § 82 Abs. 1 Satz 1 AufenthG seine Minderjährigkeit darlegen und – soweit möglich – die erforderlichen Nachweise erbringen.

Nach § 49 Abs. 3 AufenthG sind bei Zweifeln über das Lebensalter des Ausländers die zur Feststellung erforderlichen Maßnahmen vorzunehmen. § 49 Abs. 6 AufenthG bestimmt, dass zur Altersbestimmung u. a. auch körperliche Eingriffe erlaubt sind, welche von einem Arzt nach den Regeln der ärztlichen Kunst zum Zweck der Feststellung des Alters vorgenommen werden, wenn dabei kein Nachteil für die Gesundheit des Ausländers zu befürchten ist. Erlaubt sind solche Maßnahmen bei AusländerInnen, welche das 14. Lebensjahr vollendet haben. Zweifel an der Vollendung des 14. Lebensjahres gehen dabei zulasten der Person. Die Beweislast wird in nicht offensichtlichen Missbrauchsfällen auf die Minderjährigen verlagert, was zum Widerspruch mit dem rechtsstaatlich gebotenen Schutz von Minderjährigen führen kann.[53] Voraussetzung ist grundsätzlich, dass das Alter in einer anderen Weise, etwa durch Anfragen bei anderen Behörden nicht oder nur unter erheblichen Schwierigkeiten festgestellt werden kann. Gemäß § 49 Abs. 10 AufenthG hat der Ausländer die entsprechenden Maßnahmen zur Altersfeststellung „zu dulden".

In sozialrechtlichen Verfahren hat der Minderjährige seine Minderjährigkeit zwar darzulegen; die Sozialbehörde hat insoweit eine Amtsermittlungspflicht und bedient sich der Beweismittel, die sie nach pflichtgemäßem Ermessen zur Ermittlung des Sachverhalts für erforderlich hält, §§ 20, 21 SGB X. Dies bedeutet auch eine Berücksichtigung des Verhältnismäßigkeitsgrundsatzes, sodass das Beweismittel geeignet, erforderlich und angemessen sein muss.

Gleiches gilt in einem vormundschaftsgerichtlichen Verfahren: Gemäß §§ 26, 29 FamFG hat das Gericht von Amts wegen die zur Feststellung der entscheidungserheblichen Tatsachen erforderlichen Ermittlungen durchzuführen und kann Beweise erheben. Das Familiengericht legt nach eigener Prüfung im Rahmen seines Amtsermittlungsgrundsatzes nach § 26 FamFG bei der Vormundschaftsbestellung ein fiktives Geburtsdatum fest, welches einen höchstmöglichen Minderjährigenschutz gewährleistet. Es muss also von einer Minderjährigkeit bis zum letzten Tag des möglichen Geburtsjahres ausgegangen werden.[54]

---

53 Bergmann/Dienelt/Winkelmann (2016), Ausländerrecht, 11. Aufl., § 49 AufenthG, Rn. 18.
54 BVerwG, Urt.v. 31.07.1984, Az. 9c 156783, NJW 1985, 576 ff.

3.2.3 Methoden der fiktiven Altersfestsetzung

Zwischen und innerhalb der einzelnen Bundesländer bestehen in Bezug auf die fiktive Altersfestsetzung erhebliche Unterschiede, was darauf beruht, dass bundesweit gültige Standards fehlen.[55]

Die ärztlichen Untersuchungsmethoden, die üblicherweise vorgenommen werden, sind ganzkörperliche Untersuchungen, Gebissuntersuchungen oder Röntgenuntersuchungen des Handwurzelknochens sowie des Schlüsselbeins.

Derartige Untersuchungen sind hinsichtlich ihrer Aussagekraft in Ermangelung valider Referenzdaten und angesichts der Ungenauigkeit der Ergebnisse mit erheblichen Unsicherheiten behaftet. Die bislang genutzten medizinischen Untersuchungsmethoden sind nicht geeignet, eine zuverlässige Altersfeststellung zu ermöglichen.[56] Es ist ein Irrglaube, dass Ärzte das Alter exakt definieren können. Möglich ist nur eine grobe Schätzung. Für die betroffenen Jugendlichen können umstrittene radiologische Verfahren der Altersdiagnostik dramatische Folgen haben. Biologische Verfahren zur Diagnostik bei unbegleiteten jungen Flüchtlingen sind obsolet, weil sie nach der aktuellen Studienlage keine gesicherten Aussagen zur Klärung der Volljährigkeit ermöglichen. MRT-Untersuchungen sind aufgrund ihres experimentellen Charakters und der Gefahr der Retraumatisierung abzulehnen, Röntgen und CT verursachen eine nicht verantwortbare Strahlenbelastung ohne Vorliegen einer rechtfertigenden Indikation. Sie sind daher aus medizinethischer und juristischer Sicht nicht zulässig.[57]

3.2.4 Beteiligte Institutionen

3.2.4.1 Fiktive Altersfestsetzung durch die Bundespolizei

Der erstmalige Kontakt von unbegleiteten minderjährigen Flüchtlingen mit deutschen Behörden findet nicht selten in Form von Aufgriffen durch die Bundespolizei statt. Dabei werden Altersfeststellungen selten durch diese vorgenommen. Für den Fall, dass die Altersfeststellung doch durch die Bundespolizei vorgenommen werden sollte, gibt es allerdings keine verbindlichen Dienstanweisungen oder Verwaltungsvorschriften. Laut Auskunft der Bundesregierung

---

55 Vgl. Antwort der Bundesregierung auf die Große Anfrage der Abgeordneten Luise Amtsberg, Beate Walter-Rosenheimer, Dr. Franziska Brandner, weiterer Abgeordneter und der Fraktion BÜNDNIS 90/DIE GRÜNEN vom 15.7.2015, Bundestags-Drucksache 15/5564 S. 25; einen allgemeinen Überblick zur Situation in den einzelnen Ländern, http://www.b-umf.de (Zugriff: 5.5.2016).
56 Bergmann/Dienelt/Winkelmann, Ausländerrecht (2016), 11. Aufl., § 49 AufenthG, Rn. 18.
57 Vgl. Nowottny/Eisenberg/Monike (2014).

meldet die Bundespolizei am Flughafen Frankfurt/Main als Behörde des Erstkontakts alle Personen, die angeben, minderjährig zu sein, an das Bundesamt für Migration und Flüchtlinge, welches das zuständige Jugendamt beteiligt. Die Mitarbeiter der zuständigen Clearingstelle des Jugendamtes stehen in der Folge zur Identifizierung von unbegleiteten Minderjährigen zur Verfügung.[58]

Liegen Zweifel hinsichtlich der Volljährigkeit des Ausländers vor, nehmen Beamte der Bundespolizei nach Aussage der Bundesregierung „grundsätzlich die notwendigen und geeigneten Maßnahmen zur Feststellung des Alters vor". Dabei würden „vorrangig [...] Anfragen bei anderen, insbesondere ausländischen Behörden oder anderen Stellen veranlasst". Wenn geeignete Dokumente fehlen, so würde zunächst versucht, das Alter durch das Jugendamt feststellen zu lassen. In Fällen, in denen keine anderweitige Altersfestsetzung möglich sei, würde die Bundespolizei hierzu auch Ärzte einbeziehen. Als Rechtsgrundlage wird dabei auf § 49 AufenthG verwiesen.[59]

3.2.4.2 Fiktive Altersfestsetzung durch das Jugendamt

In der Regel werden die Alterseinschätzungen durch die örtlichen Behörden vorgenommen. Das Verfahren bestimmt sich nach § 42 f. SGB VIII, der ein behördliches Verfahren zur Altersfeststellung im Rahmen der vorläufigen Inobhutnahme vorsieht. Danach muss das Jugendamt die Minderjährigkeit durch Einsichtnahme in Ausweispapiere oder hilfsweise durch eine „qualifizierte Inaugenscheinnahme" feststellen, wobei der/die Minderjährige in entsprechender Anwendung des § 8 Abs. 1 SGB VIII entsprechend seinem/ihrem Entwicklungsstand an der Entscheidung zu beteiligen ist, bzw. entsprechend § 42 Abs. 2 Satz 2 SGB VIII „unverzüglich" Gelegenheit erhalten muss, eine Person seines/ihres Vertrauens zu benachrichtigen. Auf Antrag der betroffenen Person oder ihres Vertreters oder von Amts wegen ist eine ärztliche Untersuchung zur Altersbestimmung zu veranlassen, § 42 f. Abs. 2 SGB VIII. Die betroffene Person ist durch das Jugendamt umfassend über die Behandlungsmethode und über die möglichen Folgen der Altersbestimmung aufzuklären. Sofern die ärztliche Untersuchung von Amts wegen durchzuführen ist, ist der Flüchtling zusätzlich über die Folgen einer Weigerung, sich der ärztlichen Untersuchung zu unterziehen, aufzuklären; die Untersuchung darf nur mit Einwilligung der betroffenen Person und ihres Vertreters durchgeführt werden. Weiter wird in § 42 f. Abs. 2 Satz 4 SGB VIII auf die entsprechende Anwendung der §§ 60, 62 und 65–67 des SGB I hingewiesen. Im Rahmen der fiktiven Altersfestsetzung ist lediglich

---

58 Vgl. Bundestags-Drucksache 15/5564 (15.7.2015), S. 19 (Zugriff: 5.5.2016).
59 Vgl. Bundestags-Drucksache 17/7433 (21.10.2011), S. 3.

die entsprechende Anwendung des § 65 SGB I wichtig, der die Grenzen der Mitwirkungspflicht definiert. Danach hat der Flüchtling das Recht, solche Behandlungen und Untersuchungen abzulehnen, bei denen im Einzelfall ein Schaden für Leben oder Gesundheit nicht mit hoher Wahrscheinlichkeit ausgeschlossen werden kann, die mit erheblichen Schmerzen verbunden sind oder die einen erheblichen Eingriff in die körperliche Unversehrtheit bedeuten. Insbesondere der zuerst genannte Ablehnungsgrund, Behandlung und Untersuchung, bei denen im Einzelfall ein Schaden für Leben und Gesundheit nicht mit hoher Wahrscheinlichkeit ausgeschlossen werden kann, deutet darauf hin, dass eine die körperliche Unversehrtheit verletzende ärztliche Untersuchung demnach grundsätzlich zulässig ist. Im Gegensatz dazu sind nach § 49 Abs. 6 Satz 1 AufenthG ähnliche Maßnahmen, einschließlich körperliche Eingriffe zum Zweck der Feststellung des Alters nur dann zulässig, wenn sie von einem Arzt nach den Regeln der ärztlichen Kunst vorgenommen werden dürfen und wenn kein Nachteil für die Gesundheit der betroffenen Person zu befürchten ist. Schon aus dem Wortlaut ergibt sich, dass hiernach wesentlich höhere Maßstäbe an die Sicherung der körperlichen Unversehrtheit gestellt werden. Auch im Hinblick auf eine mögliche Retraumatisierung der unbegleiteten minderjährigen Flüchtlinge ist eine restriktive Auslegung des § 65 SGB I bei der fiktiven Altersfeststellung geboten. Es ist eine Abwägung vorzunehmen zwischen den Interessen des unbegleiteten minderjährigen Flüchtlings und des berechtigten Interesses des Staates, zur Bestimmung altersabhängiger Rechte das Alter des Flüchtlings zu erfahren oder zu ermitteln.

Falls die zuständige Ausländerbehörde bereits eine Altersschätzung vorgenommen hat, ist das Jugendamt an diese rechtlich nicht gebunden, sondern kann im Rahmen der Inobhutnahme selbstständig eine Alterseinschätzung vornehmen.

3.2.4.3 Fiktive Altersfestsetzung durch das BAMF

Nach der Dienstanweisung des BAMF liegt „die Zuständigkeit für die Festlegung des fiktiven Alters bei Jugendlichen, die vorgeben unter 16 Jahre alt (nach Änderung das § 12 AsylG) unter 18 Jahren, Anm. d. Verf.) zu sein, aber augenscheinlich älter sind, [...] grundsätzlich bei den Landesbehörden"[60], wobei die Betroffenen „durch geeignete Dokumente oder medizinische Gutachten die getroffene Alterseinschätzung widerlegen können." Das BAMF geht in solchen Fällen bei der Bearbeitung des Asylantrags daher „regelmäßig von dem durch die zuständige Landesbehörde festgelegten fiktiven Alter aus". Der Grundsatz,

---

60 BAMF (2010): Dienstanweisung Asylverfahren. Altersbestimmung bei Minderjährigen (Stand: 09/2008), S. 1/2–2/2.

das von den Landesbehörden fiktiv festgelegte Alter zu übernehmen, gelte daher nur dann, wenn offenkundig Zweifel an der Altersangabe des Jugendlichen bestehen.[61] Dies bedeutet, dass im Asylverfahren – unabhängig von einer bereits erfolgten fiktiven Altersfestsetzung – zunächst die Aussage des Betroffenen berücksichtigt werden soll und ein offenkundiger Zweifel an der Altersangabe des Jugendlichen transparent dargelegt werden muss.[62]

Besteht auf Seiten des BAMF Skepsis in Bezug auf die Verfahrensfähigkeit des Jugendlichen,
„nehmen zwei Bedienstete, davon grundsätzlich ein Entscheider mit der Sonderaufgabe unbegleitete Minderjährige, einen Antragsteller persönlich in Augenschein und führen eine Alterseinschätzung durch. Dies geschieht im Wege der freien Beweisführung. Kriterien sind u. a. das äußere Erscheinungsbild und der durch Befragung festgestellte Reifegrad und Wissensstand. Medizinische Gutachten werden mangels hinreichender Rechtsgrundlage nicht veranlasst. Bei den Landesbehörden vorhandene ärztliche Gutachten und sonstige Erkenntnisse fließen in die Bewertung ein. Im Zweifel wird zugunsten des Antragstellers von einem Alter unter 16 (nunmehr unter 18 Jahre, Anm. d. Verf.) und vom letztmöglichen Geburtstag (31.12.) des aufgenommenen Geburtsjahres ausgegangen."[63]

Kommt der Sachbearbeiter folglich zu dem Ergebnis, dass der Betroffene unter 16 Jahre (unter 18 Jahre, Anm. d. Verf.) alt und daher nicht handlungsfähig ist, „ist von einer schwebend unwirksamen Asylantragstellung sowie der Unwirksamkeit einer eventuell bereits erfolgten EASY-Verteilung auszugehen. Die Aufnahmeeinrichtung ist hierauf und auf die Notwendigkeit, einen Vormund bestellen zu lassen, hinzuweisen". Der Asylantrag wird dann erst durch eine nachträgliche Genehmigung durch den Vormund wirksam.[64]

3.2.5 Gerichtsentscheidungen zur fiktiven Altersfestsetzung
In der deutschen Rechtsprechung ist es im Laufe der Jahre zu einer Reihe von Urteilen zur fiktiven Altersfestsetzung gekommen. An dieser Stelle sollen nur einige zentrale Entscheidungen genannt werden.

Nach einem Beschluss des VG Münster vom 5.2.2004 ist es Aufgabe des Jugendamtes, die Voraussetzungen für die Erbringung von Jugendhilfe – und damit auch der Inobhutnahme – in Eigenverantwortung zu klären und erst im

---

61 Vgl. ebd., S. 1/2–2/2.
62 Berthold/Espenhorst (2011b), S. 5.
63 BAMF (2011), S. 2 f.
64 Vgl. BAMF (2010), S. 24.

Anschluss daran entsprechende Maßnahmen einzuleiten. Daher sei es unvermeidlich, dass sich das Jugendamt vor Vollzug der Inobhutnahme einen eigenen Eindruck von den Angaben des unbegleiteten minderjährigen Flüchtlings verschafft, auch wenn sich andere Behörden bereits zum Alter des Betroffenen geäußert haben.[65]

Nach einem Urteil des VG Freiburg vom 16.6.2004 ist die Eintragung von fiktiv festgelegten Geburtsdaten durch Behörden in ein amtliches Dokument unzulässig, da es das allgemeine Persönlichkeitsrecht des Betroffenen verletze.[66]

Das OLG München hat in einem Urteil vom 25.5.2011 bezüglich der Verfahren zur fiktiven Altersfestsetzung in Bayern klargestellt, dass Altersschätzungen durch Mitarbeitende der Regierung ohne medizinische Kompetenz grundsätzlich unzulässig sind. Vielmehr ist der medizinische Sachverstand beizuziehen und die Betroffenen sind stets anzuhören. Auch habe das Amtsgericht zu klären, inwiefern die Betroffenen mit der Anfertigung von Röntgenbildern zur fiktiven Altersfestsetzung einverstanden sind.[67]

In seinem Beschluss vom 3.11.2011 stellte das AG Göttingen fest, dass Gutachten zur Handwurzeluntersuchung „nur bei ungefähr 20 bis 30 Prozent der Jugendlichen mit der Wahrheit übereinstimmen und Abweichungen von mehreren Jahren möglich sind", weshalb eine Handwurzeluntersuchung zur Feststellung der Minderjährigkeit der Betroffenen ungeeignet sei.[68]

Das OLG Oldenburg ist bei Vorlage eines Nationalpasses trotz zuvor eingeholter medizinischer Gutachten, die im Ergebnis zur Annahme einer Volljährigkeit gekommen sind, von der Minderjährigkeit des Betroffenen ausgegangen.[69]

---

[65] Vgl. VG Münster, Beschluss vom 5.2.2004, 9 K 1325/01.
[66] Vgl. VG Freiburg, Urteil vom 16.6.2004, 2 K 2075/02.
[67] Vgl. OLG München, Beschluss vom 25.5.2011, 12 UF 951/11.
[68] Vgl. AG Göttingen, Beschluss vom 3.11.2011, 46 F 417/11 SO.
[69] Vgl. OLG Oldenburg, Beschluss vom 3.8.2012, 14 UF 65/12. Das OLG Oldenburg lässt nicht jedwede Zweifel gelten und führt aus: Es sei nicht zulässig, deshalb einen Vormund zu bestellen, weil nicht mit letzter Sicherheit ausgeschlossen werden könne, dass der Betroffene volljährig ist. Nur wenn nach umfassender Ermittlung keine eindeutige Feststellung möglich ist, darf das Gericht zugunsten des Betroffenen von einer Minderjährigkeit ausgehen, OLG Oldenburg, Beschluss vom 9.8.2010. In: JAmt (2010), S. 456 f.

Das Bundesverwaltungsgericht hat entschieden, dass generell bei fiktiven Altersfestsetzungen der Minderjährigenschutz dadurch Beachtung finden muss, dass im Zweifel zugunsten der betroffenen Person davon auszugehen ist, dass diese das 16. Lebensjahr nicht vollendet hat, bzw. der letztmögliche Zeitpunkt des bekannten Geburtsjahres zu beachten ist (31.12.).[70]

Laut OLG Köln sind bei Zweifeln in Bezug auf die Minderjährigkeit des Betroffenen hohe Anforderungen an die Erfüllung des Amtsermittlungsgrundsatzes (§ 26 FamFG) zu stellen. Im Zweifel ist zugunsten des Betroffenen zu entscheiden.[71]

Nach einem Beschluss des OVG Bremen ist es zulässig, eine unbegleitete ausländische Person zur vorläufigen Altersfeststellung in Obhut zu nehmen. Das OVG führt dazu aus, dass grundsätzlich die Klärung des Sachverhalts zu erfolgen hat, bevor hieran Rechtsfolgen geknüpft werden. Die Alterseinschätzung ist demnach vor der Inobhutnahme durchzuführen. Nur wenn dies nicht möglich ist, ist im Zweifel von einer Minderjährigkeit auszugehen, die Inobhutnahme durchzuführen und im Rahmen der Inobhutnahme die Alterseinschätzung vorzunehmen. Es bezieht sich dabei auf die „Qualitätsstandards", welche davon ausgehen, dass aus Gründen eines effektiven Minderjährigenschutzes die Inobhutnahme angezeigt sein kann und die nach eigenen Angaben minderjährige Person bis zur Altersfeststellung auch als solche behandelt wird und die danach erforderlichen Leistungen erhält.[72]

3.2.6 Das Verfahren der fiktiven Altersfestsetzung aus medizinisch-juristischer Sicht

Um Missverständnissen vorzubeugen, soll darauf hingewiesen werden, dass medizinische Untersuchungsmethoden in keiner Weise geeignet sind, eine Altersfeststellung zu bewirken. Möglich ist allenfalls eine Altersschätzung.[73] Dabei ist bereits beachtlich, dass das „biologische" Alter durchaus von dem „chronologischen" Alter abweichen kann.

---

70 Vgl. BVerwG, Urteil vom 31.7.1984 – 9 C 156.83 = EZAR 600 Nr. 6.
71 Vgl. OLG Köln, OLGR 2009, 811, 812.
72 Vgl. OVG Bremen, Beschluss vom 18.11.2015, 2 B 221/15, 2 PA 223/15.
73 Vgl. Eisenberg (2012).

Die Mittel zur Altersbestimmung waren Gegenstand kontroverser politischer Vorschläge.[74]

Allgemein gilt es zu berücksichtigen, dass das Wachstum eines Menschen von mehreren Einflussgrößen abhängig ist. Hierzu gehören soziale Gegebenheiten, Umwelt, Ernährung, Krankheiten und genetische Determinanten. Die Skelettreife wird u. a. durch Ernährung, chronische Erkrankungen sowie durch ethnische und psychosoziale Faktoren bestimmt.[75]

An Röntgenuntersuchungen zum Zwecke der fiktiven Altersfestsetzung bei unbegleiteten minderjährigen Flüchtlingen wird von Fachleuten regelmäßig Kritik geübt. Die Beweiskraft von Röntgenuntersuchungen ist gerade im Grenzbereich zwischen dem 16. und dem 18. Lebensjahr anzuzweifeln.[76] Die Schweizerische Asylrekurskommission geht davon aus, dass die radiographische Untersuchung des Handknochens nur beschränkten Aussagewert hat und weist auf Abweichungen von zweieinhalb bis drei Jahren zwischen dem Knochenalter und dem tatsächlichen Alter hin.[77] Das Knochenwachstum kann – in einem nach Ethnie und Geschlecht unterschiedlichen Maß – individuell variieren. Auch die anderen üblichen Untersuchungsmethoden (körperliche Untersuchung, Gebissuntersuchung und Röntgen des Schlüsselbeins) sind hinsichtlich ihrer Aussagekraft in Ermangelung valider Referenzdaten und wegen der „Spannbreite" der Ergebnisse eher fraglich.[78]

---

74   Bundestags-Drucksache 14/8414, S. 22.
75   Vgl. Mohnike (2009)S. 15, 20.
76   Vgl. Heinhold (2012), S. 87 f.
77   Vgl. Schweizerische Asylrekurskommission: Entscheid über eine Grundsatzfrage gemäß Art. 104 Abs. 3 AsylGi.V.m. Art. 10 Abs. 2 Bst. a und Art. 11 Abs. 2 Bst. a und b VO-ARK vom 12.9.2000.
78   Vgl. dazu: Bergmann/Dienelt/Winkelmann (2016), Ausländerrecht, 11. Aufl. § 48 Rn 19 AufenthG; aus medizinischer Sicht werden die Kritikpunkte unter Auswertung aktueller medizinwissenschaftlicher Literatur etwa zusammengefasst in: Gutachten Dr. Eisenberg, Winfried an Rechtsanwalt Waldmann-Stocker vom 29.11.2012; vgl. auch: Parzeller/Bratzke/Ramsthaler (2008): „[…] Schmeling und andere weisen wiederholt darauf hin, dass ‚zuverlässige Resultate' wahrscheinlich nur an identischen Referenzpopulationen zu erzielen sind. […] Folgt man dieser Überzeugung, so wird man auch von vor dem Hintergrund der beschleunigten säkularen Akzeleration mit ihren Auswirkungen auf das Skelett die Übertragbarkeit mitteleuropäischer Klassifikationen auf andere Populationsgruppen mit Zurückhaltung betrachten müssen […]".

Das europäische Unterstützungsbüro für Asylfragen (EASO) hat hierzu einen Bericht veröffentlicht.[79] Danach führt – so das EASO – keine der derzeit (auch in Deutschland) angewandten medizinischen oder nicht-medizinischen Untersuchungsmethoden an sich zu einem akkuraten, eindeutigen bzw. wissenschaftlich unumstrittenen Ergebnis. Das EASO kommt daher zu folgenden Empfehlungen:
„Altersfeststellungen sollten stets multidisziplinär bzw. mit einem holistischen Ansatz unterschiedlicher Untersuchungsmethoden erfolgen. Sie sollten stets einer klaren Rangordnung folgen, wonach zunächst immer der jeweils milderen Untersuchungsform der Vorzug gegeben werden sollte. Und schließlich sollten sie stets mit Zustimmung der/des Minderjährigen bzw. seines/ihres Vormunds erfolgen. Die Ablehnung einer solchen Untersuchung sollte keinen Einfluss auf die inhaltliche Bewertung des Schutzbegehrens haben."[80]

Daneben stellen Röntgenuntersuchungen grundsätzlich ein Gesundheitsrisiko dar.[81] Dies berührt zum einen das grundgesetzlich geschützte Recht auf körperliche Unversehrtheit, zum anderen die mit der Röntgenuntersuchung einhergehende tatsächliche Körperverletzung im Sinne des § 223 StGB. Röntgenuntersuchungen könnten zur Folge haben, dass Körperzellen bösartige Tumore entwickeln. Generell ist das Risiko bei Kindern und Jugendlichen größer als bei Erwachsenen. Die Verordnung zum Schutz vor Schäden durch Röntgenstrahlung (RöV) sieht in § 24 Abs. 1 vor, dass „Röntgenstrahlen [. . .] nur am Menschen angewandt werden [dürfen], wenn eine Person nach § 24 Abs. 1 Nr. 1 oder Nr. 2 hierfür die erforderliche Indikation gestellt hat". Einzige Ausnahme ist das Bestehen einer Anordnung durch den Richter (§ 81a StPO) bei Verdacht einer Straftat und Bestehen der Eignung der Methode als Beweismittel.[82]

3.2.7 Stressbedingte Auswirkungen der Flucht
Vielfach wird von MitarbeiterInnen in Betreuungseinrichtungen für unbegleitete minderjährige Flüchtlinge berichtet, dass Kinder und Jugendliche nach ihrer Flucht nach Deutschland älter aussehen und hinsichtlich ihres Verhaltens älter wirken als sie in Wirklichkeit sind. Als Grund hierfür werden die hohen Belastungen angeführt, die während der Flucht auf das Kind/den Jugendlichen

---

79 https://easo.europa; Easo Ageassesment practice in Europe (Zugriff: 29.4.2016).
80 Bundestags-Drucksache18/5564, S.7.
81 Vgl. Heinhold (2012), S. 87.
82 Vgl. Mohnike (2009), S. 19.

einwirken. Nach einiger Zeit, wenn die Anspannung zurückgegangen ist und die Betroffenen die Möglichkeit haben, zur Ruhe zu finden, wirken sie dann hinsichtlich Erscheinung und Auftreten viel jünger.[83]

3.3 Aufgriffe durch die Bundespolizei

3.3.1 Einreisebestimmungen

Sogenannte Drittstaatler benötigen gemäß § 4 AufenthG für eine legale Einreise nach Deutschland grundsätzlich einen vor der Einreise eingeholten Aufenthaltstitel bzw. ein Visum – dies gilt gleichermaßen für Kinder und Jugendliche. Unbegleitete Minderjährige haben jedoch häufig keine Chance, ein Visum zu beantragen, da es in vielen Herkunftsländern aufgrund von Krisen keine funktionierende Verwaltung gibt. Ferner können sie in der Regel die Voraussetzungen für die Erteilung eines Visums (z. B. zum Zweck der Familienzusammenführung, zum Zweck der Arbeit oder für ein Studium) ohnehin nicht erfüllen. Unbegleitete minderjährige Flüchtlinge sind daher im Normalfall nicht in Besitz eines vor der Einreise eingeholten Aufenthaltstitels und reisen folglich meist unerlaubt nach Deutschland ein.[84]

Halten sich die betroffenen Personen bereits innerhalb des sogenannten Schengen-Raums auf, so ist zu beachten, dass seit Inkrafttreten des Schengener Abkommens (1995) Personenkontrollen an den Grenzen innerhalb des Schengen-Raums nicht mehr erfolgen. Jedoch werden verstärkt Stichproben im Gebiet der Binnengrenzen durchgeführt.[85] Im Rahmen einer solchen Grenzsicherung gegen unerlaubte Einreise kommt es dabei zwangsläufig auch zum Aufgriff von unbegleiteten Minderjährigen durch die Bundespolizei.

Darüber hinaus ermöglicht das Abkommen selbst, in Ausnahmesituationen Grenzkontrollen vorübergehend wieder einzuführen, Art. 23 ff. Schengener Grenzkodex (SGK). Es geht dann oft nicht darum „Schengen auszusetzen", sondern die im Abkommen geregelten Ausnahmen zu nutzen.

---

83 Vgl. Heinhold (2012), S. 88.
84 Vgl. Parusel (2009), S. 22.
85 Auswärtiges Amt (2012).

Möglich ist das, wenn „eine ernsthafte Bedrohung der öffentlichen Ordnung oder inneren Sicherheit" für ein Land besteht. Die Grenzkontrollen müssen jedoch zur Bekämpfung dieser Gefahr unbedingt erforderlich sein. In der Regel dürfen sie 30 Tage andauern. Wenn die Gefahr dann noch besteht, können sie mehrmals um 30 Tage verlängert werden; insgesamt auf sechs Monate.

3.3.2 Spannungsverhältnis zwischen den Bestimmungen des Ausländerrechts und des SGB VIII

§ 80 Abs. 2 AufenthG erlaubt die Zurückweisung und Zurückschiebung auch von nach § 12 AsylG rechtlich nicht handlungsfähigen Minderjährigen (unter 18 Jahren). Demgegenüber bestimmt § 42 SGB VIII bei unbegleiteten minderjährigen Flüchtlingen ausdrücklich die Pflicht zur Inobhutnahme durch das örtlich zuständige Jugendamt, sobald ein ausländisches Kind oder ein(e) ausländische(r) Jugendliche(r) unbegleitet nach Deutschland kommt und sich weder Personensorge- noch Erziehungsberechtigte im Inland aufhalten. Die Bundesregierung sieht hierin jedoch keinen Gegensatz:

„Die mit der Inobhutnahme zusammenhängenden Handlungen des Jugendamtes verlaufen parallel zum asyl- und ausländerrechtlichen Verfahren. Die gesetzliche Zuständigkeit für aufenthaltsbeendende Maßnahmen wird dadurch nicht berührt."[86]

3.3.3 Verfahren der Bundespolizei beim Aufgriff von unbegleiteten minderjährigen Flüchtlingen

Nach Auskunft der Bundesregierung werden Minderjährige bei der Einreise wie Erwachsene kontrolliert; spezielle Dienstanweisungen und Verwaltungsvorschriften zur Behandlung von unbegleiteten Minderjährigen existierten für die Bundespolizei nicht. Die Zurückweisung bzw. Zurückschiebung von nicht handlungsfähigen Minderjährigen erfolge nach den einschlägigen Rechtsgrundlagen des Aufenthaltsgesetzes „unter besonderer Berücksichtigung der Umstände des jeweiligen Einzelfalls", was eine Beteiligung des Jugendamtes miteinschließe.[87] Wie bereits erwähnt, kommt es in diesem Zusammenhang auch zu fiktiven Altersfestsetzungen durch die Bundespolizei (siehe Kapitel 3.2.4.1, „Fiktive Altersfestsetzung").

In Fällen, in denen von der Bundespolizei unbegleitete Minderjährige aufgegriffen werden, die bereits unerlaubt nach Deutschland eingereist und daher nicht mehr an der Grenze zurückgewiesen werden können, prüft die Bundespolizei im

---

86 Vgl. Bundestags-Drucksache 17/7433 (21.10.2011), S. 4.
87 Vgl. ebd., S. 3 und 5.

Rahmen ihrer Zuständigkeit die Möglichkeit der Aufenthaltsbeendigung, also der Zurückschiebung. Sofern eine Zurückschiebung zeitnah, in der Regel innerhalb weniger Stunden, vollzogen werden kann, erfolgt grundsätzlich keine Unterrichtung der Jugendbehörde. Art. 20 UN-KRK schreibt vor, dass in einer konkreten Notsituation ein Recht auf Betreuung und Unterbringung zum Wohl des Kindes besteht.

Eine Inhaftierung zur Durchsetzung der Abschiebung, Zurückschiebung oder Zurückweisung im Falle von unbegleiteten Minderjährigen findet nach § 62 Abs. 1 Satz 3 AufenthG nur in besonderen Ausnahmefällen sowie unter Berücksichtigung des Kindeswohls statt. In der Allgemeinen Verwaltungsvorschrift zum Aufenthaltsgesetz (AVwV AufenthG) wird konkretisiert, dass zunächst einmal Minderjährige, die das 16. Lebensjahr nicht erreicht haben, grundsätzlich nicht in Abschiebehaft genommen werden sollen. Wenn sich die Eltern des minderjährigen Ausreisepflichtigen nicht im Bundesgebiet aufhalten, hat „die Ausländerbehörde mit dem zuständigen Jugendamt wegen der Unterbringung des Ausländers bis zur Abschiebung Kontakt aufzunehmen" (AVwV AufenthG 62.0.5). Zahlreiche Bundesländer haben in Erlassen und Verwaltungsvorschriften darüberhinausgehende Regelungen für die Inhaftnahme von Minderjährigen zur Durchsetzung einer Abschiebung festgelegt. Beispielsweise sollen in Baden-Württemberg, Bremen und Hamburg grundsätzlich keine Minderjährigen unter 18 Jahren in Abschiebungshaft genommen werden[88], wobei in Einzelfällen Inhaftierungen dennoch vollzogen werden.[89] Eine Inhaftnahme kann immer nur als letztes Mittel erfolgen, wenn sich weniger einschneidende Maßnahmen nicht wirksam anwenden lassen. Dieses aus dem Verhältnismäßigkeitsgrundsatz folgende Gebot gilt mit Blick auf das Kindeswohl in besonderem Maße für Minderjährige.[90] Ist eine Zurückschiebung nicht möglich bzw. nicht geboten, wird der Minderjährige an das zuständige Jugendamt oder die zuständige Ausländerbehörde weitergeleitet. In letzterem Fall hat diese das Jugendamt zu unterrichten. Zudem kommt es vor, dass Minderjährige von der (Bundes-)Polizei direkt an Wohn-, Betreuungs- oder Clearingeinrichtungen übergeben werden; ist dies der Fall, so hat die Einrichtung das Jugendamt und die Ausländerbehörde hierüber zu informieren.[91]

---

88 Vgl. Vgl. Bundestags-Drucksache 18/5564, S. 100 ff.
89 Vgl. Deutscher Caritasverband (2014), S. 228.
90 Vgl. Bundestags-Drucksache 18/5564, S. 103.
91 Vgl. Parusel (2009), S. 23.

3.3.3.1 Zurückweisung
Gesetzliche Bestimmungen

Weder die Drittstaatenregelung des deutschen Asylrechts noch das Ausländerrecht sehen eine Altersgrenze in Bezug auf eine Zurückweisung an der Grenze vor. Entsprechend kann auch einem unbegleiteten Minderjährigen, der beim Versuch der Einreise das erforderliche Visum nicht vorweisen kann, die Einreise durch die Grenzbehörden (die Bundespolizei) verweigert werden.

Gemäß § 15 Abs. 1 AufenthG sind die Grenzbehörden dazu verpflichtet, einen Ausländer, der unerlaubt einreisen will, an der Grenze zurückzuweisen. Nach § 14 AufenthG ist die Einreise unerlaubt, wenn der Ausländer nicht über den erforderlichen Aufenthaltstitel oder Pass verfügt. § 18 Abs. 2 Nr. 1 AsylG regelt, dass einem Ausländer, der um Asyl nachsucht, die Einreise zu verweigern ist, sofern dieser aus einem sicheren Drittstaat einreisen will. Entsprechend werden auch Minderjährige von den Grenzbehörden ohne Prüfung eines Asylantrags zurückgewiesen. In einem solchen Fall erfolgt grundsätzlich keine Benachrichtigung des örtlich zuständigen Jugendamtes.[92]

Die Zurückweisung ist lediglich vor einer vollzogenen Einreise und an der Außengrenze zulässig. Der Ausländer darf an einer zugelassenen Grenzübergangsstelle zurückgewiesen werden, solange er diese nicht tatsächlich passiert hat.

„Im Prinzip sollte das Überschreiten einer Binnengrenze zwischen zwei Mitgliedstaaten nicht anders sein als eine Fahrt zwischen zwei Bezirken oder Regionen innerhalb eines Mitgliedstaats. Da aber die Mitgliedstaaten für die Aufrechterhaltung von Recht und Ordnung und für die innere Sicherheit zuständig sind, können sie, wenn dies aufgrund einer Risikoanalyse geraten erscheint, in ihrem gesamten Hoheitsgebiet, auch in Gebieten nahe einer Binnengrenze, Kontrollen vornehmen. Wie häufig solche Kontrollen durchgeführt werden, kann vom jeweiligen Gebiet abhängen. In Ausübung ihrer polizeilichen Befugnisse von den zuständigen Behörden der Mitgliedstaaten nach innerstaatlichem Recht vorgenommene Personenkontrollen sind im gesamten Hoheitsgebiet einschließlich der Grenzregionen erlaubt, sofern damit nicht die gleiche Wirkung erzielt wird wie mit Grenzübertrittskontrollen."

---

92 Vgl. ebd., S. 23.

Da Zurückweisungen nur an den zugelassenen Grenzübertrittsstellen rechtens sind, findet an den (Schengen-)Binnengrenzen, an denen keine Kontrollen mehr durchgeführt werden, keine Zurückweisung mehr statt. Art. 22 SGK bestimmt, dass die Binnengrenzen ohne Rücksicht auf die Staatsangehörigkeit der betreffenden Personen an jeder Stelle ohne Personenkontrollen passiert werden dürfen. Dabei ist die Einreise unabhängig davon, ob die Übergangsstelle geöffnet oder besetzt ist oder die Kontrolle stattfindet, unterlassen oder umgangen wird, mit dem tatsächlichen Passieren erfolgt.[93] Gemäß Art. 28 SGK findet bei Wiedereinführung von Grenzkontrollen an den Binnengrenzen die einschlägigen Bestimmungen des Titels II (Außengrenzen) entsprechend Anwendung. In Ermangelung konkreter Vorgaben können die Mitgliedstaaten selbst bestimmen, inwieweit die Wiedereinführung einer Überwachung der Grenze erforderlich ist. Durch die vorübergehende Wiedereinführung von Grenzkontrollen werden aus den Binnengrenzen nicht wieder Außengrenzen, gleichwohl kann einzelfallbezogen eine Zurückweisung an den Kontrollstellen in Grenznähe erfolgen.[94]

Asylantragstellung an der Grenze
Generell ist gemäß § 18 AsylG ein Ausländer, der an einer Grenzbehörde um Asyl nachsucht, unverzüglich an die zuständige bzw. nächstgelegene Aufnahmeeinrichtung zur Meldung weiterzuleiten. Nach § 13 Abs. 3 AsylG muss ein Ausländer, der nicht im Besitz der erforderlichen Einreisepapiere ist, zum Zwecke des Asylantrags an der Grenze um Asyl nachsuchen. Im Fall der unerlaubten Einreise hat er sich unverzüglich bei einer Aufnahmeeinrichtung zu melden (§ 22 AsylG) oder muss bei der Ausländerbehörde bzw. bei der Polizei um Asyl nachsuchen (§ 19 AsylG).

---

93 Bergmann/Dienelt/Winkelmann (2016), Kommentar Ausländerrecht, 11. Aufl., § 15 AufenthG, Rn 3.
94 s. o. Rn 4.

3.3.3.2 Zurückschiebung
Die Grundlage für die Zurückschiebung von AusländerInnen findet sich in § 57 AufenthG:
„Ein Ausländer, der in Verbindung mit der unerlaubten Einreise über eine Grenze im Sinne des Artikel 2 Nummer 2 der Verordnung (EG) Nr. 562/2006 (Außengrenze)95 aufgegriffen wird, soll zurückgeschoben werden."96

Art. 10 der EU-Rückführungsrichtlinie legt diesbezüglich fest:
„Vor Ausstellung einer Rückkehrentscheidung für unbegleitete Minderjährige wird Unterstützung durch geeignete Stellen, bei denen es sich nicht um die für die Vollstreckung von Rückkehrentscheidungen zuständigen Behörden handelt, unter gebührender Berücksichtigung des Wohles des Kindes gewährt."97

Bedeutung des § 57 AufenthG
Die Zurückschiebung setzt – im Gegensatz zur Zurückweisung – erst ein, wenn die unerlaubte Einreise (§ 14 AufenthG) bereits vollendet ist.98 Sie stellt wie die Abschiebung (§ 58 AufenthG) eine aufenthaltsbeendende Maßnahme dar und löst die Sperrwirkung des § 11 Abs. 1 AufenthG aus: Der Ausländer darf nicht erneut in das Bundesgebiet einreisen und sich dort aufhalten, solange die Befristung noch andauert (§ 11 Abs. 2 S. 1 AufenthG). Entsprechend § 71 Abs. 1, Abs. 3 Nr. 1 und Abs. 5 AufenthG sind zuständig für die Festnahme, die Anordnung und Durchführung der Zurückschiebung die Ausländerbehörden, die Polizei der Länder und an der Grenze die mit der polizeilichen Kontrolle des grenzüberschreitenden Verkehrs beauftragten Behörden (Grenzbehörden). Die Zuständigkeit für die Bundespolizei besteht somit nur an der Grenze. Die Feststellung einer unerlaubten Einreise ist dabei im Grenzraum noch bis zu einer Tiefe von 30 km an den Landesgrenzen und bis zu 50 km nach der seewärtigen Begrenzung möglich.99 Die Grenzbehörde ist außerdem nur zuständig, wenn ein Ausländer in diesem Gebiet in unmittelbarem zeitlichem Zusammenhang mit

---

95 Art. 2 Nr. 2 Nr. 562/2006 definiert die Außengrenze. Dies sind die Landesgrenzen der Mitgliedstaaten, einschließlich der Fluss- und Binnenseegrenzen, der Seegrenzen und der Flughäfen sowie der Flussschifffahrt-, See- und Binnenseehäfen, soweit sie nicht Binnengrenzen sind.
96 § 57 AufenthG bezieht sich hierbei auf den sog. Schengener Grenzkodex (Verordnung (EG) Nr. 562/2006). In diesem heißt es in Art. 2: „Gemäß Artikel 61 des Vertrags muss die Schaffung eines Raums des freien Personenverkehrs mit flankierenden Maßnahmen einhergehen. Zu diesen Maßnahmen gehört die in Artikel 62 Nummer 2 des Vertrags vorgesehene gemeinsame Politik bezüglich des Überschreitens der Außengrenzen."
97 Vgl. Richtlinie 2008/115/EG des Europäischen Parlaments und des Rates vom 16.12.2008 (Rückführungsrichtlinie).
98 Vgl. Bergmann/Dienelt/Winkelmann (2016), Ausländerrecht, 11. Aufl., § 57 AufenthG, Rn. 3.
99 Bergmann/Dienelt/Winkelmann (2016), Ausländerrecht, 11. Aufl., § 57 AufenthG, Rn. 3.

einer unerlaubten Einreise angetroffen wird.[100] Die Soll-Regelung in § 57 Abs. 1 AufenthG bedeutet, dass die Zurückschiebung in der Regel zu erfolgen hat. Daher ist es den Behörden erlaubt, besondere Umstände des Einzelfalls zu berücksichtigen und in Ausnahmefällen von einer Zurückschiebung abzusehen.

Für die Zurückschiebung gelten die Bestimmungen des §§ 58 Abs. 1b, 59 Abs. 8, 60 Abs. 1 bis 5 und 7 bis 9, 62 und 62e AufenthG entsprechend.

Kann die Zurückschiebung nicht unverzüglich erfolgen, so ist deshalb gemäß § 62 Abs. 2 und 3 AufenthG Vorbereitungs- oder Sicherungshaft entsprechend beim zuständigen Amtsgericht zu beantragen, sofern die Voraussetzungen hierfür (insbesondere Fluchtgefahr) vorliegen. Ein Ausländer kann danach in (Abschiebungs-)Haft genommen werden, wenn er ausgewiesen (Vorbereitungshaft) oder abgeschoben (Sicherungshaft) werden soll.

Die – selten angeordnete – Vorbereitungshaft ist nur zulässig, wenn über die Ausweisung nicht sofort entschieden werden kann und die Abschiebung ohne Inhaftnahme wesentlich erschwert würde. Ihre Dauer soll sechs Wochen nicht überschreiten.

Die Sicherungshaft – die am häufigsten vorkommende Form der Abschiebungshaft – soll im Regelfall nicht länger als drei Monate dauern, § 62 Abs. 3 Satz 4 AufenthG, sofern der Ausländer aus Gründen, die er nicht zu vertreten hat, nicht abgeschoben werden kann. Die Abschiebehaft kann bis zu sechs Monaten angeordnet werden und in dem Fall, dass der Ausländer seine Abschiebung verhindert, auf 12 Monate verlängert werden. Im Übrigen muss im Einzelfall einer der gesetzlich geregelten Tatbestände festgestellt werden, aus denen auf die Gefahr geschlossen werden kann, der Ausländer werde nicht von selbst („freiwillig") ausreisen, sondern sich im Gegenteil der Abschiebung entziehen. Sicherungshaft ist unzulässig, wenn die Abschiebung nicht binnen drei Monaten durchgeführt werden kann, ohne dass der Ausländer dies zu vertreten hat. Sie kann bis zu sechs Monate angeordnet und um längstens 12 Monate verlängert werden, falls der Ausländer die Abschiebung verhindert. Für unbegleitete minderjährige Flüchtlinge ist eine weitere Voraussetzung gemäß § 58 Abs. 1a AufenthG, dass „sich die Behörde vor der Abschiebung zu vergewissern hat, dass dieser im Rückkehrstaat einem Mitglied seiner Familie, einer zur Personensorge berechtigten Person oder einer geeigneten Aufnahmeeinrichtung übergeben wird". Die Ausländerbehörden und ggf. die Verwaltungsgerichte müssen sich in

---

100 Ebd., § 57 AufenthaltG, Rn 7.

jedem Einzelfall Gewissheit davon verschaffen, dass die Übergabe des unbegleiteten Minderjährigen an eine in der Vorschrift genannte Person oder Einrichtung nicht nur möglich ist, sondern tatsächlich auch erfolgen wird.[101] In Bezug auf die Abschiebungshaft regelt § 62 Abs. 1 Satz 3 AufenthG, dass „Minderjährige und Familien mit Minderjährigen nur in besonderen Ausnahmefällen und nur solange in Abschiebungshaft genommen werden, wie es unter Berücksichtigung des Kindeswohls angemessen ist". In Bezug auf Minderjährige ist hierbei Art. 20 der UN-KRK zu beachten. Dieser hat uneingeschränkte Bedeutung für unbegleitete ausländische Minderjährige, sodass sie in Einrichtungen der Kinder- und Jugendhilfe unterzubringen sind. Aufenthaltsbeendende Maßnahmen und jedenfalls deren Sicherung haben zu unterbleiben, wenn sie nicht im Lichte des Kindeswohlmaßstabs erfolgen.[102]

3.3.4 Zahlen
In den vergangenen Jahren ist die Zahl der aufgegriffenen unbegleiteten minderjährigen Flüchtlinge kontinuierlich gestiegen.[103]

Jahr	Aufgriffe	Ort	Herkunft	Maßnahmen	Inobhutnahme insgesamt
2009	173	Flughafen: 69 Grenze Belgien: 34 Grenze Frankreich: 21 Grenze Niederlande: 21 Grenze Österreich: 14	Afghanistan: 97 Türkei: 6 Iran: 5	Übergabe JA: 119 Zurückweisung: 5 Zurückschiebung: 27	1949
2010	282	Flughafen: 111 Grenze Frankreich: 68 Grenze Niederlande: 33 Grenze Österreich: 23 Grenze Belgien: 20	Afghanistan: 155 Indien: 15 Somalia: 11	Übergabe JA: 197 Zurückweisung: 3 Zurückschiebung: 21	2822
2011	365	Flughafen: 108 Grenze Belgien: 33 Grenze Frankreich: 116 Grenze Niederlande: 52 Grenze Österreich: 34	Afghanistan: 270 Irak: 11 Syrien: 9	Zurückschiebung: 40	3462

---

101 Bundesverwaltungsgericht, Urteil vom 13.6.2013-10 C 13.12.
102 Vgl. Cremer (2011a), S. 159 ff.
103 Vgl. Destatis, Statistisches Bundesamt, Pressemitteilung 340 v. 16.9.2015 (Zugriff: 14.8.2016).

3 Zentrale Themenkomplexe

Jahr	Aufgriffe	Ort	Herkunft	Maßnahmen	Inobhutnahme insgesamt
2012	403	Flughafen: 87 Grenze Belgien: 45 Grenze Frankreich: 145 Grenze Niederlande: 52 Grenze Österreich: 40	Afghanistan: 276 Algerien: 21 Syrien: 21 Marokko: 16 Irak: 13	Übergabe JA: 348 Zurückweisung: 1 Zurückschiebung: 42	4767
2013	443	Flughafen: 65 Grenze Belgien: 79 Grenze Frankreich: 113 Grenze Niederlande: 57 Grenze Österreich: 80	Afghanistan: 188 Marokko: 48 Somalia: 35 Eritrea: 28 Syrien: 19 Algerien: 18	Zurückschiebung: 29	6574
2014	1087	Flughafen: 33 Grenze Belgien: 82 Grenze Frankreich: 287 Grenze Niederlande: 6 Grenze Schweiz: 46 Grenze Österreich: 540	Afghanistan: 563 Eritrea: 171 Somalia: 91 Syrien: 73 Marokko: 66 Algerien: 32	Zurückschiebung: 27	11642

2009 kam es nach Aussage der Bundesregierung insgesamt zu 173 Aufgriffen von unbegleiteten Minderjährigen unter 16 Jahren durch die Bundespolizei. Davon wurden an Flughäfen 69, an der Grenze zu Belgien 34, an der Grenze zu Frankreich und den Niederlanden je 21 und an der Grenze zu Österreich 14 Personen aufgegriffen. Die große Mehrheit von ihnen stammte aus Afghanistan (97), 6 aus der Türkei und 5 Personen aus dem Iran. In 119 der 173 Fälle fand eine Übergabe an das zuständige Jugendamt statt. In fünf Fällen kam es zu Zurückweisungen, Zurückschiebungen fanden in 27 Fällen statt.

2010 erfolgten insgesamt 282 Aufgriffe von unter 16-jährigen unbegleiteten minderjährigen Flüchtlingen. Davon wurden 111 an Flughäfen, 68 an der Grenze zu Frankreich, 33 an der Grenze zu den Niederlanden, 23 an der Grenze zu Österreich und 20 an der Grenze zu Belgien aufgegriffen. 155 der betroffenen Personen stammten aus Afghanistan, 15 aus Indien und 11 aus Somalia. In 197 der 282 Fälle wurden die betroffenen Personen an das Jugendamt übergeben. Es kam zu drei Zurückweisungen und 21 Zurückschiebungen von unbegleiteten Minderjährigen unter 16 Jahren.[104] Insgesamt wurden 2.822 unbegleitete Minderjährige in Obhut genommen.[105]

2011 kam es zu 365 Aufgriffen von unbegleiteten Minderjährigen unter 16 Jahren durch die Bundespolizei. Davon wurden an Flughäfen 108, an der Grenze zu Belgien 33, an der Grenze zu Frankreich 116, an der Grenze zu den Niederlanden 52 und an der Grenze zu Österreich 34 Personen aufgegriffen. 270 Personen stammten aus Afghanistan, 11 Personen aus dem Irak und 9 Personen aus Syrien.[106] Es gab 40 Zurückschiebungen.[107] Insgesamt wurden 3.462 unbegleitete Minderjährige in Obhut genommen.[108]

2012 wurden 403 unbegleitete Minderjährige unter 16 Jahren von der Bundespolizei aufgegriffen, davon an Flughäfen 87, an der Grenze zu Belgien 45, an der Grenze zu Frankreich 145, an der Grenze zu den Niederlanden 52 und an der Grenze zu Österreich 40 Personen. 276 Personen stammten aus Afghanistan, je 21 Personen aus Algerien und Syrien, 16 Personen aus Marokko und 13 Personen aus dem Irak. In 348 der 403 Fälle fand eine Übergabe an das Jugendamt statt. In einem Fall erfolgte eine Zurückweisung, Zurückschiebungen fanden in 42 Fällen statt. Insgesamt wurden 4.767 unbegleitete Minderjährige in Obhut genommen.

2013 kam es zu 443 Aufgriffen von unbegleiteten Minderjährigen unter 16 Jahren durch die Bundespolizei. Davon wurden an Flughäfen 65, an der Grenze zu Belgien 79, an der Grenze zu Frankreich 113, an der Grenze zu den Niederlanden 57 und an der Grenze zu Österreich 80 Personen aufgegriffen. 188 Personen stammten aus Afghanistan, 48 Personen aus Marokko, 35 Personen aus Somalia, 28 Personen aus Eritrea, 19 Personen aus Syrien und 18 Personen aus Algerien. Es kam zu 29 Zurückschiebungen. Insgesamt wurden 6574 unbegleitete minderjährige Flüchtlinge in Obhut genommen.

2014 wurden von der Bundespolizei 1087 unbegleitete Minderjährige unter 16 Jahren durch die Bundespolizei aufgegriffen. Davon wurden an Flughäfen 33, an der Grenze zu Belgien 82, an der Grenze zu Frankreich 287, an der Grenze zu den Niederlanden 6, an der Grenze zur Schweiz 46 und an der Grenze zu

---

104 Vgl. Bundestags-Drucksache 17/7433 (21.10.2011), S. 2 ff.
105 Vgl. Bundestags-Drucksache 18/5564, S. 10 ff.
106 Vgl. Bundestags-Drucksache 18/5564, S. 10 ff.
107 Vgl. Bundestags-Drucksache 18/5564, S. 24.
108 Vgl. Bundestags-Drucksache 18/5564, S. 10 ff.

Österreich 540 Personen aufgegriffen. 563 Personen stammten aus Afghanistan, 171 Personen aus Eritrea, 91 Personen aus Somalia, 73 Personen aus Syrien, 66 Personen aus Marokko und 32 Personen aus Algerien. Es kam zu 27 Zurückschiebungen.[109]

Bis einschließlich 2014 wurden von der Polizei nur Personen bis zum 16. Lebensjahr statistisch erfasst.

3.4 Flughafenverfahren

3.4.1 Gesetzliche Bestimmungen und Hintergrund
3.4.1.1 UN-Kinderrechtskonvention
Gemäß Art. 3 Abs. 1 der UN-KRK ist bei allen Maßnahmen, die Kinder betreffen, „gleichviel ob sie von öffentlichen oder privaten Einrichtungen der sozialen Fürsorge, Gerichten, Verwaltungsbehörden oder Gesetzgebungsorganen getroffen werden", das Kindeswohl vorrangig zu berücksichtigen.

Nach Art. 3 Abs. 2 UN-KRK verpflichten sich die Vertragsstaaten dazu, Kindern den Schutz und die Fürsorge zu gewährleisten, die zu ihrem Wohlergehen notwendig sind.

Entsprechend Art. 22 UN-KRK haben die Vertragsstaaten sicherzustellen, dass Flüchtlingskinder „angemessenen Schutz" und humanitäre Hilfe bei der Wahrnehmung ihrer Rechte erhalten.

Art. 39 UN-KRK verpflichtet die Vertragsstaaten, geeignete Maßnahmen zur physischen und psychischen Genesung von Kindern zu treffen. Diese sollen in einer Umgebung durchgeführt werden, die „der Selbstachtung und der Würde des Kindes förderlich ist."

3.4.1.2 UN-Ausschuss gegen Folter
Der UN-Ausschuss gegen Folter fordert bereits seit 2011 gegenüber Deutschland, unbegleitete Minderjährige nicht in das Flughafenverfahren aufzunehmen, wie von der Europäischen Kommission gegen Rassismus und Intoleranz empfohlen.[110]

---

109 Vgl. Bundestags-Drucksache 18/5564, S.10 ff., 24 f.
110 Vgl. UN-Ausschuss gegen Folter (2011).

3.4.1.3 EU-Richtlinien

Gemäß Art. 24 Abs. 2 der EU-Aufnahme-Richtlinie sollen unbegleitete Minderjährige nach folgender Rangfolge untergebracht werden: „(...) bei erwachsenen Verwandten, in einer Pflegefamilie, in Aufnahmezentren mit speziellen Einrichtungen für Minderjährige, in anderen für Minderjährige geeigneten Unterkünften."

Art. 25 der EU-Asylverfahrensrichtlinie benennt einen Katalog von Garantien für unbegleitete Minderjährige für die Zuerkennung und Aberkennung des internationalen Schutzes. Gemäß Art. 25 Abs. 1a der Richtlinie ergreifen die Mitgliedstaaten so bald wie möglich Maßnahmen, um zu gewährleisten, dass ein Vertreter bestellt wird, der die/den unbegleiteten Minderjährigen bei der Prüfung des Antrags vertritt und/oder unterstützt. Nach Art. 25 Abs. 1b der Richtlinie stellen die Mitgliedstaaten sicher, dass der Vertreter Gelegenheit erhält, den unbegleiteten Minderjährigen über die Bedeutung und die möglichen Konsequenzen seiner persönlichen Anhörung sowie ggf. darüber aufzuklären, wie er sich auf seine persönliche Anhörung vorbereiten kann. Gemäß Art. 25 Abs. 3 der Asylverfahrensrichtlinie wird vorausgesetzt, dass die persönliche Anhörung eines unbegleiteten Minderjährigen im Asylverfahren sowie die Entscheidung über dessen Asylantrag von einer Person durchgeführt wird, die über die nötige Kenntnis der besonderen Bedürfnisse Minderjähriger verfügt.[111]

Art. 17 Abs. 1 der EU-Rückführungs-Richtlinie bestimmt, dass bei unbegleiteten Minderjährigen Haft nur im äußersten Falle und für die kürzest mögliche angemessene Dauer eingesetzt werden darf. Gemäß Art. 17 Abs. 3 der Richtlinie müssen „in Haft genommene Minderjährige [...] die Gelegenheit zu Freizeitbeschäftigungen einschließlich altersgerechter Spiel- und Erholungsmöglichkeiten und, je nach Dauer ihres Aufenthalts, Zugang zu Bildung erhalten". Art. 17 Abs. 4 der Richtlinie legt fest, dass unbegleitete Minderjährige „so weit wie möglich in Einrichtungen untergebracht werden [müssen], die personell und materiell zur Berücksichtigung ihrer altersgemäßen Bedürfnisse in der Lage sind"[112].

---

[111] Vgl. Richtlinie 2013/33/EU des Europäischen Parlaments und des Rates vom 26.6.2013, (Aufnahmerichtlinie).
[112] Vgl. Richtlinie 2013/32/EU des Europäischen Parlaments und des Rates vom 26.6.2013 (Asylverfahrensrichtlinie).

3.4.1.4 Gesetzliche Bestimmungen zum Flughafenverfahren

Das Flughafenverfahren ist ein im Zuge des Asylkompromisses beschlossenes Asyl-Schnellverfahren und findet seit dem 1.7.1993 an deutschen Flughäfen Anwendung, die auf ihrem Gelände über eine Unterbringungseinrichtung für Asylsuchende verfügen.[113] Es ist in § 18a AsylG geregelt. Danach ist für Ausländer aus einem sicheren Herkunftsstaat, die über einen Flughafen einreisen wollen und bei der Grenzbehörde um Asyl nachsuchen, das Asylverfahren vor der Entscheidung über die Einreise durchzuführen, soweit die Unterbringung auf dem Flughafengelände während des Verfahrens möglich ist. Gleiches gilt für Ausländer, die sich nicht mit einem gültigen Pass oder Passersatz ausweisen können. Hintergrund für die Einführung dieses von Anfang an höchst umstrittenen Verfahrens war die starke Zunahme der Zahl von Asylsuchenden, welche 1992 einen neuen Höchststand erreicht hatte. Gleichzeitig wurde der Luftweg als Haupteinreiseoption für potentielle AsylbewerberInnen betrachtet. Ziel der Regelung war es, eine Möglichkeit zu schaffen, AsylbewerberInnen noch vor der Einreise bei offensichtlich unbegründeten Asylanträgen zurückweisen zu können.[114] Grundlage dafür, dass eine Entscheidung über die Begründetheit eines Asylgesuchs noch vor der Einreise durchgeführt werden kann, ist die Tatsache, dass der Flughafen mittels einer Fiktion als „exterritorial" betrachtet wird, eine Einreise mit dem Betreten des Flughafens und damit des deutschen Staatsgebietes daher als noch nicht erfolgt angesehen wird (§ 13 Abs. 2 Satz 2 AufenthG).

Dauer der Unterbringung

Für die Dauer der Unterbringung von Ausländern, die auf den Luftweg in das Bundesgebiet gelangt sind und denen nach Durchführung eines Asylverfahrens am Flughafen die Einreise nach § 18a Abs. 3 AsylG verweigert wird, gilt § 15 Abs. 6 AufenthG. Bei Unmöglichkeit der Abreise zum Beispiel aufgrund fehlender Heimreisepapiere bedarf der Aufenthalt eines Ausländers in der Flüchtlingsunterkunft am Flughafen spätestens 30 Tage nach Ankunft einer richterlichen Anordnung. Wird ein entsprechender Haftantrag durch die Grenzbehörde nicht gestellt bzw. durch den Richter abgelehnt, ist dem Ausländer die Einreise zu gestatten (§ 18a Abs. 6 Nr. 4 AsylG). Die Anordnung ist gemäß § 15 Abs. 6 Satz 4 AufenthG nur zulässig, wenn die Abreise innerhalb der Anordnungsdauer zu erwarten ist. Sie kann gemäß § 15 Abs. 6 Satz 5, Abs. 5 Satz 2, 62 Abs. 4

---

[113] Richtlinie 2008/115/EG des Europäischen Parlaments und des Rates vom 16.12.2008 (Rückführungsrichtlinie).
[114] Vgl. Adineh (2010). In: Dieckhoff (2010), S. 75.

AufenthG für bis zu sechs Monate angeordnet werden. In Fällen, in denen der Ausländer seine Zurückweisung verhindert, kann die Anordnung um bis zu 12 Monate verlängert werden.

Gemäß Art. 104 Abs. 2 GG ist bei jeder nicht auf richterlicher Anordnung beruhenden Freiheitsentziehung unverzüglich eine richterliche Entscheidung herbeizuführen. Die Rechtmäßigkeit des Festhaltens im Transitgewahrsam ohne richterliche Entscheidung wird damit begründet, dass dieses Festhalten keine Freiheitsbeschränkung und keine Freiheitsentziehung sei, wenn der betreffenden Person das luftseitige Verlassen des Transitbereichs möglich sei.[115] Im Evaluierungsbericht hatte das BMI dazu ausgeführt, der Aufenthalt im Transitbereich sei nicht Folge einer der deutschen Staatsgewalt zurechenbaren Maßnahme, sondern resultiere aus der passlosen Einreise und der Absicht der Ausländer, in Deutschland um Schutz nachzusuchen.[116] Der EGMR hat in mehreren Fällen entschieden, dass das Festhalten in der Transitzone eines Flughafens je nach Intensität äquivalent zu einer Freiheitsbeschränkung oder Freiheitsentziehung im Sinne des Art. 5 Abs. 1 EMRK ist[117] und dass allein der Verweis auf die theoretische Möglichkeit des luftseitigen Verlassens der Transitzone zur Verneinung einer Freiheitsentziehung im Sinne von Art. 5 EMRK nicht ausreicht.[118]

AsylantragstellerInnen und abgelehnte Asylsuchende werden im Einzelfall de facto bis zu sieben Monate (§ 15 Abs. 6 AufenthG in Verbindung mit § 62 Abs. 4 Satz 1 AufenthG) in einer Unterkunft im Transitbereich des Flughafens festgehalten. In Ausnahmefällen kann die Dauer sogar bis zu 19 Monate betragen (§ 62 Abs. 4 Satz 2 AufenthG).

Betroffene
Gemäß § 18a Abs. 1 Satz 1 AsylG ist bei AusländerInnen aus einem sicheren Herkunftsstaat (§ 29a AsylG), die über einen Flughafen einreisen wollen und bei der Grenzbehörde um Asyl nachsuchen, das Asylverfahren vor der Entscheidung über die Einreise im Transitbereich des Flughafens durchzuführen. Gleiches gilt für AusländerInnen, die bei der Grenzbehörde eines Flughafens um Asyl nachsuchen und sich nicht mit einem gültigen Pass oder Passersatz ausweisen können. In der Praxis werden also Personen, die bei der Passkontrolle am

---
115 BVerfGE, 94,166.
116 BMI, Evaluierungsbericht 2006, S. 214.
117 Europäischer Gerichtshof für Menschenrechte, Antragsnummer 45355/99 und 45357/99 (Shamsa/Polen).
118 Europäischer Gerichtshof für Menschenrechte, Antragsnr. 19776/92 (Amuur/Frankreich), Ziff. 48.

Flughafen über keinen gültigen Pass verfügen und um Asyl bitten, von der Bundespolizei in die Flüchtlingsunterkunft am Flughafen gebracht, wo dem/der AusländerIn unverzüglich Gelegenheit zur Stellung des Asylantrags zu geben ist.

Zu sicheren Herkunftsstaaten im Sinne des § 29a AsylG sind in der Zwischenzeit folgende Länder erklärt worden (Stand 20.10.2015):

Albanien, Bosnien und Herzegowina, Ghana, Kosovo, Mazedonien, ehemalige jugoslawische Republik, Montenegro, Senegal, Serbien.

Anhörung und Ablauf des Verfahrens
Gemäß § 18a Abs. 1 Satz 3 AsylG ist dem Ausländer „unverzüglich Gelegenheit zur Stellung des Asylantrags bei der Außenstelle des Bundesamtes zu geben, die der Grenzkontrollstelle zugeordnet ist". Der Ausländer wird in eine Unterkunft im Transitbereich des Flughafens gebracht, wo er sein Gesuch unmittelbar nach der Ankunft gegenüber der Bundespolizei begründen muss. In diesem Rahmen findet bereits eine erkennungsdienstliche Behandlung statt, Fingerabdrücke werden abgenommen und in die EURODAC-Datenbank übernommen. Für den Fall, dass der/die AusländerIn bereits in einem anderen Staat einen entsprechenden Antrag gestellt hat, wird er/sie, sofern keine Argumente vorgebracht werden können, die eine Bearbeitung in der Bundesrepublik Deutschland begründen, im Einklang mit der Dublin-III-Verordnung dorthin ausgewiesen. Nach der Stellung des Asylantrags soll die persönliche Anhörung durch Mitarbeitende des Bundesamts unverzüglich stattfinden. Dem Ausländer ist gemäß § 18a Abs. 1 Satz 5 AsylG „nach erfolgter Antragstellung Gelegenheit zu geben, mit einem Rechtsbeistand seiner Wahl Verbindung aufzunehmen." Nach erfolgter Asylantragstellung bleiben dem BAMF zwei Tage Zeit, über diesen zu entscheiden. Geschieht dies nicht, ist dem Ausländer gemäß § 18a Abs. 6 Nr. 2 AsylG die Einreise zu gestatten. Weiter ist dem Ausländer die Einreise zu gestatten, wenn das Bundesamt der Grenzbehörde mitteilt, dass es nicht kurzfristig entscheiden kann, das Gericht nicht innerhalb von 14 Tagen über einen Antrag auf Gewährung vorläufigen Rechtsschutzes entschieden hat, oder die Grenzbehörde keinen nach § 15 Abs. 6 AufenthG erforderlichen Haftantrag stellt oder der Richter die Anordnung oder die Verlängerung der Haft ablehnt. Nach Einreisegestattung durchläuft der Antragsteller dann das weitere Verfahren; eine erneute Anhörung nach Einreise findet dabei nicht statt. Vielmehr wartet der Antragsteller dann im Inland auf die Entscheidung des BAMF.

Eine Ablehnung des Asylantrags als „offensichtlich unbegründet" hat gemäß § 18a Abs. 3 AsylG zur Folge, dass dem Ausländer die Einreise verweigert wird. In diesem Fall hat der Asylsuchende eine im deutschen Recht einmalig kurze Rechtsmittelfrist von drei Tagen, um einen Eilantrag (Antrag auf vorläufigen Rechtsschutz gemäß § 18a Abs. 4 Satz 1 AsylG) beim zuständigen Verwaltungsgericht einzureichen. Die Entscheidung über den Eilantrag soll im schriftlichen Verfahren ergehen (§ 18a Abs. 4 Satz 5 AsylG). Ein späteres Vorbringen des Asylantragstellers kann das Gericht gemäß § 36 Abs. 4 Satz 3 AsylG unter den Voraussetzungen des § 25 Abs. 3 AsylG unberücksichtigt lassen.

Bei einer positiven Entscheidung des Gerichts ist dem Ausländer die Einreise erlaubt, ansonsten ist er zur Ausreise verpflichtet. Das Gericht hat innerhalb einer Frist von 14 Tagen zu entscheiden; wird diese nicht eingehalten, ist dem Ausländer die Einreise zu gestatten (§ 18a Abs. 6 Nr. 3 AsylG). Das Flughafen-Asylverfahren muss also einschließlich des gerichtlichen Eilverfahrens regelmäßig innerhalb einer Frist von 19 Tagen abgeschlossen sein. Bei einem Negativentscheid wird der Asylsuchende bis zur Durchführung seiner Rückführung in haftähnlicher Weise in der Unterkunft am Flughafen festgehalten. Bis die notwendigen Dokumente für die Rückreise vorliegen, können in vielen Fällen jedoch mehrere Wochen oder gar Monate vergehen.[119] Die Einrichtung am Flughafen wird somit neben der Unterbringung während des Flughafenverfahrens auch als Gewahrsamseinrichtung für im Flughafenverfahren abgelehnte AsylbewerberInnen genutzt.

Nach § 18a Abs. 1 Satz 1 AsylG ist Voraussetzung für die Durchführung des Flughafenverfahrens die Möglichkeit der Unterbringung auf dem Flughafengelände. Diese Unterkünfte müssen eine getrennte Unterbringung von Männern und Frauen gewährleisten sowie für Familien mit Kindern und unbegleitete Minderjährige geeignet sein.[120]

Relevante Flughäfen
Das Flughafenverfahren wird nur an Flughäfen umgesetzt, in denen die Asylsuchenden auf dem Flughafengelände untergebracht werden können. Möglich ist dies an den Flughäfen Berlin-Schönefeld, Düsseldorf, Frankfurt/Main, Hamburg und München.

---
119 Vgl. Adineh (2010). In: Dickhoff (2010) S. 77 f.
120 Vgl. Homepage des Caritasverbandes Frankfurt e.V. zum Thema Asylverfahren an Flughäfen unter: http://www.caritas-frankfurt.de (Zugriff: 26.4.2016).

3.4.2 Unbegleitete minderjährige Flüchtlinge im Flughafenverfahren

3.4.2.1 Situation

Da § 18a AsylG keine altersmäßige Beschränkung benennt, wird das Flughafenverfahren grundsätzlich auch bei unbegleiteten minderjährigen Flüchtlingen angewendet. Allerdings sieht Art. 25 Abs. 6 RL 2013/32/EU für das Flughafenverfahren bei unbegleiteten minderjährigen Flüchtlingen Einschränkungen vor. Es ist u. a. nur noch zulässig, „wenn der Antragsteller aus einem Staat kommt, der die Kriterien für die Einstufung als sicherer Herkunftsstaat im Sinne dieser Richtlinie erfüllt oder es schwerwiegende Gründe für die Annahme gibt, dass der unbegleitete minderjährige Antragsteller eine Gefahr für die nationale Sicherheit oder die öffentliche Ordnung darstellt oder er aus schwerwiegenden Gründen der öffentlichen Sicherheit oder öffentlichen Ordnung nach nationalem Recht zwangsausgewiesen wurde".

3.4.2.3 Alterseinschätzung

Vor der Einleitung des Verfahrens zur Alterseinschätzung ist dem unbegleiteten minderjährigen Flüchtling ein gesetzlicher Vertreter zu bestellen (Art. 25 Abs. 1a RL 2013/32/EU Art. 6 Abs. 2 Dublin-III-Verordnung). Die Alterseinschätzung, deren Ergebnis über die Minderjährigkeit des Antragstellers entscheidet (§ 12 AsylG), wird am Flughafen Frankfurt/Main von Mitarbeitenden des Jugendamts Frankfurt nach einem Gespräch mit dem Jugendlichen mittels Inaugenscheinnahme durchgeführt.[121]

3.4.2.4 Unterbringung von unbegleiteten minderjährigen Flüchtlingen am Flughafen Frankfurt/Main

Voraussetzung für die Durchführung des Flughafenverfahrens ist gemäß § 18a Abs. 1 Satz 1 AsylG das Vorhandensein einer entsprechenden Unterbringungseinrichtung auf dem Flughafengelände. In Frankfurt/Main befindet sich eine solche Flüchtlingsunterkunft im Transitbereich des Flughafens in der Cargo-City Süd.[122] Gemäß einer Absprache werden das Jugendamt Frankfurt/Main als auch das Hessische Ministerium für Arbeit, Familie und Gesundheit durch die

---

121 Vgl. Homepage des Caritasverbandes Frankfurt e.V. zum Thema Asylverfahren an Flughäfen unter: http://www.caritas-frankfurt.de (Zugriff: 26.4.2016).
122 Steinhaber (27.05.2015): Serie Flüchtlinge Frankfurt, http://flughafenverfahren.worldpress.com (Zugriff: 26.4.2016).

3.4 Flughafenverfahren

Bundespolizei umgehend über alle unbegleiteten minderjährigen Flüchtlinge informiert, die am Frankfurter Flughafen ankommen und in der Flüchtlingseinrichtung auf dem Flughafengelände untergebracht werden.[123]

In Frankfurt/Main haben zwischen 2004 und 2008 insgesamt 231 unbegleitete Minderjährige ein solches Verfahren durchlaufen, wobei 147 von ihnen die Einreise nach Deutschland gemäß § 18a Abs. 6 AsylVfG a. F. gestattet wurde.[124] Zwischen Juni 2007 und Juli 2009 sind 135 unbegleitete Minderjährige über den Flughafen Frankfurt/Main eingereist, deren Asylantrag im Rahmen des Flughafenverfahrens bearbeitet wurde.[125] 2011 haben innerhalb Deutschlands insgesamt 42 unbegleitete Minderjährige ein Flughafenverfahren durchlaufen.[126]

Die durchschnittliche Dauer der Unterbringung in der Flüchtlingsunterkunft am Flughafen Frankfurt/Main lag 2009 je nach Herkunftsland bei bis zu 142 Tagen. Unbegleitete Minderjährige, die relativ lange in der Flüchtlingsunterkunft am Frankfurter Flughafen untergebracht waren, kamen u. a. aus Sierra Leone (59 Tage), Kenia (68 Tage), der Elfenbeinküste (87 Tage) oder Togo (107 Tage). Diese Zahlen betreffen minderjährige Personen über 16 Jahre, deren Asylantrag abgelehnt wurde und die in der Flüchtlingsunterkunft auf ihre Abschiebung warteten.[127]

Die Mehrzahl der unbegleiteten minderjährigen Flüchtlinge, die in der Flüchtlingsunterkunft am Frankfurter Flughafen zwischen Juni 2007 und Juli 2009 untergebracht wurden, stammte aus Somalia, Afghanistan, Guinea, Nigeria und dem Irak.[128]

In den Jahren 2010 bis 2014 sind über den Flughafen Frankfurt/Main insgesamt 185 unbegleitete minderjährige Flüchtlinge eingereist, deren Asylantrag im Rahmen des Flughafenverfahrens bearbeitet wurde. 165 von ihnen wurde die Einreise nach Deutschland gemäß § 6 AsylVfG gestattet, sechs Anträge wurden in den Jahren 2010 bis 2016 als offensichtlich unbegründet abgelehnt, wobei diese Entscheidung innerhalb von zwei Tagen nach Antragstellung getroffen wurde.[129]

---

123 Vgl. Hessischer Landtag, Drucksache 18/722 (31.7.2009), S. 1 f.
124 Vgl. Hessischer Landtag, Drucksache 16/12742 (23.04.2009), S. 4.
125 Vgl. Hessischer Landtag, Drucksache 18/722 (31.07.2009), S. 3.
126 Vgl. Hessischer Landtag, Drucksache 17/10454 (10.08.2012), S. 2.
127 Vgl. Hessischer Landtag, Drucksache 18/722 (31.7.2009), S. 1–6.
128 Vgl. ebd., S.3.
129 Bundestags-Drucksache 18/5564 S.15.

3.5 Inobhutnahme

Kathleen Neundorf (Kapitel 3.5 – 3.7)

3.5.1 Allgemeines
3.5.1.1 Bedeutung der Inobhutnahme

Grundsätzlich regelt die Vorschrift des § 42 SGB VIII die sozialpädagogische Krisenintervention und Schutzgewährung (Inobhutnahme) durch die Kinder- und Jugendhilfe und macht dadurch vorläufige Interventionen in Eil- und Notfällen zum Schutz von Kindern und Jugendlichen möglich. Die Inobhutnahme stellt somit ein vorläufiges Schutzinstrument für Kinder in Krisensituationen dar und begründet Befugnisse des Jugendamtes im Falle der Kindeswohlgefährdung, zu deren Abwehr die Eltern – aus welchem Grund auch immer – nicht in der Lage sind.[130] Die Krisensituation führt dabei zu dem Erfordernis, dass entsprechende Hilfen rund um die Uhr verfügbar sein müssen.[131] In erster Linie umfasst die Inobhutnahme die vorläufige Unterbringung des Kindes oder Jugendlichen, die sozialpädagogische Betreuung und Klärungshilfe sowie die Zusammenarbeit ggf. mit den Eltern und dem Familiengericht.

§ 42 Abs. 1 Nr. 1 SGB VIII sieht einen Rechtsanspruch des Kindes beziehungsweise Jugendlichen auf Schutzgewährung vor: Sind die Tatbestandsvoraussetzungen der Inobhutnahme erfüllt, löst dies die Schutzpflicht des Staates aus – das Jugendamt hat zwingend eine Inobhutnahme zu verfügen.

3.5.1.2 (Vorläufige) Inobhutnahme von unbegleiteten minderjährigen Flüchtlingen

Der deutsche Gesetzgeber hat mit dem Kinder- und Jugendhilfeweiterentwicklungsgesetz[132] zum 1.10.2005 eine vorläufige Schutzmaßnahme des Jugendamtes aus Anlass einer unbegleiteten Einreise von Minderjährigen vorgesehen. Danach ist das Jugendamt nach § 42 I 1 Nr. 3 SGB VIII a. F. ausdrücklich verpflichtet, diese Personen unter Berücksichtigung der Bedarfe der vulnerablen Gruppe in Obhut zu nehmen. Bereits im Vorfeld wurde die Regelung zur Inobhutnahme angewandt, der Fokus lag nunmehr aber auf der spezifischen Konstellation nach einer unbegleiteten Einreise von Minderjährigen, abweichend beispielsweise im Vergleich zu Inobhutnahmen bei Eltern-Kind-Konflikten.

---

130 Vgl. Cremer (2006), S. 56.
131 Vgl. Münder (2009), § 42, Rn. 25.
132 Gesetz zur Weiterentwicklung der Kinder- und Jugendhilfe (Kinder- und Jugendhilfeweiterentwicklungsgesetz – KICK) v. 8.9.2005, BGBl. I 2729.

3.5 Inobhutnahme

Es besteht mithin eine Primärzuständigkeit des Jugendamtes im Hinblick auf die Unterbringung, Versorgung und Betreuung in Deutschland. Entsprechende Vorgaben des AsylG werden durch die Regelungen des SGB VIII verdrängt, dessen Anwendbarkeit für unbegleitete Minderjährige auf der Flucht in Deutschland sowohl in territorialer Hinsicht als auch in personaler Hinsicht aus § 6 SGB VIII folgt.[133]

Mit dem Gesetz zur Verbesserung der Unterbringung, Versorgung und Betreuung unbegleiteter ausländischer Kinder und Jugendlicher[134] wurde zur Sicherstellung des Primats der Kinder- und Jugendhilfe und zum Schutz des unbegleiteten ausländischen Kindes oder Jugendlichen nach seiner Einreise (und vor Entscheidung über die Durchführung des Verteilungsverfahrens) die vorläufige Inobhutnahme in § 42a SGB VIII geregelt. Die vorläufige Schutzgewährung der Inobhutnahme erstreckt sich auf alle unbegleiteten minderjährigen Flüchtlinge bis 18 Jahre, die sich de facto in Deutschland aufhalten. Während nach alter Regelung eine Inobhutnahme unbegleiteter Minderjähriger nur unter der Voraussetzung einer individuellen Gefährdung des Kindeswohls zu erfolgen hatte, ist nach geltender Rechtslage die unbegleitete Einreise von Minderjährigen bis 18 Jahre nun ein eigenständiges Inobhutnahmekriterium, der eine vorläufige Inobhutnahme nach § 42a SGB VIII vorgeht. Eine Abschätzung der individuellen Gefährdung muss nicht mehr erfolgen; die Verpflichtung zu dieser Schutzmaßnahme beruht auf der zutreffenden Annahme, dass für unbegleitete Minderjährige prinzipiell eine latente kindeswohlgefährdende Situation besteht, die ohne weitere Abschätzung eines Gefährdungsrisikos eine (vorläufige) Inobhutnahme erforderlich macht.[135]

Unter der Vorgabe einer kindeswohlentsprechenden, bedarfsgerechten Unterbringung und Betreuung auf der einen Seite und der gleichzeitigen Überschreitung der räumlichen und personellen Kapazitäten in den betroffenen Kommunen aufgrund der hohen Anzahl der unbegleiteten Einreisen von ausländischen Minderjährigen andererseits, hat der Gesetzgeber mit dem nunmehr eingeführten Verteilungsverfahren erstmalig eine bundesweite Aufnahmepflicht der Bundesländer für unbegleitete ausländische Kinder und Jugendliche gesetzlich geregelt, wodurch eine am Kindeswohl und dem besonderen Schutzbedürfnis dieser jungen Menschen ausgerichtete landesinterne und bundesweite Verteilung

---

133 Vgl. dazu ausführlich Meysen/Beckmann/González Méndez de Vigo (2016), 427 ff.
134 Gesetz zur Verbesserung der Unterbringung, Versorgung und Betreuung ausländischer Kinder und Jugendlicher vom 28.10.2015, BGBl. I 2016, 1802.
135 Vgl. Parusel (2009), S. 30.

ermöglicht werden soll.[136] Das im SGB VIII neu geregelte Verfahren beschreibt die Durchführung eines Verteilungsverfahrens der Kinder und Jugendlichen auf die Bundesländer, an deren Ende die Zuständigkeit für die Durchführung der (regulären) Inobhutnahme bestimmt ist und der jeweils zuständige Träger die im Einzelfall notwendigen jugendhilferechtlichen Maßnahmen durchführt. Vor der Inobhutnahme nach Maßgabe des § 42 SGB VIII sind anknüpfend an das Primat der Kinder- und Jugendhilfe unbegleitete Minderjährige nach der Einreise gem. § 42a SGB VIII bereits vorläufig in Obhut zu nehmen. Die Regelungen über die Ausgestaltung der sich anschließenden Inobhutnahme nach § 42 SGB VIII gelten gem. § 42a Abs. 1 S.2 SGB VIII insofern, als sie die Befugnis zur vorläufigen Unterbringung[137], die Sorge für das Wohl des Minderjährigen, die Gelegenheit zur Benachrichtigung einer Person des Vertrauens, die Befugnis zur Freiheitsentziehung und die (mangelnde) Befugnis zur Anwendung unmittelbaren Zwangs betreffen.

3.5.2 Unterbringung und Erstversorgung
3.5.2.1 Zuständigkeiten
Hinsichtlich der Zuständigkeit ist zu unterscheiden zwischen sachlicher und örtlicher Zuständigkeit. Sachlich zuständig für die Inobhutnahme sind gemäß § 85 Abs. 1 SGB VIII grundsätzlich die örtlichen Träger der Jugendhilfe. § 88a SGB VIII regelt nunmehr die örtliche Zuständigkeit für vorläufige Maßnahmen, Leistungen und die Amtsvormundschaft für unbegleitete ausländische Kinder und Jugendliche. Absatz 1 bestimmt die örtliche Zuständigkeit für die vorläufige Inobhutnahme nach § 42a SGB VIII. Zuständig ist der örtliche Träger der öffentlichen Jugendhilfe, in dessen Bereich sich das Kind oder der Jugendliche vor Beginn der Schutzmaßnahme tatsächlich aufhält. Das ist der Ort, an dem die Einreise des unbegleiteten ausländischen Minderjährigen erstmals festgestellt wird, d.h. der Ort des „Aufgriffs" des Minderjährigen oder seiner Selbstmeldung.[138] Die Länder können hiervon abweichende Regelungen treffen und die Zuständigkeit bestimmten, besonders geeigneten Jugendämtern zuweisen. Nach der vorläufigen Inobhutnahme sind verschiedene Zuständigkeitsbegründungen in Folge des neu eingeführten Verteilungsmechanismus möglich. Sofern nach der erfolgten Kindeswohlprüfung im Rahmen der vorläufigen Inobhutnahme festgestellt wurde, dass der Minderjährige einem anderen Jugendamt zugewiesen wird, richtet sich die örtliche Zuständigkeit für die Inobhutnahme eines unbegleiteten ausländischen Kindes oder Jugendlichen nach

---
136 BR-Drs. 349/15, 13.
137 Vgl. dazu 3.5.2.4.
138 BT-Drs. 18/5921, 29.

der Zuweisungsentscheidung gemäß § 42b Abs. 3 S. 1 SGB VIII der nach Landesrecht für die Verteilung von unbegleiteten ausländischen Kindern oder Jugendlichen zuständigen Stelle. Sofern das Kindeswohl eine Verteilung nicht zulässt, verbleibt es bei der Zuständigkeit des erstaufnehmenden Jugendamtes (§ 88a Abs. 2 S. 2, Abs. 3 SGB VIII). In diesem erfolgt ein nahtloser Übergang von der vorläufigen Inobhutnahme in die reguläre Inobhutnahme und spätere Leistungsgewährung. Ein anderer Träger kann aus Gründen des Kindeswohls oder aus sonstigen humanitären Gründen von vergleichbarem Gewicht die örtliche Zuständigkeit von dem zuständigen Träger übernehmen.

3.5.2.2 Überblick über das Verteilungsverfahren

Das für die vorläufige Inobhutnahme zuständige Jugendamt hat während dieser Maßnahme eine Ersteinschätzung (§ 42a Abs. 2 S. 1 SGB VIII) zusammen mit dem Kind bzw. dem Jugendlichen vorzunehmen sowie Feststellungen über die Minderjährigkeit zu treffen (§ 42 f SGB VIII), auf deren Grundlage über die Anmeldung des Kindes oder des Jugendlichen zur Verteilung oder den Ausschluss der Verteilung entschieden wird (§ 42a Abs. 2 S. 2 SGB VIII). Das zuständige Jugendamt hat der nach Landesrecht für die Verteilung zuständigen Stelle die vorläufige Inobhutnahme und die Einschätzungen innerhalb von sieben Werktagen nach Beginn der Maßnahme mitzuteilen. Die nach Landesrecht zuständige Stelle hat sodann gegenüber dem Bundesverwaltungsamt innerhalb von drei Werktagen das Kind oder den Jugendlichen zur Verteilung anzumelden oder den Ausschluss der Verteilung anzuzeigen (§ 42a Abs. 4 SGB VIII). Das Bundesverwaltungsamt benennt dann innerhalb von zwei Werktagen nach der Anmeldung zur Verteilung durch die zuständige Landesstelle das zu dessen Aufnahme verpflichtete Land (§ 42b Abs. 1 SGB VIII). Maßgebend hierzu ist die Aufnahmequote nach § 42c SGB VIII. Die zuständige Stelle des Landes weist den Minderjährigen wiederum innerhalb von zwei Werktagen einem in seinem Bereich gelegenen Jugendamt zur Inobhutnahme nach § 42 Abs. 1 S. 1 Nr. 3 SGB VIII zu.[139]

Mit der Übergabe des Minderjährigen an die Personensorge- oder Erziehungsberechtigten oder das nunmehr zuständige Jugendamt endet die vorläufige Inobhutnahme, ebenso wie im Falle des Ausschlusses des Verteilungsverfahrens[140]. Dieser Fall tritt gem. § 42b Abs. 4 Nr. 4 SGB VIII auch ein, wenn die Durchführung des Verteilungsverfahrens nicht innerhalb von einem Monat nach

---

139 Gegen die Entscheidung kann kein Widerspruch eingelegt werden, eine Klage hat keine aufschiebende Wirkung (§ 42b VII SGB VIII). Kritisch im Hinblick auf diese Rechtsschutzbeschränkung u. a. Veit (2016), S. 93, 98.
140 Dazu 3.5.2.3.

Beginn der vorläufigen Inobhutnahme erfolgt. Sofern dem Bundesverwaltungsamt ein Ausschluss der Verteilung angezeigt wird, endet die vorläufige Inobhutnahme (§ 42a Abs. 6 Var. 3 SGB VIII) und der unbegleitete Minderjährige wird gemäß § 42 Abs. 1 S. 1 Nr. 3 SGB VIII endgültig in Obhut genommen.

Verteilung im Bundesgebiet
Mit Inkrafttreten des Gesetzes zur Verbesserung der Unterbringung, Versorgung und Betreuung ausländischer Kinder und Jugendlicher vom 28.10.2015 wurde erstmalig eine bundesweite Aufnahmequote nach § 42c SGB VIII auch für unbegleitete ausländische Minderjährige gesetzlich normiert. Mangels Bestehens einer Vereinbarung eines Verteilungsschlüssels durch die Länder (§ 42c Abs. 1 SGB VIII), werden die Minderjährigen gegenwärtig quotal nach dem Königsteiner Schlüssel verteilt. Maßgebliche Faktoren zur Berechnung des Schlüssels sind zu zwei Dritteln die Steuereinnahmen des Landes und zu einem Drittel die Bevölkerungszahl. Auf Grundlage des vergangenen Kalenderjahres wird die Berechnung jährlich vom Büro der Gemeinsamen Wissenschaftskonferenz durchgeführt. Im Rahmen der jeweiligen Aufnahmequote soll dabei vorrangig dasjenige Land benannt werden, in dessen Bereich das Jugendamt liegt, das das Kind oder den Jugendlichen bereits vorläufig in Obhut genommen hat (§ 42b Abs. 2 SGB VIII). Hat dieses Bundesland die eigene Aufnahmequote nach § 42c SGB VIII bereits erfüllt, soll das nächstgelegene Land benannt werden.

Im Gesetzgebungsverfahren wurde vielfach Kritik an einer Verteilungsquote geäußert. Sie begründete sich insbesondere in der besonderen Schutzbedürftigkeit der zu verteilenden Kinder und Jugendlichen und den damit einhergehenden besonderen Anforderungen an die Unterbringung, Versorgung und Betreuung.[141] So wurde u. a. eine Überforderungssituation derjenigen Bundesländer befürchtet, die bislang nicht oder nur zahlenmäßig gering unbegleitete Minderjährige aufgenommen haben. Für Länder mit wenigen Kontakten in der Vergangenheit bedeutet die quotale Verteilung eine Chance und Herausforderung zugleich: Der Aufbau von (bisher nur in geringem Maße ausgebauten) Unterbringungs- und Betreuungsstrukturen sowie eines Qualitätsmanagements spezifisch ausgerichtet auf die Bedürfnisse unbegleitet eingereister Minderjähriger unter Berücksichtigung und im Austausch mit erfahrenen Trägern. So hat beispielsweise Sachsen-Anhalt nach dem Königsteiner Schlüssel im Jahr 2016 insgesamt 2,83 Prozent der unbegleitet einreisenden Minderjährigen aufzunehmen. Zum Stichtag 1.4.2016 konnte das Bundesland zu 51,8 Prozent seine Quote erfüllen,

---

141 Vgl. z.B. schriftlicher Bericht zur öffentlichen Anhörung des Bundesfachverbands Unbegleitete minderjährige Flüchtlinge e. V. v. 5.10.2015, Ausschuss-Drs. 18(13)62 e, 1 f.

zur vollständigen Quotenerfüllung wäre die Inobhutnahme von 925 weiteren Minderjährigen notwendig gewesen. Gegen Ende des Kalenderjahres 2016 konnte eine vollständige Quotenerfüllung erreicht werden, mit der Folge, dass innerhalb weniger Monate sowohl die Unterbringungskapazitäten, als auch das erforderliche fachkompetente Betreuungspersonal zur Verfügung stehen musste. Augenmerk soll dabei in jedem Land zusätzlich auch auf den Ausbau der Kooperationen mit anderen Akteuren aus dem Umfeld der Minderjährigen gelegt werden, wie z. B. den Ausländerbehörden, Landesschulämtern, Schulen, Freizeiteinrichtungen usw.

Die Verteilung nach einer bestimmten Quote bringt aber zukünftig für bislang zahlenmäßig stark betroffene Bundesländer eine Entlastung. Zum 1.4.2016 hat beispielsweise das Bundesland Bayern die Aufnahmequote von 15,5 Prozent nach dem Königsteiner Schlüssel zu 135,6 Prozent übererfüllt, so dass eine Verteilung auf andere Bundesländer aufgrund der gesetzlich normierten Aufnahmepflicht die Folge ist. Für die Leistungsgewährung innerhalb der einzelnen Bundesländer richtet sich die örtliche Zuständigkeit nach § 88a SGB VIII. Für die vorläufige Inobhutnahme eines unbegleiteten ausländischen Kindes oder Jugendlichen ist der örtliche Träger zuständig, in dessen Bereich sich das Kind oder der Jugendliche vor Beginn der Maßnahme tatsächlich aufhält, soweit Landesrecht nichts anderes regelt. Die örtliche Zuständigkeit für die Inobhutnahme richtet sich gem. § 88a II SGB VIII nach der Zuweisungsentscheidung gemäß § 42b Abs. 3 S. 1 SGB VIII. Ein anderer Träger kann aber im Sinne einer Flexibilisierung der Zuständigkeitsregelungen aus Gründen des Kindeswohls oder aus sonstigen humanitären Gründen von vergleichbarem Gewicht die örtliche Zuständigkeit von dem zuständigen Träger übernehmen. Diese Regelung wird flankiert von § 42c Abs. 2 S. 2 SGB VIII, wonach bei Zuständigkeitsübernahme eine Anrechnung auf die Aufnahmequote des betreffenden Landes erfolgt.

3.5.2.3 Einschätzungen des Jugendamts im Rahmen der vorläufigen Inobhutnahme

Das im SGB VIII neu geregelte Verfahren beschreibt die Durchführung eines Verteilungsverfahrens der Kinder und Jugendlichen auf die Bundesländer, an deren Ende die Zuständigkeit für die Durchführung der (regulären) Inobhutnahme bestimmt ist und der jeweils zuständige Träger die im Einzelfall notwendigen jugendhilferechtlichen Maßnahmen durchführt. Vor der Inobhutnahme nach Maßgabe des § 42 SGB VIII sind anknüpfend an das Primat der Kinder- und Jugendhilfe unbegleitete Minderjährige nach der Einreise bereits vorläufig in Obhut zu nehmen gem. § 42a SGB VIII. Vor dem Hintergrund einer kindeswohlorientierten Entscheidung bei der Durchführung des Verteilungsverfahrens hat das zuständige (Aufnahme-)Jugendamt das sogenannte Erstscreening durchzuführen.[142] Nach § 42 Abs. 1 S. 1 Nr. 3 SGB VIII sind maßgeblich für die Zuweisung die spezifischen Schutzbedürfnisse und Bedarfe unbegleiteter ausländischer Minderjähriger. Gegenstand des Erstscreenings sind dabei u. a. Tatsachen, die zu einem Ausschluss der Durchführung des Verteilungsverfahrens führen können (vgl. § 42b Abs. 4 SGB VIII).

Die Durchführung eines Verteilungsverfahrens ist dabei ausgeschlossen, wenn
- dadurch das Wohl des Minderjährigen gefährdet würde (Nr. 1),
- dessen Gesundheitszustand die Durchführung eines Verteilungsverfahrens innerhalb von 14 Werktagen nach Beginn der vorläufigen Inobhutnahme gemäß § 42a nicht zulässt (Nr. 2),
- dessen Zusammenführung mit einer verwandten Person kurzfristig erfolgen kann (z.B. aufgrund der Dublin-III-Verordnung) und dies dem Wohl des Kindes entspricht (Nr. 3) oder
- die Durchführung des Verteilungsverfahrens nicht innerhalb von einem Monat nach Beginn der vorläufigen Inobhutnahme erfolgt (Nr. 4).

§ 42b Abs. 5 SGB VIII soll sicherstellen, dass bei der Verteilung dem Kindeswohl insofern Rechnung getragen wird, als soziale Bindungen des Kindes und Jugendlichen zu anderen unbegleiteten ausländischen Minderjährigen Berücksichtigung finden müssen. Im Verfahren dürfen Geschwister nicht getrennt werden, es sei denn, dass das Kindeswohl eine Trennung erfordert (nur im Ausnahmefall anzunehmen). Im Übrigen sollen unbegleitete ausländische Kinder oder Jugendliche gemeinsam nach § 42 SGB VIII in Obhut genommen werden, wenn das Kindeswohl dies erfordert. Grundlegend für die Anmeldung zur Verteilung ist die sog. Kindeswohlprüfung (§ 42a Abs. 2 SGB VIII). Danach hat das zunächst aufnehmende Jugendamt während der vorläufigen Inobhutnahme verschiedene Aspekte einzuschätzen (vgl. dazu unten).

Zur Gewährleistung eines reibungslosen Ablaufs des Verteilverfahrens und der effektiven Entlastung von den an Einreiseknotenpunkten gelegenen Kommunen ist nach § 42b Abs. 7 SGB VIII das Widerspruchsverfahren sowie die aufschiebende Wirkung bei Klagen gegen Entscheidungen im Rahmen des Verteilungsverfahrens, zu denen auch die Alterseinschätzung gehört, ausgeschlossen.[143]

---

142 BR-Drs. 349/15, 20.
143 BT-Drs. 18/5921, 27.

Kindeswohlgefährdung infolge der Durchführung des Verteilungsverfahrens

Einzuschätzen ist gem. § 42a Abs. 2 S. 1 Nr. 1 SGB VIII der Aspekt, ob die Durchführung des Verteilungsverfahrens sowohl im Hinblick auf die physische als auch auf die psychische Belastung zu einer Kindeswohlgefährdung führen würde. Die körperliche und seelische Verfassung des Minderjährigen ist dabei vom Jugendamt einzuschätzen, eine (zwingende) ärztliche oder therapeutische Stellungnahme ist zur Beurteilung der Verteil- und Transportfähigkeit gesetzlich aber nicht vorgesehen. Ausweislich der Gesetzesbegründung ist bei der Feststellung des Kindeswohls bzw. seiner möglichen Gefährdung in Abhängigkeit von Alter und Entwicklungsstand der Wille des Minderjährigen einzubeziehen.[144]

Familienzusammenführung

Nach § 42a Abs. 2 S. 1 Nr. 2 SGB VIII ist weiterhin einzuschätzen, ob sich eine mit dem Minderjährigen verwandte Person im Inland oder im Ausland aufhält. So kann die Durchführung des Verteilungsverfahrens ausgeschlossen sein, wenn eine Familienzusammenführung z. B. aufgrund der Dublin III-Verordnung möglich ist (vorausgesetzt das BAMF ist bereits frühzeitig beteiligt). Sofern demnach das vorläufig in Obhut nehmende Jugendamt Kenntnis von einem sich in einem anderen EU-Mitgliedstaat aufhältigen Familienangehörigen des/der Jugendlichen hat, muss es unverzüglich im Rahmen der Notvertretungsbefugnis (§ 42a Abs. 3 SGB VIII) einen Asylantrag beim BAMF in Abstimmung mit dem unbegleiteten Minderjährigen stellen. Gleichzeitig muss unter Vorlage der entsprechenden Dokumente mitgeteilt werden, zu wem und in welches Land die Familienzusammenführung begehrt wird.[145] Die Durchführung des weiteren Verfahrens obliegt dann dem BAMF. An dieser Stelle ist aber auf die kurzfristige Realisierungsmöglichkeit der Zusammenführung nach Maßgabe des § 42b Abs. 4 Nr. 3 SGB VIII als Voraussetzung für den Ausschluss der Verteilung hinzuweisen. Innerhalb weniger Tage kommt eine Familienzusammenführung aber tatsächlich nur in den Fällen in Betracht, in denen sich die Familie bereits ebenfalls im Inland aufhält (sofern dieser Sachverhalt überhaupt bekannt wird). Die Zusammenführung mit Personensorge- bzw. Erziehungsberechtigten, die sich im Ausland aufhalten, bzw. eine Rückführung der Minderjährigen in einen anderen Staat, steht in der Praxis aber nur in Ausnahmefällen nach kurzer Zeit fest.[146] Daher wird vertreten, die Begrifflichkeit der „kurzfristigen" Familienzusammenführung nicht zu eng auszulegen (der Verteilausschluss des

---

[144] BR-Drs. 349/15, 20.
[145] DIJuF-Rechtsgutachten 12.5.2016 – J 6.220 Af, JAmt 2016, 307, 308.
[146] So BR-Drs. 349/15, 24.

§ 42b Abs. 4 Nr. 3 SGB VIII liefe sonst in der Praxis nahezu leer) und folglich nicht auf den kurzfristig realisierbaren Erfolg der Familienzusammenführung, sondern auf die Kurzfristigkeit der Einleitung eines Verfahrens zur Familienzusammenführung abzustellen.[147]

Soziale Bindungen, gemeinsame Unterbringung

Den Schutz der familiären Bindungen hat auch § 42a Abs. 2 S. 1 Nr. 3 SGB VIII im Blick, wonach unter Berücksichtigung des Kindeswohls eine gemeinsame Inobhutnahme mit Geschwistern bzw. im Interesse der Aufrechterhaltung anderweitiger sozialer Bindungen gemeinsam mit anderen unbegleiteten ausländischen Minderjährigen vorgesehen ist.[148] Geschwister müssen in der Regel gemeinsam untergebracht werden.

Gesundheitszustand

Schließlich ist mit Blick auf die Durchführung des Verteilungsverfahrens innerhalb von 14 Werktagen[149] nach Beginn der vorläufigen Inobhutnahme der Gesundheitszustand vom Jugendamt einzuschätzen (§ 42a Abs. 2 S. 1 Nr. 4 SGB VIII). Der Gesetzesbegründung folgend soll dadurch ausgeschlossen werden, dass Kinder und Jugendliche mit ansteckenden Krankheiten verteilt und dadurch Dritte gefährdet werden. Hierzu ist in der Regel („soll") eine ärztliche Stellungnahme zum Gesundheitszustand des Minderjährigen einzuholen, die im Krankheitsfall auch eine Aussage zur Dauer der Ansteckungsgefahr enthalten sollte. Wird eine ärztliche Stellungnahme eingeholt, so kann auf eine Begutachtung hingewirkt werden, die gleichsam eine Überprüfung der vom Jugendamt durchgeführten kindeswohlorientierten Einschätzung der körperlichen und seelischen Lage umfasst.

Weiterhin hat eine Alterseinschätzung[150] zur behördlichen Feststellung der Minderjährigkeit als Voraussetzung für die weitere Leistungsgewährung zu erfolgen. Sodann ist unter Einbeziehung der Erkenntnisse aus dem Erstscreening zu entscheiden, ob eine Verteilung des Minderjährigen in ein anderes Bundesland angemeldet werden kann oder ob ein Ausschlussgrund vorliegt.

---

147 DIJuF-Rechtsgutachten 12.5.2016 – J 6.220 Af, JAmt 2016, 307, 309.
148 Dies gilt auch für das Verteilungsverfahren nach Maßgabe des § 42b Abs. 5 SGB VIII.
149 Werktage im Sinne der §§ 42a bis 42c SGB VIII sind die Wochentage Montag bis Freitag, ausgenommen sind gesetzliche Feiertage (§ 7 III SGB VIII).
150 Vgl. dazu bereits oben unter 3.2.2.

Information und Beteiligung
In der Praxis bedeutsam und zugleich herausfordernd ist die Tatsache der umfassenden Beteiligung und Information der Kinder und Jugendlichen während der vorläufigen Inobhutnahme. Trotz begrenzter personeller und zeitlicher Ressourcen sind der Zugang zu verständlichen Informationen und eine Beteiligung im engeren Sinne insbesondere für die Akzeptanz der Durchführung des Verteilungsverfahrens maßgeblich.[151]

3.5.2.4 Vorgaben des § 42 SGB VIII
Das Gesetz regelt in § 42 Abs. 1 S. 1 Nr. 3 SGB VIII ausdrücklich die Inobhutnahme eines ausländischen Kindes oder Jugendlichen, soweit dessen Einreise unbegleitet nach Deutschland erfolgt und sich weder Personensorgeberechtigte noch Erziehungsberechtigte im Inland aufhalten. Bereits vor den Neuregelungen, die sich in §§ 42a–42f SGB VIII wiederspiegeln, wurden unbegleitet eingereiste ausländische Jugendliche in einer Erstversorgungseinrichtung jugendgerecht untergebracht und in Obhut genommen.[152] Dabei handelt es sich um eine Maßnahme mit (jedenfalls ganz überwiegend) begünstigender Wirkung für den minderjährigen Ausländer.[153]

Die vorläufige Unterbringung stellt ein Wesensmerkmal der Inobhutnahme dar. Entsprechend besteht das Ermessen des Jugendamtes nicht in Bezug auf das „Ob" der schutzgewährenden Unterbringung, sondern lediglich auf das „Wie". Das Jugendamt kann zwischen mehreren geeigneten Unterbringungsformen unterscheiden. § 42 Abs. 1 SGB VIII definiert die Inobhutnahme als vorläufige Unterbringung eines Kindes oder Jugendlichen bei einer geeigneten Person[154], in einer geeigneten Einrichtung[155] oder einer sonstigen Wohnform. Diese müssen im Hinblick auf eine Krisenintervention v.a. personell und sachlich angemessen ausgestattet sein. Schließlich ist die dem Anlass angemessene, zweckmäßigste Unterbringungsart zu wählen, wobei auch die (potenziellen) Wünsche der Betroffenen zu berücksichtigen sind. Mit Blick auf die erste im Gesetz genannte Alternative („geeignete Person") spielten in der Vergangenheit vor allem die sogenannten Bereitschaftspflegestellen in der Praxis eine bedeutende Rolle.

---

151 Katzenstein/Gonzáles Méndez de Vigo/Meysen (2015), S. 530, 532.
152 Wiesner (2016). In: Wiesner (2016) § 42 SGB VIII Rn. 16 ff.
153 Kunkel/Kepert/Pattar § 42 SGB VIII Rn. 38–41.
154 Wiesner (2011). In: Wiesner (2011) SGB VIII, § 42, Rn. 8
155 Zu diesen zählen Wohnmöglichkeiten in Einrichtungen, in denen auch Hilfe nach § 27 i.V.m. § 34 SGB VIII gewährt wird, ebenso Kinder- und Jugendnotdienste, Jugendschutzstellen, Kinderschutzzentren und Mädchenhäuser sowie geeignete Einrichtungen der Kinder- und Jugendpsychiatrie.

Zu den „geeigneten Einrichtungen" sind insbesondere sogenannte Kinder- und Jugendschutzstellen, Mädchenhäuser sowie alle Einrichtungen, in denen Erziehungshilfen nach § 34 SGB VIII durchgeführt werden, zu zählen. Die sozialpädagogische Betreuung stellt dabei ein Wesensmerkmal der Schutzgewährung dar. Entscheidend ist, dass die Unterbringung im konkreten Fall im Hinblick auf das Wohl des Kindes beziehungsweise des Jugendlichen geeignet ist. Die Eignung ist dabei hinsichtlich der besonderen Bedürfnisse Minderjähriger sowie bezüglich des ungeklärten Aufenthaltsstatus zu berücksichtigen. Es ist somit in jedem Einzelfall eine Abwägung des Jugendamtes erforderlich, in welcher Inobhutnahmeeinrichtung die Maßnahme kindgerecht durchgeführt werden kann.[156]

In der Praxis wurden in Bezug auf Ausgestaltung und pädagogisches Konzept verschiedene Einrichtungsformen geschaffen, um etwa krisen-, geschlechts- und altersspezifischen Anforderungen entsprechen zu können. Dabei ist es auch zum Aufbau von Einrichtungen speziell für umF gekommen, wobei die Betreuungs- und Unterbringungssituation zwischen den Bundesländern teils erheblich voneinander abweicht. Entscheidende Kriterien sind dabei Ausstattung, Betreuungsschlüssel, Zusammensetzung hinsichtlich der Herkunft der Kinder, die Bereitstellung von muttersprachlichen BetreuerInnen sowie die Art der pädagogischen Konzepte.[157] Während der Inobhutnahme hat das Jugendamt für das Wohl des Minderjährigen zu sorgen; ferner sind der notwendige Unterhalt und die Krankenhilfe zu gewährleisten (§ 42 Abs. 2 S. 3 SGB VIII). Auch muss dem Minderjährigen unmittelbar die Gelegenheit gegeben werden, eine Person seines Vertrauens zu benachrichtigen (§ 42 Abs. 2 S. 2 SGB VIII).

3.5.2.5 Umsetzung der gesetzlichen Vorgaben zur Inobhutnahmepflicht
Bei der Aufnahme und Betreuung unbegleiteter minderjähriger Flüchtlinge konnten ungeachtet der gesetzlichen Vorschriften Umsetzungsprobleme beobachtet werden. So wurden Minderjährige dieser schutzbedürftigen Gruppe z. T. innerhalb der Erstaufnahmeeinrichtungen für erwachsene AsylbewerberInnen (z. T. in gesonderten Trakten) untergebracht. Für die Aufnahme, Unterbringung und Versorgung dieser Minderjährigen ist allerdings vorrangig die Jugendhilfe zuständig.[158] Eine Kollision mit dem AsylG und den in diesem Gesetz vorgesehenen Unterbringungsformen besteht demnach von vornherein nicht.

---

156 Vgl. DIJuF-Rechtsgutachten (2010). In: JAmt (2012). Heft 12, S. 549.
157 Vgl. Cremer (2006), S. 55–57.
158 § 42 Abs. 1 S. 1 Nr. 3 und § 42a Abs. 1 S. 1 SGB VIII, BVerwG 8.7.2004 – 5 C 63.03; VGH BY 23.9.2014 – 12 CE 14.1833 und 12 C 14.1865.

3.5 Inobhutnahme

Bei Verdacht auf eine bestehende Minderjährigkeit sind die Betroffenen vom Jugendhilfeträger am tatsächlichen Aufenthalt in Obhut zu nehmen und geeignet unterzubringen (§ 42 Abs. 1 S. 1 Nr. 3, § 87 SGB VIII). Eine Asylerstaufnahmeeinrichtung scheidet als „geeignete Einrichtung" im Sinne des § 42 Abs. 1 SGB VIII grundsätzlich aus. Da bei dieser keine jugendspezifische Betreuung gegeben ist, kann sie auch nicht als „sonstige Wohnform" für unbegleitete Minderjährige in Betracht gezogen werden.[159] Aufnahmeeinrichtungen für AsylbewerberInnen erfüllen zudem größtenteils nicht den fachlichen Standard, welcher für die Erteilung einer Betriebsgenehmigung nach § 45 SGB VIII notwendig ist.[160] Sowohl Asylerstaufnahmeeinrichtungen als auch Gemeinschaftsunterkünfte unterliegen nicht der zum Schutz von Kindern und Jugendlichen erforderlichen Heimaufsicht, auch existieren keine gesetzlichen Regelungen hinsichtlich der dort zu gewährleistenden Betreuung. Daher sind diese für eine Unterbringung im Rahmen der Inobhutnahme nicht geeignet. Die betreuende Schutzgewährung, die Wesenskern der Inobhutnahme ist, kann in dieser Art von Einrichtungen nicht gewährleistet werden.[161]

Die Frage nach der Unterbringung in einer asylrechtlichen Aufnahmeeinrichtung bei einer im Sinne von § 42 Abs. 1 SGB VIII geeigneten Person (z.B. Verwandte) ist differenziert zu betrachten: Im Rahmen der Eignungsklärung und der Bedarfsklärung muss die Frage nach den Folgen einer ggf. erneuten Trennung von Minderjährigem und geeigneter Bezugsperson sorgfältig mit den konkreten Verhältnissen der jeweiligen Unterkunft abgewogen werden (unter Berücksichtigung des Wunsches des Minderjährigen und der Erstaufnahmeeinrichtung im individuellen Fall).[162]

3.5.3 Klärungshilfe im Rahmen der Inobhutnahme (Clearingverfahren)

3.5.3.1 Inhalt und Ziel des Clearingverfahrens

Gemäß § 42 Abs. 2 S. 1 SGB VIII hat „das Jugendamt [...] während der Inobhutnahme die Situation, die zur Inobhutnahme geführt hat, zusammen mit dem Kind oder Jugendlichen zu klären und Möglichkeiten der Hilfe und Unterstützung aufzuzeigen." Nachdem also im Rahmen der vorläufigen Inobhutnahme die Kindeswohlprüfung (sog. „Erstscreening") mit Blick auf die Durchführung des Verteilungsverfahrens durchgeführt wurde, findet das

---

[159] Vgl. Peter (2010), S. 16.
[160] DIJuF-Rechtsgutachten DRG-1176 vom 15.7.2015 – J 6.210 Go.
[161] Vgl. Berthold/Espenhorst/Rieger (2011a), S. 26.
[162] Vgl. DIJuF-Rechtsgutachten DRG-1160 vom 21.1.2015–J 6.210, S 2.000 Go.

Clearingverfahren während der regulären Inobhutnahme statt. Verbunden mit der Inobhutnahme ist demnach der Einstieg in einen Hilfeplanungsprozess, womit die Clearingfunktion der Inobhutnahme hinsichtlich der folgenden Anschlussunterbringung gemeint ist.[163] Das Jugendamt ist verpflichtet, das Kind beziehungsweise den Jugendlichen seiner Krisensituation entsprechend zu beraten sowie Möglichkeiten der Hilfe und Unterstützung zu benennen. Aufgabe der Beratung ist dabei in erster Linie, dem Kind beziehungsweise Jugendlichen eine intensive pädagogische Hilfestellung zu geben, um die Ursachen der gegenwärtigen Situation zu klären und Ansätze für eine Problembewältigung zu entwickeln. Zu den Hilfen zählt dabei u. a. die Prüfung geeigneter Angebote des SGB VIII. Unbegleitete Kinder werden v. a. zum Aufenthaltsort ihrer Personensorgeberechtigten beziehungsweise Verwandten sowie zu ihren Fluchtmotiven befragt. Dabei wird geprüft, ob eine Rückführung zu den Personensorgeberechtigten infrage kommt[164] oder weitere Hilfen zur Erziehung nach dem SGB VIII (etwa Hilfe zur Erziehung als Anschlussunterbringung) im Rahmen der Inobhutnahme einzuleiten und zu gewähren sind. Diese Klärung ist notwendig, da AusländerInnen nach § 6 Abs. 2 SGB VIII Leistungen wie Hilfen zur Erziehung nur beanspruchen können, wenn sie rechtmäßig oder aufgrund einer ausländerrechtlichen Duldung ihren gewöhnlichen Aufenthalt in Deutschland haben.[165]

Zusammengefasst wird neben der Klärung familiärer und soziokultureller Hintergründe (insbesondere der persönlichen Lebensverhältnisse) eine Klärung des gesundheitlichen, psychischen und geistigen Entwicklungsstandes sowie der emotionalen Situation der Jugendlichen angestrebt sowie die Klärung von Anzeichen einer traumatischen Belastung, Klärung der persönlichen Ressourcen der Jugendlichen, des schulischen Bildungsstands und der vorhandenen schulischen Voraussetzungen sowie des Lernverhaltens, Klärung der Fluchtgeschichte und der aufenthaltsrechtlichen Möglichkeiten und der Perspektive zum aufenthaltsrechtlichen Verfahren sowie die Ausräumung von Zweifeln hinsichtlich der Minderjährigkeit.[166]

---

163 Vgl. den Wortlaut des § 42 Abs. 3 S. 5 SGB VIII.
164 In der Regel gestaltet sich die Suche nach Eltern oder anderen Familienangehörigen in den oftmals von Bürgerkriegen oder sonstigen Krisensituationen geprägten Herkunftsländern schwierig. Im Falle einer erfolgreichen Suche muss geprüft werden, ob die Angehörigen auch willens und fähig sind, das Wohl des Minderjährigen zu gewährleisten.
165 Vgl. Cremer (2006), S. 55 ff.
166 Handreichung zum Umgang mit unbegleiteten minderjährigen Flüchtlingen in Nordrhein-Westfalen, S. 15.

3.5.3.2 Unterbringung und Dauer des Verfahrens

Teils wird das Clearingverfahren direkt beim Jugendamt durchgeführt, in einer geeigneten Einrichtung der Jugendhilfe, teils in speziellen sogenannten Clearinghäusern. Diese sollen eine jugendgerechte Unterbringung und Betreuung einschließlich einer Vermittlung der in Obhut genommenen Jugendlichen in Sprachkurse und Schulen gewährleisten.[167] Solche Einrichtungen wurden bereits in den meisten Bundesländern geschaffen, verfügen aber z.T. noch nicht über die notwendige Anzahl an Betreuungsplätzen. Hier erfolgt eine Erstversorgung der Jugendlichen (Wohnraum, Nahrung, Kleidung, nach Möglichkeit Beschulung), zusätzlich dienen sie den Minderjährigen als Schutzraum und sollen die Möglichkeit bieten, sich von den Strapazen der Flucht zu regenerieren. Clearinghäuser sind in der Regel mit relevanten Fachstellen vernetzt und verfügen über geeignete DolmetscherInnen und Hintergrundinformationen zu den Herkunftsländern.

Die Dauer des Clearingverfahrens ist dabei abhängig von der aktuellen Situation des Jugendlichen und seinem individuellen Bedarf unter Berücksichtigung der Komplexität des Clearingverfahrens und steht in unmittelbarem Zusammenhang mit der Dauer der Inobhutnahme. Die Verfahren sollten dabei möglichst zügig abgeschlossen werden, um dem/der Betroffenen schnellstmöglich eine entsprechende Hilfestellung zu ermöglichen. Eine zeitliche Befristung ist nicht vorgesehen, die Dauer richtet sich nach dem jugendhilfe- und ausländerrechtlichen Bedarf. Eine wegen Gefährdung der Person und dringenden Bedarfs an jugendgerechter Unterbringung und Betreuung angeordnete Inobhutnahme von unbegleitet eingereisten ausländischen Jugendlichen endet nicht schon mit der (wegen Ruhens der elterlichen Sorge) erforderlichen Vormundbestellung durch das Familiengericht. Die Entscheidung über die individuell erforderlichen Hilfemaßnahmen ist von dem kostenerstattungsberechtigten Jugendhilfeträger in eigener Verantwortung zu treffen, daher ist dessen Einschätzung für den erstattungspflichtigen Träger maßgeblich.[168]

Die Inobhutnahme und damit auch das Clearingverfahren sind unverzüglich zu beenden, wenn dem Jugendamt Erkenntnisse vorliegen, dass die in Obhut genommene Person das 18. Lebensjahr vollendet hat. Nicht explizit geregelt ist das Ende der Inobhutnahme bei Entziehung durch physische Abwesenheit durch

---

167 Vgl. Parusel (2009), S. 29 f.
168 BVerwG Urt. v. 12.8.2004 – 5 C 60/03.

die Minderjährigen. Sofern innerhalb weniger Tage keine Rückkehr stattfindet, ist die Inobhutnahme formell für beendet zu erklären, da die Grundlage für diese Maßnahme entfallen ist.[169]

3.5.3.3 Wichtige Aufgaben im Rahmen des Clearingverfahrens
Aufenthaltsrechtliches Clearing[170]
Grundsätzlich ist zu beachten, dass die Inobhutnahme eines Kindes oder Jugendlichen nicht dazu führt, dass dieses/dieser von der Notwendigkeit befreit ist, seinen aufenthaltsrechtlichen Status zu klären.[171] Die Frage nach der individuellen Aufenthaltsperspektive und den hierfür notwendigen rechtlichen Schritten ist daher ein besonders wichtiger Bestandteil des Clearingverfahrens.[172]

Die Klärung der asyl- und aufenthaltsrechtlichen Situation der/des Minderjährigen ist nach dem Willen des Gesetzgebers bereits durch das zuständige Jugendamt im Rahmen der Notvertretung während der vorläufigen Inobhutnahme nach § 42a Abs. 3 SGB VIII vorgesehen bzw. bei der Inobhutnahme nach § 42 Abs. 2 SGB VIII (Regelfall) unter Berücksichtigung des Wohls des Minderjährigen möglichst zeitnah einzuleiten und voranzutreiben; nach bereits erfolgter Vormundbestellung ist es Sache des Vormunds, Möglichkeit und Notwendigkeit ausländerrechtlichen Vorgehens zügig im Interesse des Betroffenen (weiter) zu prüfen.[173]

Aufenthaltsrechtlich sind zunächst zwei Vorgehensweisen zu unterscheiden: Die Asylantragstellung beim Bundesamt für Migration und Flüchtlinge oder die Beantragung einer Aufenthaltserlaubnis bei der zuständigen Ausländerbehörde. Ein Asylantrag sollte dabei erst gestellt werden, wenn genaue Informationen über Einreisegründe, Schicksal der Eltern und Lage im Herkunftsland verfügbar sind.[174] Asylrelevante Fluchtgründe können hierbei insbesondere eine drohende Zwangsrekrutierung sowie eigene politische Betätigungen des Minderjährigen sein. Anerkannt werden kann auch die Verfolgung durch Milizen in zerfallenen Staaten sowie drohende Beschneidung und Zwangsverheiratung. Ist damit zu rechnen, dass die Stellung eines Asylantrags keinen Erfolg haben wird, sollte ein Bleiberecht aus humanitären Gründen geprüft werden.

---

169 Wiesner (2016). In: Wiesner (2016) § 42 SGB VIII Rn. 54, 17, 19.
170 Siehe bereits bei 3.5.3.
171 DIJuF-Rechtgutachten (2010). In: JAmt (2010). Heft 12, S. 549.
172 Vgl. Berthold/Espenhorst/Rieger (2011a), S. 26.
173 BT-Drs. 266/16, S. 54.
174 Vgl. Peter (2010), S. 17.

Vor Stellung eines Asylantrags besteht für unbegleitete minderjährige Flüchtlinge ein Anspruch auf Duldung nach § 60a Abs. 2 S. 1 AufenthG in Verbindung mit § 58 Abs. 1 a AufenthG, sofern sie oder er im Rückkehrstaat nicht einem Mitglied seiner Familie, einer zur Personensorge berechtigten Person oder einer geeigneten Aufnahmeeinrichtung übergeben werden kann. Über die Duldung ist nach § 60a Absatz 4 AufenthG eine Bescheinigung auszustellen.[175]

Weitere Teilaspekte des Clearingverfahrens
Unbegleitete Minderjährige benötigen pädagogische Unterstützung entsprechend ihres Reifegrades und ihrer persönlichen Situation. Folglich sollte das gesamte Spektrum möglicher Hilfen nach dem SGB VIII in die Entscheidungsfindung einbezogen werden, wobei im Regelfall letztlich eine Unterbringung in Pflegefamilien oder stationären Einrichtungen der Erziehungshilfe erfolgt. Letztere verfügen – je nach Region – über ein vielfältiges Angebot an betreuten Wohnformen mit den verschiedensten pädagogischen Profilen. Entsprechend sollte für den jeweiligen Minderjährigen das individuell beste Angebot ausgewählt werden. Die Flucht führt in vielen Fällen zu Beziehungsabbrüchen mit den bisherigen Bezugspersonen. Zudem finden sich die Jugendlichen in Deutschland in einer vollkommen anderen Umgebung mit neuen Anforderungen wieder. In einigen Fällen wurden die Minderjährigen zusätzlich Zeuge von traumatisierenden Ereignissen (etwa dem gewaltsamen Tod der Eltern). Aus diesen Gründen ist es unabdingbar, einen möglichen therapeutischen Bedarf abzuklären. Von großer Bedeutung für die weitere Entwicklung des Minderjährigen ist es außerdem, rasch Möglichkeiten einer adäquaten Beschulung zu klären. Die Schule stellt etwas Vertrautes dar und dient der Alltagsstrukturierung und kann insbesondere der dauerhaften Aufenthaltssicherung auch bei abgelehntem Asylantrag bei Aufnahme einer sich anschließenden Berufsausbildung dienen.[176]

3.5.4 Vormundschaft
3.5.4.1 Definition
Als Vormund wird der gesetzliche Vertreter eines Minderjährigen (dieser ist dann sein „Mündel") bezeichnet, welcher eingesetzt wird, wenn die elterliche Sorge ruht oder dessen Eltern oder das allein sorgeberechtigte Elternteil nicht in der Lage sind, eigenständig die gesetzliche Vertretung zu übernehmen. Gemäß § 1773 ff. BGB ist unter Vormundschaft die rechtlich umfassend geregelte Sorge über eine(n) Minderjährige(n) zu verstehen, dessen Eltern nicht kraft

---
175 BT-Drs. 266/16, S. 54.
176 Vgl. 3.12.3.

Sorgerechts vertretungsberechtigt sind. Die Vormundschaft schließt somit die Wahrnehmung aller persönlichen und vermögensrechtlichen Angelegenheiten des Mündels mit ein. Im Gegensatz zur Pflegschaft fallen hierunter grundsätzlich Angelegenheiten aller Art.

3.5.4.2 Rechtliche Vorgaben
UN-Kinderrechtskonvention (UN-KRK)
Gemäß Art. 18 Abs. 2 der UN-KRK „unterstützen die Vertragsstaaten die Eltern und den Vormund in angemessener Weise bei der Erfüllung ihrer Aufgabe, das Kind zu erziehen, und sorgen für den Ausbau von Institutionen, Einrichtungen und Diensten für die Betreuung von Kindern." Nach Art. 20 UN-KRK hat „ein Kind, das vorübergehend oder dauernd aus seiner familiären Umgebung herausgelöst wird […], Anspruch auf den besonderen Schutz und Beistand des Staates"[177].

Haager Minderjährigenschutzabkommen (MSA)
Art. 9 des MSA bestimmt, dass unbegleitete Minderjährige den gleichen Anspruch auf minderjährigenspezifische Schutzmaßnahmen haben wie deutsche Kinder – was die Bestellung eines Vormundes miteinschließt: „In allen dringenden Fällen haben die Behörden jedes Vertragsstaates, in dessen Hoheitsgebiet sich der Minderjährige oder ihm gehörendes Vermögen befindet, die notwendigen Schutzmaßnahmen zu treffen." Art. 9 des Übereinkommens über die Zuständigkeit der Behörden und das anzuwendende Recht auf dem Gebiet des Schutzes von Minderjährigen (Haager Minderjährigenschutzabkommen (MSA) vom 5.10.1961).

EU-Vorgaben
Nach Art. 6 II der Dublin-III-Verordnung[178] haben die Mitgliedstaaten dafür zu sorgen, dass ein unbegleiteter Minderjähriger in allen Verfahren, die in der Verordnung vorgesehen sind, von einem Vertreter vertreten und/oder unterstützt wird und dieser Vertreter über die entsprechenden Qualifikationen und Fachkenntnisse verfügt, um zu gewährleisten, dass dem Wohl des Minderjährigen während der nach der Verordnung durchgeführten Verfahren Rechnung getragen wird.

---

177 Vgl. Übereinkommen über die Rechte des Kindes vom 20.11.1989 (UN-Kinderrechtskonvention).
178 Verordnung (EU) Nr. 604/2013 vom 26.6.2013.

Am 19.7.2013 sind die Richtlinie 2013/32/EU vom 26.6.2013, mit der gemeinsame Verfahren für die Zuerkennung und Aberkennung des internationalen Schutzes gemäß der Richtlinie 2011/95/EU eingeführt wurden, sowie die Richtlinie 2013/33/EU vom 26.6.2013 zur Festlegung von Normen für die Aufnahme von Personen, die internationalen Schutz iSv Nr. 2 lit. h der Richtlinie 2011/95/EU beantragen, neu in Kraft getreten. Art. 25 Abs. 1 lit.a der Richtlinie 2013/32/EU und Art. 24 Abs. 1 S. 3 der Richtlinie 2013/33/EU sehen vor, dass der einem umF in Verfahren nach der jeweiligen Richtlinie zu bestellende Vertreter seine Aufgaben im Interesse des Kindeswohls wahrnimmt und „hierfür über die erforderliche Fachkenntnis verfügt" bzw. „entsprechend versiert sein" muss. Nach Art. 25 Abs. 1b der Richtlinie 2013/32/EU haben die Mitgliedstaaten sicherzustellen, dass bei der vorgesehenen persönlichen Anhörung eines unbegleiteten Minderjährigen „ein Vertreter und/oder ein Rechtsanwalt oder ein sonstiger nach nationalem Recht zugelassener oder zulässiger Rechtsberater" anwesend ist. In Art. 17 Abs. 1 lit.a und b der Richtlinie 2013/32/EU werden die Mitgliedstaaten verpflichtet, dafür zu sorgen, dass einem unbegleiteten Minderjährigen ein Vertreter bestellt wird, der diesen bei der Prüfung seines Antrages vertritt und/oder unterstützt, bei der persönlichen Anhörung des Minderjährigen anwesend ist und diesen auf die Anhörung vorbereitet. Für die Umsetzung der Richtlinien in innerstaatliches Recht war den Mitgliedstaaten (in Art. 51 bzw. Art. 31) eine Frist bis 20.7.2015 gesetzt.[179]

Nationale Gesetzgebung: Vorgaben von BGB und SGB VIII
Ein familiengerichtliches Verfahren zur Feststellung des Ruhens der elterlichen Sorge und zur Anordnung der Vormundschaft und Bestellung eines Vormunds soll noch nicht während der vorläufigen Inobhutnahme eingeleitet werden.[180] Durch die Regelung in § 42a Abs. 3 SGB VIII wird das Jugendamt kraft öffentlichen Rechts verpflichtet und befugt, während der vorläufigen Inobhutnahme die Vertretung des unbegleiteten ausländischen Minderjährigen zu übernehmen, um die Rechtshandlungen vorzunehmen, die zum Wohl des Kindes oder Jugendlichen notwendig sind.[181]

Nach § 42 Abs. 3 S. 4 SGB VIII ist das Jugendamt grundsätzlich verpflichtet, unverzüglich nach Inobhutnahme des/der unbegleiteten Minderjährigen die Bestellung eines Vormunds oder Pflegers durch das Familiengericht zu veranlassen. Diese Vorschrift gilt jedoch nicht für das vorläufig in Obhut nehmende

---
[179] Vgl. ausf. zur Vertretung unbegleiteter minderjähriger Flüchtlinge in asyl-und ausländerrechtlichen Angelegenheiten Riegner (2014), S.150.
[180] BT-Drs. 18/5921, 24.
[181] BT-Drs. 18/5921, 24.

Jugendamt.[182] § 1773 Abs. 1 BGB bestimmt, dass Minderjährige, die nicht unter elterlicher Sorge stehen oder deren Eltern nicht zur Vertretung berechtigt sind, einen Vormund erhalten. Nach § 1774 BGB hat das Familiengericht die Vormundschaft von Amts wegen anzuordnen. Bevor ein Vormund bestellt werden kann, muss zunächst das Ruhen der elterlichen Sorge (§§ 1673, 1674 BGB) vom zuständigen Familiengericht festgestellt werden. Das gilt auch bei unbegleiteten Minderjährigen, deren Eltern noch immer sorgeberechtigt sind, auch wenn sie im Ausland leben.[183] Hierbei soll die bloße physische Abwesenheit eines Elternteils nicht ausreichend sein, solange das Sorgerecht mit Hilfe moderner Kommunikationsmittel und Reisemöglichkeiten aus der Ferne ausgeübt werden kann.[184] Bei langfristiger Abwesenheit soll nach der Rechtsprechung maßgeblich sein, ob das Elternteil im Wege der Aufsicht oder durch jederzeitige Übernahme der Personen- und Vermögenssorge zur Verantwortung zurückkehren kann.[185] Ein Auslandsaufenthalt mit schwierigen Verkehrsverbindungen und/oder politischen Verhältnissen stellt dagegen ein tatsächliches Ausübungshindernis dar.[186]

Liegt das Ruhen der elterlichen Sorge vor, so hat das Familiengericht nach § 1693 BGB die im Interesse des Kindes erforderlichen Maßnahmen zu treffen. Kann – wie im Fall von umF – kein Vormund durch die Eltern des Mündels benannt werden, so hat das Familiengericht nach Anhörung des Jugendamts den Vormund auszuwählen (§ 1779 Abs. 1 BGB). Gemäß § 1779 Abs. 2 BGB wählt das Familiengericht den Vormund nach den Kriterien der Eignung aus. Bei der Auswahl sind der mutmaßliche Wille der Eltern, die persönlichen Bindungen des Mündels, die Verwandtschaft oder Schwägerschaft mit dem Mündel sowie dessen religiöses Bekenntnis zu berücksichtigen (§ 1779 Abs. 2 S. 2 BGB). Weiter ist die vom Gericht ausgewählte Person grundsätzlich zur Übernahme der Vormundschaft verpflichtet (§ 1785 BGB), außer es wird einer der Ablehnungsgründe des § 1786 BGB vorgebracht. Der Vormund wird als parteiischer Interessenvertreter des/der Minderjährigen eingesetzt.

Dem zu bestellenden Vormund kommen die Aufgaben der Personensorge und der gesetzlichen Vertretung zu (§ 1793 BGB). Zur Personensorge zählen dabei insbesondere das Recht und die Pflicht, das Kind zu pflegen, zu erziehen, zu

---

182 § 42a Abs. 1 S. 2 SGB VIII sieht eine entsprechende Anwendung nicht vor. Nur wenn sich in der Übergangszeit die vorläufige Inobhutnahme nicht binnen eines Monats abschließen lässt, hat ausnahmsweise auch das vorläufig in Obhut nehmende Jugendamt eine Vormundschaftsbestellung zu veranlassen (§ 42b Abs. 4 Nr. 4 SGB VIII).
183 Vgl. Noske (2010), S. 13.
184 Vgl. BGH FamRZ 2005, 29.
185 BGH 6.10.2004 – XII ZB 80/04, FamRZ 2005, 29.
186 Vgl. OLG Karlsruhe, Beschluss vom 5.3.2012, 18 UF 274/11, Rn. 23.

beaufsichtigen und seinen Aufenthalt zu bestimmen (§ 1631 BGB). Da die meisten Vormünder für umF die Unterbringung in entsprechenden Jugendhilfeeinrichtungen veranlassen, geben sie hiermit einen wesentlichen Teil ihrer Erziehungsverantwortung an die dort tätigen MitarbeiterInnen ab. Somit kommt dem Vormund in diesem Fall die primäre Funktion zu, die Einrichtung der Kinder- und Jugendhilfe und alle anderen mit dem Mündel in Verbindung stehenden Institutionen in ihrem Handeln zu überwachen und entsprechend einzuschreiten, wenn er das Wohl des Kindes als gefährdet betrachtet. Gemeinsam mit BetreuerInnen, LehrerInnen und JugendamtsmitarbeiterInnen ist es Aufgabe des Vormunds, seinen Schützling bestmöglich zu unterstützen. Weitere Aufgaben des Vormunds sind die Unterzeichnung von Verträgen (z. B. Ausbildungsverträge) und die Einwilligung zu notwendigen Operationen oder therapeutischen Maßnahmen. Ein zentrales Instrument der Jugendhilfe ist der Hilfeplan, der im SGB VIII geregelt ist. Hierbei besprechen Jugendlicher, Vormund, Sozialdienst und SozialarbeiterInnen der Einrichtung gemeinsam die Entwicklung des Jugendlichen, prüfen die gewährte Hilfeform und diskutieren mögliche Verbesserungen. Das SGB VIII legt dabei fest, dass der Personensorgeberechtigte – im Falle von umF also der Vormund – an entsprechenden Entscheidungen über Hilfeleistungen zu beteiligen ist (§ 36 SGB VIII). Im Vorfeld ist der Vormund über Art und Umfang der Hilfe sowie über mögliche Folgen für die Entwicklung des Minderjährigen aufzuklären.[187] In ihrer Arbeit handeln Vormünder nach bestem Wissen und Gewissen, unterliegen dabei jedoch der Aufsicht durch das Familiengericht und müssen einmal pro Jahr einen Tätigkeitsbericht abliefern. Die Vormundschaft endet, sobald das Mündel das 18. Lebensjahr erreicht hat.[188]

3.5.4.4 Die einzelnen Vormundschaftsarten

Das deutsche Vormundschaftssystem ermöglicht mehrere Formen der Vormundschaft. So unterscheidet das BGB zwischen Einzelvormundschaften, Vereinsvormundschaften und Amtsvormundschaften. Diese Differenzierung ist hinsichtlich des Kindeswohls als positiv zu betrachten: UmF haben unterschiedliche Ansprüche in Bezug auf Nähe und Distanz sowie auf Häufigkeit und Intensität des Kontakts.[189] Die verschiedenen Vormundschaftsarten bieten somit grundsätzlich die Möglichkeit, dass die Jugendlichen einen Vormund erhalten, der ihren Interessen und Bedürfnissen am ehesten gerecht wird.[190] Wie bereits erwähnt, hat in Fällen, in denen vonseiten der Eltern des Mündels kein

---
[187] Vgl. Noske (2010), S. 14 f.
[188] Vgl. dazu unter Punkt 3.5.4.6.
[189] Vgl. Berthold/Espenhorst (2011a), S. 321.
[190] Vgl. Berthold/Espenhorst/Rieger (2011b), S. 31.

Vormund benannt werden kann, das Familiengericht nach Anhörung des Jugendamts den Vormund auszuwählen (§ 1779 BGB). Bei dieser Auswahl soll gemäß §§ 1791a Abs. 1 S. 2, 1791b Abs. 1 S. 1 BGB die Bestellung eines ehrenamtlichen Einzelvormundes vorrangig erfolgen. Ein Verein darf daher nur dann zum Vormund berufen werden, wenn kein geeigneter ehrenamtlicher Einzelvormund zur Verfügung steht (§ 1791a BGB). Gleiches gilt für die Bestellung des Jugendamts zum Vormund (§ 1791b BGB, sogenannte Amtsvormundschaft). Steht weder ein ehrenamtlicher Einzelvormund noch ein rechtsfähiger Verein als Vormund zur Verfügung, so muss das Gericht nach Ermessen entscheiden, ob die Bestellung eines Amtsvormunds oder eines Berufsvormunds erfolgt.[191] Die Formen der Amts- und der Berufsvormundschaft stehen insofern gleichwertig nebeneinander.[192] Seit Inkrafttreten des Betreuungsrechtsänderungsgesetzes am 1.7.2005 genießt lediglich die ehrenamtliche Einzelvormundschaft Vorrang vor einer Vereins- oder Amtsvormundschaft.[193]

Trotz der im BGB vorgeschriebenen vorrangigen Stellung der ehrenamtlichen Einzelvormundschaft ist in der Praxis die Bestellung einer Amtsvormundschaft am weitesten verbreitet. Aufgrund der gestiegenen Anzahl der Einreisen unbegleiteter Minderjähriger gewinnt die ehrenamtliche Einzelvormundschaft aber an Bedeutung.

Einzelvormundschaft (§ 1779 Abs. 2 BGB)

Der Einzelvormund muss volljährig sein, zudem müssen Jugendamt und Familiengericht die Eignung zuvor bestätigen.[194] Einzelvormundschaften können auch von Verwandten oder Bekannten des Jugendlichen übernommen werden. Dies kommt allerdings nur dann in Betracht, wenn ausreichende Sprachkenntnisse und ein Mindestmaß an Vertrautheit im Umgang mit den deutschen Behörden angenommen werden kann. In vielen Fällen handelt es sich bei Einzelvormundschaften um Privatpersonen, die diese Aufgabe ehrenamtlich übernehmen. In der Regel übernimmt ein Ehrenamtlicher dann die Vormundschaft für nur einen Jugendlichen, was eine individuellere Betreuung des Mündels möglich macht. Dies kann bedeuten, dass ein ehrenamtlicher Vormund für den Jugendlichen somit auch leichter erreichbar ist. Oftmals verfügen Ehrenamtliche auch über ein soziales Netzwerk, das dem Jugendlichen zugutekommt, etwa bei der Suche nach einem Ausbildungsplatz.[195] Praxiserfahrungen zeigen, dass sich Eh-

---

[191] Vgl. OLG Hamm FamRZ 2010, 1684; OLG Celle JAmt 2011, 352.
[192] Vgl. Wagenitz (2012). In: Schwab (2012): Band 8 – Familienrecht II. § 1791b BGB Rn. 2.
[193] Vgl. Bundestags-Drs. 15/2494 (12.2.2004), S. 27.
[194] Vgl. Meißner (2010). In: Dieckhoff (2010), S. 59.
[195] Vgl. Noske (2010), S. 17 f.

renamtliche in der Regel im Sinne der Jugendlichen für deren Rechte starkmachen und als unabhängige Akteure eine wichtige Kontrollinstanz gegenüber den Behörden darstellen.[196] Kritisiert wird an dieser Vormundschaftsform, dass Ehrenamtlichen oftmals das nötige Fachwissen fehle, insbesondere hinsichtlich des Asylverfahrens. Ehrenamtliche Vormundschaften sind etwa in Berlin schon seit vielen Jahren ein etablierter Bestandteil des Vormundschaftssystems.[197] Außer in Berlin existieren unter anderem auch in Leipzig, Wuppertal, Nürnberg und Kiel funktionierende Netzwerke zur Gewinnung, Schulung und Begleitung von ehrenamtlichen Einzelvormündern.[198]

Eine weitere Form der Einzelvormundschaft ist die Berufsvormundschaft. Berufsvormünder arbeiten selbstständig und werden im Gegensatz zu Ehrenamtlichen für ihre Tätigkeit vergütet (§ 1836 BGB). Genaue Angaben über die Zahl der Berufsvormünder liegen nicht vor; die Zahl ist in den letzten Jahren aufgrund des erhöhten Bedarfs kontinuierlich gestiegen. Nach dem Vormünder- und Betreuer-Vergütungsgesetz (VBVG) wird die Berufsmäßigkeit eines Vormunds anerkannt, wenn er auf Dauer mindestens zehn Vormundschaften führt oder aber mindestens 20 Stunden wöchentlich für die Führung der Vormundschaften aufwendet. Die Vergütung für Berufsvormünder ist im Vormünder- und Betreuer-Vergütungsgesetz (VBVG) geregelt.

Nach § 1887 Abs. 1 BGB hat das Familiengericht das Jugendamt oder den Verein als Vormund zu entlassen und einen anderen Vormund zu bestellen, wenn dies dem Wohl des Mündels dient und eine andere als Vormund geeignete Person vorhanden ist. Ein Berufsvormund wird somit in der Regel dann eingesetzt, wenn er als besser geeignet für die Übernahme der Vormundschaft erachtet wird als ein Amts- oder Vereinsvormund und kein ehrenamtlicher Vormund zur Verfügung steht. Die Berufsvormundschaft weist – trotz der komplexen Vergütungssituation und der finanziellen Abhängigkeit vom Gericht – einige Vorteile gegenüber der Amtsvormundschaft auf. So dürfen Berufsvormünder selbst entscheiden, wie viele Mündel sie betreuen wollen. Auch sind sie nicht in die Arbeit des Jugendamtes eingebettet und somit in der Lage, unabhängig von den dortigen Strukturen und Abläufen zu handeln. Ihre Selbstständigkeit und

---

196 Vgl. Berthold/Espenhorst/Rieger (2011b), S. 31.
197 Vgl. Noske (2010), S. 17. Gleichwohl ist auch hier die Bestellung eines Amtsvormunds die Regel. Ebd., S. 30.
198 Vgl. Berthold/Espenhorst/Rieger (2011b), S. 31. Ein Ausbau findet bundesweit statt.

institutionelle Unabhängigkeit bedeutet aber auch, dass oftmals erst ein Netzwerk aus Kontakten zu Ämtern, AnwältInnen und Ausbildungsstätten geknüpft werden muss.[199]

In manchen Fällen übernehmen auch RechtsanwältInnen Vormundschaften. Diese verfügen in der Regel eher über das nötige Fachwissen und legen daher in ihrer Beratung oftmals einen Schwerpunkt auf die Problematik der Aufenthaltssicherung.[200] Allgemein ist bei Einzelvormundschaften die Gelegenheit zum Aufbau eines persönlichen Verhältnisses zwischen Mündel und Vormund positiv hervorzuheben.

Vereinsvormundschaft (§ 1791a BGB)
Die Vereinsvormundschaft wird von einem rechtsfähigen Verein mit einer entsprechenden Zulassung und qualifiziertem Personal übernommen. Dabei wird der Verein zum Vormund bestellt, während die Vormundschaft selbst von einem Vereinsmitglied oder einem/einer Mitarbeitenden übernommen wird. Voraussetzung ist, dass das Landesjugendamt den jeweiligen Verein zuvor als geeignet erklärt hat, Vormundschaften zu übernehmen. Dies ist dann der Fall, wenn dieser über eine ausreichende Zahl an Mitarbeitenden verfügt, die er berät, weiterbildet und versichert. Genauso wie Berufsvormünder können auch Vereine festlegen, wie viele Mündel ein Vormund betreuen soll. In der Regel betreuen Vereinsvormünder daher weniger Mündel, als dies bei Amtsvormündern der Fall ist. Die Finanzierung der Vormundschaftsvereine ist relativ komplex und ein Grund dafür, warum es in Deutschland vergleichsweise wenige Vereine gibt, die Vormundschaften für umF übernehmen. Ein Vorteil von Vereinsvormundschaften wird darin gesehen, dass hier eine Spezialisierung auf Minderjährige aus einem bestimmten Herkunftsland möglich ist. So kann das nötige Fachwissen für alle rechtlichen und pädagogischen Bereiche, die politische Situation im Herkunftsland und die asylrechtliche Relevanz der Fluchtgründe zusammengetragen und zum Wohle des Kindes verwendet werden.

Amtsvormundschaft (§ 1791b BGB)
Die Mehrzahl der unbegleiteten Minderjährigen bekommt einen Amtsvormund zugewiesen. Hierbei wird das Jugendamt zum Vormund bestellt, während die Führung der Vormundschaft selbst von Mitarbeitenden des Jugendamtes übernommen wird. Entscheidender Kritikpunkt war hierbei bisher, dass die Mehrheit der Amtsvormünder die Verantwortung für eine kaum zu bewältigende

---
199 Vgl. Noske (2010), S. 18 f.
200 Ebd., S. 17.

Zahl von Mündeln zu übernehmen hatte. Gem. § 55 Abs. 2 SGB VIII ist das jeweils zuständige Jugendamt seit dem Jahr 2012 verpflichtet, eine Vollzeitkraft mit nicht mehr als maximal 50 Mündeln zu beauftragen.

Daneben sorgt die Eingliederung des Amtsvormunds in die Strukturen des Jugendamts häufig für Kritik. So wird befürchtet, dass die gebotene Parteilichkeit des Vormunds durch die Nähe zum sozialen Dienst beeinträchtigt wird. In manchen Jugendämtern erfolgt daher eine räumliche Abgrenzung der beiden Bereiche. Manche Amtsvormünder übernehmen ausschließlich Vormundschaften für umF, während andere auch deutsche Jugendliche betreuen. Diese verfügen jedoch nicht in jedem Fall über das erforderliche Fachwissen (etwa hinsichtlich Traumatisierungen oder aufenthaltsrechtlichen Fragen).[201] Jugendämter, die die Betreuung einer großen Zahl unbegleiteter Minderjähriger übernehmen, haben oftmals die Praxis entwickelt, einige Amtsvormünder speziell für diese Klientel einzuplanen. Diesen ist es möglich, aufgrund ihrer Erfahrung und entsprechender Weiterbildungsmaßnahmen in kürzerer Zeit auf die speziellen Probleme und Bedürfnisse der Jugendlichen einzugehen. Sofern kein Wechsel hin zu einer ehrenamtlichen Vormundschaft erfolgt, besteht die Amtsvormundschaft in der Regel bis zum Erreichen der Volljährigkeit.[202]

3.5.4.5 Praxisprobleme im Bereich Vormundschaft
- In vielen Fällen dauert es mehrere Wochen, bis das zuständige Gericht eine Entscheidung über die Bestellung eines Vormunds fällt. Ein Grund dafür könnte zum einen die Überlastung der Gerichte sein; auch können Zweifel an der Minderjährigkeit des Jugendlichen und Kontakte zu den Eltern im Herkunftsland dazu führen, dass das Gericht das Bestehen der Voraussetzungen für eine Vormundbestellung anzweifelt und sich das Verfahren daher verzögert. Bis zur Bestellung des Vormunds durch das Familiengericht übt das Jugendamt im Rahmen einer öffentlich-rechtlichen (das Elternrecht vorübergehend substituierenden) Notkompetenz, Teilbereiche der Personensorge aus, was jedoch nicht der gesetzlichen Vertretung durch einen Vormund entspricht.
- Vor Inkrafttreten der gesetzlichen Änderungen, wonach die Handlungsfähigkeit bei Minderjährigen im aufenthalts- und asylrechtlichen Verfahren erst mit Erreichen der Volljährigkeit als gegeben angesehen wird (§ 12 AsylG und § 89 Abs. 1 AufenthG), wurde in einigen Fällen eine vormundschaftliche Vertretung für umF ab dem 16. Lebensjahr nicht gewährt. So wurden in der

---
201 Vgl. Noske (2010), S. 20.
202 Ebd., vgl. dazu Punkt 3.5.4.6.

Praxis Jugendliche teilweise auf ihre Asylanhörung nicht durch einen Vormund vorbereitet und zu Terminen beim BAMF nicht begleitet. Hintergrund ist u. a. Art. 17 Abs. 3 der EU-Asylverfahrensrichtlinie a. F.[203], der es den Mitgliedsstaaten gestattet, von der Bestellung eines Vormundes abzusehen, „wenn der unbegleitete Minderjährige 16 Jahre oder älter ist, es sei denn er ist nicht in der Lage, seinen Antrag ohne einen Vertreter weiter zu betreiben." Hieraus darf allerdings nicht der Schluss gezogen werden, dass eine vormundschaftliche Vertretung im asyl- und aufenthaltsrechtlichen Verfahren nach geltender Rechtslage generell für umF ab dem 16. Lebensjahr nicht vorgesehen ist. Art. 17 Abs. 3 der Asylverfahrensrichtlinie a.e.f. enthält die Einschränkung, dass nicht auf die Bestellung eines Vormunds verzichtet werden darf, wenn der oder die Betreffende nicht in der Lage ist, das Asylverfahren (effektiv) weiter zu betreiben. Bei Jugendlichen aus anderen Kulturkreisen muss regelmäßig unterstellt werden, dass sie ihr Verfahren jedenfalls nicht effektiv betreiben können. In Betracht kam an dieser Stelle die Bestellung eines Pflegers (Ergänzungspflegschaft nach § 1909 BGB mit dem Wirkungskreis einer Vertretung im ausländer- und asylrechtlichen Verfahren). Art. 25 Abs. 2 Asylverfahrensrichtlinie n. F.[204] sieht nun klarstellend vor, dass nur dann davon abgesehen werden kann, einen Vertreter zu bestellen, wenn der unbegleitete Minderjährige aller Wahrscheinlichkeit nach vor der erstinstanzlichen Entscheidung das 18. Lebensjahr vollenden wird. Aufgrund der Neuregelungen im SGB VIII, AsylG und AufenthG,[205] wird für alle umF bis zum Erreichen der Volljährigkeit ein Vormundschaftsverfahren betrieben.

3.5.4.6 Beendigung der Vormundschaft

Im Hinblick auf die Beendigung der Vormundschaft ist danach zu unterscheiden, ob das Mündel unter 18 Jahre alt ist oder es bereits das 18. Lebensjahr erreicht hat. Sofern Volljährigkeit nicht gegeben ist, gelten ausschließlich die in §§ 1882 f. BGB benannten Tatbestände. Danach endet die Vormundschaft, wenn die in § 1773 BGB für die Begründung der Vormundschaft bestimmten Voraussetzungen wegfallen (§ 1882 Abs. 1 BGB) oder das Mündel verschollen ist und für tot erklärt wird (§ 1884 BGB).

---

203 Richtlinie 2005/85/EG des Rates vom 1.12.2005 über Mindestnormen für Verfahren in den Mitgliedstaaten zur Zuerkennung und Aberkennung der Flüchtlingseigenschaft, ABl. L 337 vom 20.12.2011, S. 9.
204 Richtlinie 2013/32/EU des Europäischen Parlaments und des Rates vom 26.6.2013 zu gemeinsamen Verfahren für die Zuerkennung und Aberkennung des internationalen Schutzes ABl. L 180 vom 29.6.2013, S. 60
205 Vgl. Punkt 3.1.

Bei Personen, die das 18. Lebensjahr erreicht haben, ist das Heimatrecht für die Frage des Zeitpunkts der Beendigung der Vormundschaft maßgeblich (Art. 24 Abs. 1 EGBGB). Tritt danach die Volljährigkeit erst zu einem späteren Zeitpunkt[206] ein, ist allein dieser maßgeblich für die Beendigung der Vormundschaft.[207] Hat der/die Betroffene das Asylverfahren erfolgreich durchlaufen und ist als Schutzberechtigter in Deutschland, wird teilweise davon ausgegangen, dass aufgrund eines Statutenwechsels nunmehr deutsches Recht anwendbar sei.[208]

3.5.4.7 Möglichkeit der Bestellung von ErgänzungspflegerInnen
Rechtliche Vorgaben in Deutschland
Nach dem Gesetz besteht die Möglichkeit, Pflegschaften für Kinder und Jugendliche zu gewähren, dies unabhängig davon, ob diese bereits durch einen Vormund betreut werden. Dabei übernehmen Professionelle bestimmte Aufgaben, welche der Vormund oder die Eltern nicht wahrnehmen können. Rechtsgrundlage für die Bestellung eines Ergänzungspflegers zugunsten eines Minderjährigen ist § 1909 Abs. 1 S. 1 BGB. Danach erhält eine Person, die „unter elterlicher Sorge oder unter Vormundschaft steht, [...] für Angelegenheiten, an deren Besorgung die Eltern oder der Vormund verhindert sind, einen Pfleger." Der Ergänzungspfleger tritt also an die Stelle von Eltern oder Vormund, wenn diese an der Ausübung des Sorgerechts tatsächlich oder rechtlich verhindert sind. Anwendbar ist § 1909 BGB daher nur bei Vorliegen der elterlichen Sorge oder Vormundschaft. Weitere Voraussetzung für die Anordnung einer Ergänzungspflegschaft durch das Familiengericht ist das Bestehen eines Bedürfnisses, welches durch einen gegenwärtigen konkreten Anlass begründet sein muss.[209] Das Bedürfnis für eine Pflegschaftsanordnung ist von Eltern oder Vormund dem Familiengericht anzuzeigen und von diesem von Amts wegen zu prüfen und festzustellen. Die Anordnung einer Pflegschaft setzt voraus, dass die entsprechende Angelegenheit ohne Pfleger nicht wirksam erledigt werden kann.

---

206 Danach endet eine Vormundschaft für ein Mündel aus Gambia erst mit Erreichen des 21. Lebensjahrs (OLG München 12.4.2010 – 31 Wx 106/09).
207 OLG Bremen 24.5.2012 – 4 UF 43/12.
208 Palandt/Thorn EGBGB Anh. Art. 5 Rn. 3 ff; a.A. OLG Karlsruhe 23.7.2015 – Az. 5 WF 74/15. Vgl. ausf. zu den Normen die die Vormundschaft regulieren González Méndez de Vigo, DIJuF-Rechtsgutachten TG-1034, Rn. 3, 20.
209 Vgl. Noske (2010), S. 21; BGH NJW 1976, 49.

Ergänzungspflegschaft bei umF

Im Fall von umF übernehmen insbesondere AnwältInnen, die im Ausländerrecht spezialisiert sind, Ergänzungspflegschaften. Dadurch werden zum einen die Vormünder entlastet, da diese häufig keine ausreichenden Kenntnisse im Bereich des Ausländerrechts mitbringen[210], sie jedoch für die Asylantragstellung beziehungsweise die Beantragung eines anderen Aufenthaltsstatus bei umF zuständig sind und ihre Mündel zur Anhörung beim BAMF begleiten. Zum anderen ist eine professionelle Unterstützung auf dem Gebiet des aufenthaltsrechtlichen Clearings für umF von entscheidender Bedeutung, da der Ausgang des Asylverfahrens über ihre Zukunft in Deutschland entscheidet. Es geht bei der ausländer- und asylrechtlichen Ergänzungspflegschaft also um eine angemessene Aufklärung und Beratung eines als besonders schutzbedürftig betrachteten jungen Menschen über seine meist hochkomplexe rechtliche Lage.[211]

Rechtsprechung zu Ergänzungspflegschaft für umF

Ob zu einer tatsächlichen Verhinderung des Vormunds auch fehlende ausländerrechtliche Sachkenntnis bei der Vertretung eines umF im aufenthaltsrechtlichen Verfahren gezählt wird und damit die Bestellung eines Ergänzungspflegers begründet werden kann, ist in Wissenschaft und Rechtsprechung umstritten.[212]

Einer Ansicht nach begründet fehlende Kenntnis oder Erfahrung des Vormunds in einem Geschäftskomplex ist noch keine tatsächliche Verhinderung im Sinne des § 1909 Abs. 1 BGB.[213]

Im Mai 2013 hat der Bundesgerichtshof[214] die Ansicht vertreten (entgegen der bspw. in Hessen ausgeübten Praxis), dass einem Amtsvormund kein Ergänzungspfleger zur Seite gestellt werden kann, da der Amtsvormund aufgrund seiner umfassenden Vertretungsbefugnis gem. § 1793 BGB die fehlende Eignung durch Beauftragung eines Rechtsanwalts (wenn nötig) auf Beratungs- und Prozesskostenhilfebasis auszugleichen hat. Trotz Neufassung der Aufnahmerichtlinie (RL 2013/33/EU) und der Verfahrensrichtlinie (RL 2013/32/EU) sowie den

---

210 Vgl. zu den europarechtlichen Anforderungen bereits oben 3.5.4.2.
211 Bender/Bethke (2011), S. 117.
212 Mit der Vertretung unbegleitet eingereister minderjähriger Flüchtlinge in asyl- und ausländerrechtlichen Angelegenheiten befasst sich Riegner (2014), 150 sowie ders., (2015) S. 193 f. sowie im Überblick González Méndez de Vigo, DIJuF-Rechtsgutachten TG-1034, Rn. 11.
213 Vgl. OLG Karlsruhe, Beschluss vom 02.12.2010, 2 UF 172/10.
214 BGH, Beschl. v. 29.5.2013 - XII ZB 124/12, JAmt 2013, 426; krit. Hocks JAmt 2013, 429.

3.5 Inobhutnahme

in der Dublin-III-Verordnung (Verordnung [EU] Nr. 604/2013) enthaltenen Anforderungen an die rechtliche Vertretung von umF, hält der Bundesgerichtshof an seiner Rechtsprechung fest.[215]

Nach Ansicht des Oberlandesgerichts Karlsruhe gehören asyl- und ausländerrechtliche Fragen als Teil der Personensorge zum Aufgabengebiet des bestellten Vormunds und sind damit – bei Bestehen einer Amtsvormundschaft – grundsätzlich von Mitarbeitenden des Jugendamtes zu erbringen. Die Träger der öffentlichen Jugendhilfe haben ferner gemäß § 72 Abs. 3 SGB VIII Fortbildung und Praxisberatung sicherzustellen. Mangelt es einem Vormund an ausreichenden rechtlichen Kenntnissen, so hat er dies laut Oberlandesgericht Brandenburg[216] durch Hinzuziehen von fachlichem Rat entsprechend zu kompensieren. Nach Beschluss des OLG Nürnberg ist es Sache des Vormunds, dessen generelle Eignung nicht in Frage steht, der aber seiner Meinung nach nicht über die zur sachgerechten Besorgung einzelner Geschäfte des Mündels erforderliche Sachkunde verfügt, diesen Mangel an Eignung in eigener Verantwortung durch Inanspruchnahme fachspezifischer Hilfen auszugleichen. Bei fehlender juristischer Sachkunde muss sich der Vormund daher um geeignete Rechtsberatung und im gerichtlichen Verfahren um eine anwaltliche Vertretung für seinen Mündel bemühen. Diese Grundsätze gelten nach der zitierten Rechtsprechung des BGH ausdrücklich auch für solche vom Amtsvormund zu besorgende Angelegenheiten des Mündels auf dem Gebiet des Asyl- und Ausländerrechts.[217]

Dagegen hat das Oberlandesgericht Frankfurt[218] eine derartige Verhinderung als gegeben angenommen, wenn der Amtsvormund nicht über die erforderliche spezielle Sachkunde im Ausländerrecht und über keine Detailkenntnisse in Bezug auf die Situation im Herkunftsland des umF verfügt. In diesem Fall sei die Anordnung einer Ergänzungspflegschaft für die ausländer- und asylrechtliche Betreuung durch einen Rechtsanwalt sachgerecht. Zur Begründung wird überzeugend auch das Erfordernis aus Art. 6 Abs. 2 der Dublin III-Verordnung herangezogen, wonach die Mitgliedstaaten dafür zu sorgen haben, dass ein unbegleiteter Minderjähriger in allen Verfahren, die in der Dublin III-Verordnung vorgesehen sind, von einem Vertreter vertreten und/oder unterstützt wird. Dieser Vertreter muss über die entsprechenden Qualifikationen und Fachkenntnisse

---

215 BGH, Beschl. v. 4.12.2013 – XII ZB 57/13, JAmt 2014, 16; krit. González Méndez de Vigo JAmt 2014, 164.
216 Vgl. OLG Brandenburg, Beschluss vom 13.12.2010 – 13 UF 96/10, ZKJ 2011, 139.
217 OLG Nürnberg, Beschluss vom 7.12.2015 – 9 UF 1276/15, NJW 2016, 720.
218 Vgl. OLG Frankfurt, Beschluss vom 28.04.2000 – 20W 549/99 0.

verfügen, um zu gewährleisten, dass dem Wohl des Minderjährigen während der nach der Dublin III-Verordnung durchgeführten Verfahren Rechnung getragen wird.[219]

Noch nicht durch den BGH geklärt ist die Option (die in der Praxis auch z.T. angewandt wird), bspw. einen Rechtsanwalt als Mitvormund einzuschalten. Nach § 1775 S. 2 BGB soll das Familiengericht für den Mündel nur einen Vormund bestellen, wenn nicht besondere Gründe für die Bestellung mehrerer Vormünder vorliegen. Nach § 1797 Abs. 2 BGB kann das Familiengericht die Führung der Vormundschaft unter mehreren Vormündern nach bestimmten Wirkungskreisen verteilen. Innerhalb des ihm zugewiesenen Wirkungskreises führt jeder Vormund die Vormundschaft grundsätzlich selbstständig. In dem vom BGH im Beschluss vom 29.5.2013 entschiedenen Fall hatte das als Vormund bestellte Jugendamt ursprünglich die Bestellung eines Rechtsanwalts als Mitvormund für den Bereich der ausländerrechtlichen Angelegenheiten des Mündels einschließlich der Vertretung im Asylverfahren beantragt. Diesen Antrag hatte das Familiengericht als Antrag auf Einrichtung einer Ergänzungspflegschaft ausgelegt.

3.5.5 Beendigung der Inobhutnahme nach § 42 SGB VIII

Nach § 42 Abs. 4 SGB VIII existieren zwei alternative Tatbestände für die Beendigung der Inobhutnahme. Dies sind einerseits die Übergabe des Kindes oder Jugendlichen in die Obhut der Personensorge- beziehungsweise Erziehungsberechtigten sowie andererseits die Entscheidung über die Gewährung von Hilfen nach dem Sozialgesetzbuch, insbesondere über Hilfen zur Erziehung nach §§ 27 ff. SGB VIII. Letzteres setzt voraus, dass eine Inobhutnahme erst dann als beendet betrachtet werden kann, wenn eine Überleitung in eine andere Hilfsform tatsächlich erfolgt ist. Ferner ist Voraussetzung für die Beendigung der Inobhutnahme, dass das Jugendamt davon überzeugt ist, dass dem Jugendlichen bei Verlassen der Jugendschutzstelle keine (neue) Gefahr droht.[220]

---

219 Vgl. auch Huber (2016), S. 1, 2.
220 Vgl. Münder (2009) § 42, Rn. 43 f.

3.6 Nach dem Clearingverfahren: Unterbringung und spezifische Hilfen

3.6.1 Definition

Eine der wesentlichen Aufgaben des Clearingverfahrens ist die Entscheidung über eine geeignete Folgeunterbringung und die Suche nach derselben. Diese erfolgt im Anschluss an die Erstunterbringung individuell nach Einschätzung des Erziehungsbedarfs der Minderjährigen in einer der unterschiedlichen Unterbringungsformen der Kinder- und Jugendhilfe, welche im SGB VIII geregelt sind.

3.6.2 Rechtliche Vorgaben
3.6.2.1 UN-Kinderrechtskonvention

Kinder, die über keinen familiären Schutz verfügen, sind auf die Nutzung alternativer Betreuungsformen angewiesen. Die UN-Kinderrechtskonvention (UN-KRK) greift diese konkrete Notsituation in Art. 20 auf und begründet einen besonderen Schutzanspruch für von der Familie getrennt lebende Kinder. Art. 22 der UN-KRK legt fest, dass alle Bestimmungen der Konvention (und damit auch Art. 20) ebenso für Flüchtlingskinder gelten, unabhängig davon, ob sie alleine oder in Begleitung ihrer Familie oder anderer Personen sind. Entsprechend dürfen unbegleitete minderjährige Flüchtlinge generell nicht aus der staatlichen Kinder- und Jugendhilfe (SGB VIII) ausgegrenzt und in Unterkünften für erwachsene AsylbewerberInnen untergebracht werden.[221]

3.6.2.2 EU-Vorgaben

Art. 24 Abs. 2 der EU-Aufnahmerichtlinie[222] schreibt vor, dass unbegleitete minderjährige Flüchtlinge, die internationalen Schutz beantragt haben, wie folgt unterzubringen sind: bei erwachsenen Verwandten, in einer Pflegefamilie, in Aufnahmezentren mit speziellen Einrichtungen für Minderjährige bzw. in anderen für Minderjährige geeigneten Unterkünften. Die Mitgliedstaaten können unbegleitete Minderjährige ab 16 Jahren in Aufnahmezentren für erwachsene Antragsteller unterbringen, wenn dies ihrem Wohl[223] dient. Geschwister sollen möglichst zusammenbleiben, wobei das Wohl des betreffenden Minderjährigen, insbesondere sein Alter und sein Reifegrad, zu berücksichtigen sind. Wechsel des Aufenthaltsorts sind bei unbegleiteten Minderjährigen auf ein Mindestmaß zu beschränken. Art. 24 Abs. 4 der Aufnahmerichtlinie bestimmt, dass

---
221 Vgl. Cremer (2008); ders. (2016), S. 7.
222 Richtlinie 2013/33/EU v. 26. Juni 2013 zur Festlegung von Normen für die Aufnahme von Personen, die internationalen Schutz beantragen (Neufassung).
223 Gemäß Art. 23 Abs. 2 der RL 2013/33/EU.

das Betreuungspersonal für unbegleitete Minderjährige im Hinblick auf die Bedürfnisse von Minderjährigen adäquat ausgebildet sein und sich angemessen fortbilden muss.

Gemäß Art. 23 Abs. 4 der Richtlinie haben die EU-Mitgliedsstaaten dafür Sorge zu tragen, „dass Minderjährige, die Opfer irgendeiner Form von Missbrauch, Vernachlässigung, Ausbeutung, Folter, grausamer, unmenschlicher oder erniedrigender Behandlung gewesen sind oder unter bewaffneten Konflikten gelitten haben, Rehabilitationsmaßnahmen in Anspruch nehmen können und dass im Bedarfsfall eine geeignete psychologische Betreuung und eine qualifizierte Beratung angeboten wird."

3.6.2.3 Hilfe zur Erziehung nach SGB VIII

Soweit im Rahmen der Inobhutnahme ein Jugendhilfebedarf festgestellt wird, erfolgt die Folgeunterbringung in der Regel als Hilfe zur Erziehung gemäß § 27 SGB VIII. Dabei ist auch bei 16- bis 17-jährigen umF generell davon auszugehen, dass ein Hilfebedarf besteht.[224] Anspruchsgrundlage für den notwendigen Unterhalt im Falle der Gewährung von Hilfe zur Erziehung außerhalb des Elternhauses nach § 27 i.V.m. §§ 32–35 SGB VIII stellt dabei § 39 SGB VIII dar. Auf Hilfe zur Erziehung besteht ferner nach § 27 Abs. 1 SGB VIII ein Rechtsanspruch. Voraussetzung für einen Anspruch auf Hilfe zur Erziehung ist nach dem Gesetz, dass eine dem Wohl des Kindes oder des Jugendlichen entsprechende Erziehung nicht gewährleistet ist und Hilfegewährung in Form von Hilfe zur Erziehung für die Entwicklung des Betroffenen geeignet und notwendig ist. Gemäß § 27 Abs. 1 SGB VIII hat ein Personensorgeberechtigter bei der Erziehung eines Kindes oder eines Jugendlichen Anspruch auf Hilfe zur Erziehung. Ein entsprechender Antrag wird vonseiten des Vormundes gestellt.

In der Praxis kam es aufgrund der hohen Anzahl der unbegleitet eingereisten Minderjährigen zu der Situation, dass einige umF bis zur Vollendung des 18. Lebensjahrs (und damit dem Ende der Inobhutnahme) wegen mangelnder Platzkapazitäten nicht in eine Hilfe zur Erziehung übergeleitet werden konnten.[225] Hier mussten in einigen Kommunen kurzfristig Nachfolgebetreuungsplätze geschaffen bzw. umgewandelt werden, um eine Betreuungskontinuität über das 18. Lebensjahr hinaus[226] zu gewährleisten.

---

224 Vgl. zur alten Rechtslage Berthold/Espenhorst (2011a), S. 322
225 Vgl. Informationen zur Inobhutnahme und Erstversorgung unbegleiteter, minderjähriger Ausländer im Landesbetrieb Erziehung und Beratung Hamburg (Hg.), Ausgabe: August 2016, S. 18.
226 dazu später unter 3.7.

3.6.2.4 Ausländerrechtliche Vorgaben des § 6 Abs. 2 SGB VIII

Gemäß § 6 Abs. 2 SGB VIII müssen AusländerInnen für die Gewährung von Leistungen rechtmäßig oder aufgrund einer ausländerrechtlichen Duldung ihren gewöhnlichen Aufenthalt im Inland haben.[227] Während diese Regelung bezüglich der Inobhutnahme von unbegleiteten Kindern und Jugendlichen keine Auswirkungen hat (da es sich hierbei um keine Leistung der Jugendhilfe im Sinne des § 6 Abs. 2 SGB VIII handelt), betrifft sie jedoch die Inanspruchnahme von Hilfen zur Erziehung nach §§ 27 ff. SGB VIII. Es stellt sich also die Frage, inwiefern umF die Vorgaben des § 6 Abs. 2 SGB VIII erfüllen.

Ein „rechtmäßiger Aufenthalt" ergibt sich aus dem AufenthG (hier v.a. Aufenthaltserlaubnis aus völkerrechtlichen, humanitären und politischen Gründen: §§ 22 bis 26 AufenthG) und dem AsylG. Wird bei unbegleiteten Minderjährigen ein Asylantrag gestellt, so erhalten sie bis zur Durchführung ihres Asylverfahrens eine Aufenthaltsgestattung (§ 55 AsylG). Bereits vor Stellung eines Asylantrags besteht für unbegleitete minderjährige Flüchtlinge ein Anspruch auf Duldung nach § 60a Abs. 2 S. 1 AufenthG in Verbindung mit § 58 Abs. 1 a AufenthG, sofern sie oder er im Rückkehrstaat nicht einem Mitglied seiner Familie, einer zur Personensorge berechtigten Person oder einer geeigneten Aufnahmeeinrichtung übergeben werden kann. Über die Duldung ist nach § 60a Abs. 4 AufenthG eine Bescheinigung auszustellen.[228]

Wann ein gewöhnlicher Aufenthalt im Sinne des § 6 Abs. 2 SGB VIII besteht, ist im Zusammenhang mit § 6 Abs. 2 SGB VIII sozialrechtlich zu bestimmen.[229] Er besteht, wenn die Umstände erkennen lassen, dass die betreffende Person an diesem Ort nicht nur vorübergehend verweilt (§ 30 Abs. 3 S. 2 SGB I). Das BVerwG hat hierzu ausgeführt, dass es genügt, wenn sich der Betreffende an dem Ort oder in dem Gebiet tatsächlich seinen Aufenthalt genommen hat und sich dort „bis auf Weiteres" im Sinne eines zukunftsoffenen Verbleibs aufhält und dort den Mittelpunkt seiner Lebensbeziehungen hat.[230] Was die Voraussetzung des „gewöhnlichen Aufenthalts" eines unbegleiteten Minderjährigen im Rahmen des § 6 SGB VIII anbelangt, so wird die Meinung vertreten, dass aufgrund der Situation der Minderjährigen insbesondere auf deren jeweils aktuell gegebenen Jugendhilfebedarf zu verweisen sei; auch sei der Aufenthalt eines unbegleiteten Minderjährigen von vornherein auf Dauer angelegt, wenn dieser Asyl oder Abschiebungsschutz begehre und zumindest Abschiebungshindernisse

---

227 Dazu ausf. Meysen/Beckmann/González Méndez de Vigo (2016), S. 427.
228 BT-Drs. 266/16, S. 54.
229 Kepert (2015) S. 94 f.; Bieritz-Harder in Hauck/Noftz, SGB VIII (2013) § 6 SGB VIII Rn. 17.
230 BVerwG NVwZ-RR 2010, 237; BVerwG NVwZ-RR 2011, 19.

rechtlicher oder tatsächlicher Art vorlägen.[231] Etwas anderes ist lediglich dann anzunehmen, wenn der Aufenthalt zu Besuchszwecken erfolgt, sich die Eingereisten nur auf der Durchreise befinden oder wenn bereits feststeht, dass ihr Aufenthalt auf baldige Beendigung abzielt oder demnächst beendet sein wird.[232] Sofern nach den objektiven Umständen eine Ausreise nicht kurz bevorsteht und subjektiv ein Bleibewille vorliegt, sind nach § 6 Abs. 2 S. 1 SGB VIII alle ausländischen Kinder vom Geltungsbereich des SGB VIII erfasst, sofern sie sich rechtmäßig oder aufgrund einer ausländerrechtlichen Duldung in Deutschland aufhalten.

Zum Teil wird bei der Frage, ob unbegleitete Minderjährige das Leistungsangebot des SGB VIII in Anspruch nehmen dürfen, vorrangig auf § 6 Abs. 4 SGB VIII abgestellt, wonach über- und zwischenstaatliches Recht von den Bestimmungen des § 6 Abs. 2 SGB VIII unberührt bleiben. Im Unions- und Völkerrecht eröffnen insbesondere Rechtsinstrumente des internationalen Privatrechts den Anwendungsbereich des SGB VII auch für unbegleitete Minderjährige. Dies gilt vor allem dann, wenn Maßnahmen zu ihrem „Schutz" in Betracht kommen (Art. 5 f. KSÜ[233], Art. 8 ff. Brüssel II a-VO[234],17 Art. 1 MSA[235]). Der Begriff der Schutzmaßnahmen wird vom BGH nicht mit einer Kindeswohlprüfung verbunden, sondern umfasst (weit gefasst) alle Maßnahmen, die im Interesse des Kindes erforderlich sind.[236] Daran anknüpfend wird vertreten, dass alle individuellen Leistungen nach SGB VIII zu den Schutzmaßnahmen in diesem Sinne zählen.[237] Unbegleiteten Minderjährigen in Deutschland ist demnach auch unabhängig vom Aufenthaltsstatus und eines gewöhnlichen Aufenthalts Zugang zu Schutzmaßnahmen zu gewährleisten (§ 6 Abs. 4 SGB VIII i.V.m. Art. 6 Abs. 1 oder Abs. 2 KSÜ).

---

231 Meysen/Beckmann/González Méndez de Vigo (2016) S. 427 f.
232 VG Frankfurt (Oder), Urt. v. 2.7.2007 – 6 K 1753/02; Lange in PK-SGB VIII, § 6 SGB VIII Rn. 34.
233 Übereinkommen über die Zuständigkeit, das anzuwendende Recht, die Anerkennung, Vollstreckung und Zusammenarbeit auf dem Gebiet der elterlichen Verantwortung und der Maßnahmen zum Schutz von Kindern v. 19. Oktober 1996, BGBl. 2009 II S. 602, 603.
234 Verordnung (EG) Nr. 2201/2003 des Rates v. 27. November 2003 über die Zuständigkeit und die Anerkennung und Vollstreckung von Entscheidungen in Ehesachen und in Verfahren betreffend die elterliche Verantwortung und zur Aufhebung der Verordnung (EG) Nr. 1347/2000, ABl. Nr. L 338 S. 1.
235 Übereinkommen über die Zuständigkeit der Behörden und das anzuwendende Recht auf dem Gebiet des Schutzes von Minderjährigen v. 5. Oktober 1961, BGBl. 1971 II S. 217.
236 BGH NJW 1973, 417.
237 Meysen/Beckmann/González Méndez de Vigo (2016) S. 427, 429 m.w.N. in Fn. 30.

3.6.2.5 Zuständigkeit des Jugendamts

§ 27 Abs. 2 S. 1 SGB VIII legt fest, dass Hilfen zur Erziehung insbesondere nach Maßgabe der §§ 28–35 SGB VIII zu gewähren sind. Hierunter fallen unterschiedliche Formen der Hilfen zur Erziehung: ambulante, teilstationäre sowie stationäre Hilfeformen außerhalb des Elternhauses. Für unbegleitete Kinder kommt die Unterbringung in einer Pflegefamilie (Vollzeitpflege § 27 i.V.m. § 33 SGB VIII), in einer Einrichtung der Heimerziehung oder sonstigen betreuten Wohnform (§ 27 i.V.m. § 34 SGB VIII) sowie intensive sozialpädagogische Einzelbetreuung (§ 27 i.V.m. § 35 SGB VIII) in Betracht. Auswahlkriterium für Art und Umfang der Hilfe ist gemäß § 27 Abs. 2 S. 2 SGB VIII der erzieherische Bedarf im Einzelfall, wobei das engere soziale Umfeld des Kindes oder des Jugendlichen mit einbezogen werden soll. Sachlich zuständig ist gemäß §§ 85 Abs. 1, 69 Abs. 3 SGB VIII das Jugendamt als eingerichtete Behörde des örtlichen Trägers der öffentlichen Jugendhilfe. Die örtliche Zuständigkeit für die Leistungsart der Hilfe zur Erziehung bestimmt sich in der Regel nach dem gewöhnlichen Aufenthalt der Eltern, u. a. bei unbegleiteten Minderjährigen gelten abweichende Regelungen. Die örtliche Zuständigkeit für die Inobhutnahme eines unbegleiteten ausländischen Kindes oder Jugendlichen richtet sich nach § 88a Abs. 2 SGB VIII, demnach nach der Zuweisungsentscheidung gemäß § 42b Abs. 3 S. 1 SGB VIII der nach Landesrecht für die Verteilung von unbegleiteten ausländischen Kindern oder Jugendlichen zuständigen Stelle. Ist die Verteilung ausgeschlossen[238], so bleibt die anderweitig begründete Zuständigkeit bestehen. Ein anderer Träger kann aus Gründen des Kindeswohls oder aus sonstigen humanitären Gründen von vergleichbarem Gewicht die örtliche Zuständigkeit von dem zuständigen Träger übernehmen. Nach § 88a Abs. 3 SGB VIII ist für Leistungen an unbegleitete ausländische Kinder oder Jugendliche der örtliche Träger zuständig, in dessen Bereich sich die Person vor Beginn der Leistung tatsächlich aufhält. Geht der Leistungsgewährung eine Inobhutnahme voraus, so bleibt die nach § 88a Abs. 2 SGB VIII begründete Zuständigkeit bestehen, soweit Landesrecht nichts anderes regelt.

3.6.3 Betreute Wohnformen für unbegleitete Minderjährige
3.6.3.1 Vollzeitpflege (§ 33 SGB VIII)

Vollzeitpflege sieht die Unterbringung und Betreuung außerhalb der Herkunftsfamilie in einer anderen Familie vor. Der Begriff Familie ist dabei in einem weiteren Sinne zu verstehen und schließt Einzelpersonen und nicht verheiratete Personen mit ein. Gemäß § 33 S. 1 SGB VIII soll Vollzeitpflege Kindern und Jugendlichen in einer anderen Familie eine zeitlich befristete Erziehungshilfe

---
[238] Vgl. dazu bereits oben 3.5.2.

oder eine auf Dauer angelegte Lebensform bieten. Gemäß § 33 S. 2 SGB VIII sind für besonders entwicklungsbeeinträchtigte Kinder und Jugendliche geeignete Formen der Familienpflege zu schaffen und auszubauen. Ziel derartiger Pflegestellen ist es, die sonst notwendige Unterbringung in einer Einrichtung zu umgehen. Aufgrund der außergewöhnlichen Anforderungen, die damit für die Pflegeeltern einhergehen, sollte vorausgesetzt sein, dass wenigstens ein Pflegeelternteil eine geeignete fachliche Ausbildung vorweisen kann.

3.6.3.2 Heimerziehung, sonstige betreute Wohnform (§ 34 SGB VIII)

§ 34 SGB VIII beschreibt das Aufgabenprofil, welches durch die institutionelle Hilfe außerhalb der eigenen Familie abgedeckt wird; es beinhaltet typische Formen der Hilfe zur Erziehung nach § 27 SGB VIII. Mit dem Begriff der „sonstigen betreuten Wohnform" soll die Weiterentwicklung im Bereich der Heimerziehung berücksichtigt werden. Zu den Unterbringungsformen nach § 34 SGB VIII zählen verschiedene Einrichtungen, darunter finden sich betreute Jugendwohngemeinschaften, betreutes Einzelwohnen und vollstationäre Formen mit unterschiedlicher Ausrichtung wie z. B. Kinder- und Jugenddörfer. Seit den 1980er Jahren sind Einrichtungen speziell für unbegleitete Minderjährige etabliert worden.[239] Zu den Einrichtungen für umF zählen Kinder- und Jugendwohngruppen sowie Jugendwohngemeinschaften. Ziel der Betreuung ist es, die Minderjährigen entsprechend ihres Alters und Entwicklungsstandes zu fördern. Die Folgeunterbringung in diesen Einrichtungen wird dabei durch einen festgelegten Pflegesatz finanziert, der je nach Einrichtung variieren kann. Hervorzuheben ist, dass hinsichtlich Betreuung und Unterbringung von umF nach § 34 SGB VIII zwischen den einzelnen Kommunen und Bundesländern teilweise erhebliche Unterschiede bestehen. Dies betrifft das Ausmaß der zur Verfügung gestellten Betreuung, die Zusammensetzung der Gruppe nach Herkunftsland, die pädagogische Konzeption der jeweiligen Einrichtung als auch die fachliche Qualifizierung der MitarbeiterInnen. Auch kommt es vor, dass umF lediglich in Jugendwohngruppen gemäß § 30 SGB VIII (Erziehungsbeistand/Betreuungshelfer) untergebracht werden.

Zu unterscheiden ist zwischen monoethnischen und multiethnischen Gruppenzusammensetzungen. Erstere bringen den Vorteil mit, dass sich die Mitarbeitenden bei der Betreuung auf ein Herkunftsland konzentrieren können. Möglicher Nachteil ist die Abkapselung von anderen Gruppen Minderjähriger. Bei multiethnischen Gruppen besteht die Gefahr der Abkapselung nicht, jedoch können

---

[239] Vgl. Cremer (2006), S. 62.

3.6 Nach dem Clearingverfahren: Unterbringung und spezifische Hilfen

aufgrund der heterogenen Zusammensetzung große Probleme beim Erwerb der deutschen Sprache auftreten und die Konzentration auf die Kultur eines Herkunftslandes kann im Rahmen der Betreuung schwierig sein. Daneben existiert die Form der „integrierten Unterbringung", bei welcher umF zusammen mit deutschen Gleichaltrigen in Einrichtungen der Kinder- und Jugendhilfe untergebracht sind. Vorteil hierbei ist, dass die Jugendlichen in eine Unterbringung mit guten Kontakten zu örtlichen Schulen und Freizeiteinrichtungen integriert werden können. Als Kritikpunkt wird dagegen angeführt, dass umF hierbei gemeinsam mit deutschen Minderjährigen untergebracht werden, welche aus schwierigen sozialen Verhältnissen kommen und teilweise verhaltensauffällig sind. Hier bestünde die Gefahr der Adaption negativen Peer-Group-Verhaltens. Dies würde den sozialen, kulturellen und persönlichen Eigenschaften der Flüchtlingskinder vielfach jedoch nicht gerecht werden.[240]

3.6.3.3 Intensive sozialpädagogische Betreuung (§ 35 SGB VIII)
Diese Form der Hilfe zur Erziehung soll in erster Linie Kinder und Jugendliche erreichen, die in besonderer Weise belastet sind und für andere Hilfsangebote nicht (mehr) zugänglich sind. Im Gegensatz zur Heimerziehung, bei welcher mehrere ErzieherInnen eine Gruppe von Kindern und Jugendlichen betreuen, erfolgt hier eine intensive sozialpädagogische Einzelbetreuung, die durch den Direkt- und Einzelkontakt zwischen BetreuerIn und Jugendlichem charakterisiert ist.[241] Diese Hilfe wird Jugendlichen gewährt, welche bei ihrer Verselbstständigung Hilfen zur sozialen Integration und eigenständigen Lebensführung benötigen. Schwerpunkte sind dabei Hilfen im persönlichen Bereich, bei der Sicherung der materiellen Existenz (Ausbildungsplanung, Stellensuche) sowie bei der Organisation des Alltags. Wichtige Merkmale hinsichtlich der Betreuung sind Personalschlüssel, zeitliche Verfügbarkeit des Betreuers sowie vor allem die inhaltliche Qualität der Betreuung. In der Praxis handelt es sich dabei meist um die Betreuung eines Jugendlichen, der in einer eigenen Wohnung lebt und dort regelmäßig von seinem Einzelbetreuer aufgesucht wird.

3.6.4 Verteilung auf einzelne Kommunen
Gegenwärtig erfolgt die Folgeunterbringung von unbegleiteten Minderjährigen innerhalb des jeweiligen Bundeslandes, jedoch nicht unbedingt auch am Ort der Inobhutnahme. Entsprechend haben einzelne Flächenländer Verteilungsverfahren etabliert, um die Unterbringung von umF gleichmäßig auf die verschiedenen Kommunen zu verteilen. So erfolgt die Verteilung im Anschluss an das

---
240 Vgl. Jordan (2000), S. 88.
241 Vgl. Cremer (2006), S. 63 f.

Clearingverfahren etwa in Hessen und Baden-Württemberg anhand eines Quotenschlüssels auf die einzelnen Landkreise beziehungsweise z. T. auch in eigens eingerichteten Kompetenzzentren (sofern Kapazitäten vorhanden sind).

3.7 Hilfen für junge Volljährige
3.7.1 Rechtliche Vorgaben
Nach Vollendung des 18. Lebensjahres sind die Voraussetzungen für eine Inobhutnahme nach § 42 SGB VIII grundsätzlich nicht mehr gegeben. In diesem Fall können Leistungen der Kinder- und Jugendhilfe nur noch in Form von Hilfen für junge Volljährige (§ 41 SGB VIII) gewährt werden. Rechtliche Voraussetzung hierfür ist zunächst, dass die Voraussetzungen des § 6 Abs. 2 SGB VIII vorliegen.[242] Nach § 41 Abs. 1 SGB VIII soll einem jungen Volljährigen Hilfe für die Persönlichkeitsentwicklung und zu einer eigenverantwortlichen Lebensführung gewährt werden, wenn und solange die Hilfe aufgrund der individuellen Situation des jungen Menschen notwendig ist. Die Hilfe wird in der Regel nur bis zur Vollendung des 21. Lebensjahres gewährt; in begründeten Einzelfällen soll sie für einen begrenzten Zeitraum darüber hinaus fortgesetzt werden.

Nach dem Erreichen des 21. Lebensjahres kann eine Hilfe nach § 41 SGB VIII grundsätzlich nicht mehr begonnen werden. Eine Fortsetzung laufender Hilfen über das 21. Lebensjahr ist aber in begründeten Einzelfällen möglich. Die Hilfen (ambulant oder stationär) erstrecken sich auch auf junge Volljährige, die nach dem 18. Lebensjahr erstmalig einen Bedarf geltend machen.

Für die Ausgestaltung der Hilfe gelten § 27 Abs. 3 und 4 sowie die §§ 28 bis 30, 33 bis 36, 39 und 40 SGB VIII entsprechend mit der Maßgabe, dass an die Stelle des Personensorgeberechtigten oder des Kindes oder des Jugendlichen der junge Volljährige tritt. Im Rahmen der Hilfe für junge Volljährige können demnach auch pädagogische und therapeutische Hilfen zur Erziehung, auch Ausbildungs- und Beschäftigungsmaßnahmen und Erziehungssituationen, in deren Rahmen auch Unterkunft in sozialpädagogisch begleiteten Wohnformen nach § 13 Abs. 3 und § 19 SGB VIII bewilligt werden kann, gewährt werden. Außerdem sind Maßnahmen der Eingliederungshilfe für seelisch behinderte junge Volljährige, Erziehungsberatung, soziale Gruppenarbeit, Unterstützung durch Erziehungsbeistand oder Betreuungshelfer, die Vollzeitpflege, Heimerziehung und sonstige betreute Wohnformen sowie Intensive sozialpädagogische Einzel-

---

242 Vgl. dazu bereits oben unter 3.6.2.4.

fallhilfe erfasst. Nach Beendigung der Jugendhilfe ergibt sich aus § 41 Abs. 3 SGB VIII auch die z.T. notwendige Nachbetreuung. Der junge Volljährige soll auch nach Beendigung der Hilfe bei der Verselbstständigung im notwendigen Umfang beraten und unterstützt werden.

3.7.2 Probleme in der Praxis

In der Praxis ergibt sich eine Reihe von Problemen, so sind bundesweit zahlreiche abrupte Hilfeabbrüche in der Unterstützung von unbegleiteten Minderjährigen zu verzeichnen, die sich im Übergang in die Volljährigkeit befinden. Vielfach besteht aber (im Rahmen der Jugendhilfe) der Bedarf, einer über die Volljährigkeit hinausgehenden Unterstützung. Für viele Jugendliche droht dieser Abbruch bereits, wenn sie überhaupt erst einmal in der Jugendhilfe „richtig" angekommen sind, so kam es in der jüngsten Vergangenheit zu zeitlich langen Phasen der (vorläufigen) Inobhutnahme. Die Jugendlichen wurden und werden demnach erst deutlich später im Rahmen der vorgesehenen Anschlussmaßnahmen (Wohngruppe, mobile Betreuung, etc.) betreut mit der Folge einer bereits demnächst eintretenden Volljährigkeit.

Dennoch ist eine allgemeine Zurückhaltung der Jugendämter bei der Gewährung von Leistungen für junge Volljährige zu beobachten, obwohl § 41 SGB VIII jungen Volljährigen einen gesetzlichen Anspruch auf bedarfsgerechte Unterstützung einräumt, wenn und solange die Hilfe aufgrund der individuellen Situation des jungen Menschen notwendig ist. Dabei muss die individuelle Situation des jungen Menschen durch Einschränkungen in der Persönlichkeitsentwicklung und in der Fähigkeit, ein eigenständiges Leben zu führen, gekennzeichnet sein. Bei jungen ausländischen Volljährigen, die erst seit Kurzem in Deutschland sind, über kein soziales Netz verfügen und deren Aufenthaltssituation ungeklärt ist, ist davon auszugehen, dass diese Voraussetzungen oftmals gegeben sind. Zu beachten ist hierbei auch die „Soll-Vorschrift" des § 41 SGB VIII. Danach kann eine Hilfegewährung nur dann rechtmäßig verweigert werden, wenn ein atypischer Sachverhalt dies ausnahmsweise gestattet, was vonseiten des Jugendamtes zu begründen und gegebenenfalls auch zu beweisen ist. Ist eine solche Ausnahmesituation nicht gegeben, besteht ein einklagbarer Rechtsanspruch des jungen Volljährigen auf Hilfegewährung.[243] Insgesamt ist eine regional stark abweichende Handhabung der Bewilligung für Hilfen für junge Volljährige zu

---

[243] Vgl. DIJuF-Rechtsgutachten (2010). In: JAmt (2010). Heft 12, S. 549 ff. sowie die vom B-UMF herausgegebene Arbeitshilfe zur Beantragung von Hilfen für junge Volljährige.

erkennen. Oftmals sind die Hilfen (und insbesondere deren Voraussetzungen) weder den Jugendlichen noch anderen Personen aus ihrem Umfeld wie bspw. den Vormündern bekannt.

Der Antrag auf eine Verlängerung der Hilfen gem. § 41 SGB VIII sollte zur Aufrechterhaltung des bereits aufgebauten Unterstützungsnetzwerkes durch den Jugendlichen mit ausreichend Zeit vor Erreichen der Volljährigkeit beim zuständigen Jugendamt gestellt werden. Aus dem Antrag muss sich anhand der Begründung ergeben, warum und in welchen Lebensbereichen weiter Hilfen zur Erziehung benötigt werden. Eine fachliche schriftliche Stellungnahme des/der verantwortlichen BetreuerInnen ist beizufügen. Unterstützend können auch andere Gutachten oder fachliche Perspektiven bspw. von ÄrztInnen, TherapeutInnen und Schulpädagogen beigefügt werden.

Gerade die mit diesem Werk in den Blick genommene Gruppe junger Menschen ist auf die Gewährung von Erziehungshilfe angewiesen, da sie auf den Rückhalt in ihren Herkunftsfamilien nicht zurückgreifen können und sie Gefahr laufen, dass sie ohne Unterstützung perspektivisch ihre Schwierigkeiten nicht eigenständig bewältigen können. Dabei ist zu berücksichtigen, dass es sich bei den Betroffenen aufgrund ihrer Lebensgeschichte und Erfahrungen häufig um junge Menschen mit jahrelangen, zum Teil extremen Mehrfachbelastungen handelt. Gerade auch die jungen Volljährigen benötigen daher ausreichend finanzierte und qualifizierte Förder- und Unterstützungsangebote. Bei jungen Menschen, die sich im Asylverfahren befinden, ist im Einzelfall oft auch nicht ausreichend klar, dass keine aufenthaltsrechtlichen Hemmnisse zu einer generellen Inanspruchnahme dieser Leistungen vorliegen. Mit Erreichen der Volljährigkeit drohen ohne entsprechende Beantragung schwerwiegende Veränderungen im Lebensumfeld des Jugendlichen, die er ohne Unterstützung bewältigen muss. Dazu gehört neben dem Wegfall der Vormundschaft auch eine veränderte Wohnsituation (bspw. der Umzug in eine Gemeinschaftsunterkunft) sowie zahlreiche Unsicherheiten aufgrund von Zuständigkeitswechseln und ggf. nach Entscheidung über den Asylantrag eine veränderte aufenthaltsrechtliche Situation, ggf. die vollziehbare Ausreisepflicht.

3.8 Das Asylverfahren

Carsten Hörich (Kapitel 3.8 – 3.12)

Im folgenden Abschnitt werden überblicksartig der Ablauf des Asylverfahrens, die möglichen Entscheidungen am Ende eines solchen Verfahrens und deren aufenthaltsrechtliche Folgen dargestellt.[244] Hierbei wird auch knapp auf die unterschiedlichen sozialrechtlichen Sicherungssysteme verwiesen. Abschließend werden die möglichen Alternativen zur Stellung eines Asylantrages und der damit einhergehenden Sicherung des Aufenthaltes dargestellt.

Um als Asylberechtigte/r gemäß Art. 16a Abs. 1 GG, als Flüchtling iSd Genfer Flüchtlingskonvention, vgl. §§ 3–3e AsylG, als subsidiäre/r Schutzberechtigte/r, vgl. § 4 AsylG, anerkannt zu werden, bedarf es zwingend der Durchführung eines Asylverfahrens beim Bundesamt für Migration und Flüchtlinge (BAMF), vgl. § 5 Abs. 1 AsylG. Im Rahmen dieses Asylverfahrens prüft gemäß § 13 AsylG das BAMF, ob im jeweiligen Einzelfall die Voraussetzungen der Schutzgewährung nach den genannten Gründen im Einzelfall vorliegen. Ebenfalls prüft das BAMF, ob die Voraussetzungen der sogenannten nationalen Abschiebungsverbote gemäß §§ 60 Abs. 5, 7 AufenthG vorliegen.[245]

Ist bereits zu einem früheren Zeitpunkt ein Asylverfahren in Deutschland oder innerhalb der Europäischen Union betrieben worden, handelt es sich bei dem Asylantrag um einen sogenannten Folgeantrag, § 71 AsylG[246], oder einen Zweitantrag, § 71a AsylG[247].

Im Folgenden wird der Ablauf eines Asylverfahrens unter Beachtung der Besonderheiten für umF dargestellt.[248]

---

244 Aufgrund der Komplexität des Themas und der Begrenztheit der zur Verfügung stehenden Seiten muss es hier bei einem Überblick verbleiben. Zur Vertiefung sei u. a. empfohlen Tiedemann, Flüchtlingsrecht, Berlin 2015.
245 Vgl. § 24 Abs. 2 AsylG. Hinweis: Die Feststellung eines nationalen Abschiebungsverbotes kann auch unabhängig vom BAMF bei der zuständigen Ausländerbehörde beantragt werden. Vgl. näher unten 4. Alternativen zum Asylantrag.
246 Grundlage der erneuten Prüfung ist es, dass sich die Situation im Herkunftsland bzw. die persönliche Situation des Schutzsuchenden derart verändert hat, dass nunmehr eine Verfolgungssituation vorliegt, bspw. durch eine Tätigkeit im Rahmen einer Exiloppositionsgruppe.
247 Wenn in einem Mitgliedstaat der EU oder Norwegen und der Schweiz, vgl. §§ 71a i. V. m. 26a, Anlage I AsylG bereits ein Asylverfahren durchgeführt wurde, kann ein weiteren Asylverfahren in Deutschland ebenfalls nur mit einer Änderung der Situation des Schutzsuchenden begründet werden.
248 Für eine allgemeine Übersicht zum Asylverfahren vgl. Hörich (2015a), S. 7–14.

3.8.1 Ankommen von umF in Deutschland und Verteilung

Zum 1.11.2015 wurde das Verfahren der Aufnahme und Verteilung von umF in Deutschland grundlegend geändert. Im Folgenden wird dieses Verfahren im Überblick beschrieben.[249] Es sei hier klarstellend darauf hingewiesen, dass das im Folgenden dargestellte Verteilungsverfahren nicht das Asylverfahren selbst ist, sondern ein hiervon unabhängig zu betrachtenden Verteilungsverfahren von umF innerhalb Deutschlands.

3.8.1.1 Erstverteilung

Wenn der Aufenthalt eines unbegleiteten Minderjährigen[250] in Deutschland festgestellt wird[251], ist dieser gemäß § 42a Abs. 1 S. 1 SGB VIII durch das örtlich zuständige Jugendamt vorläufig in Obhut zu nehmen.

Dieses Jugendamt führt dann gemäß § 42a Abs. 2 SGB VIII ein sogenanntes (Erst-)Screening durch. In diesem wird geprüft, ob sich verwandte Personen oder Geschwister im Inland aufhalten und – wenn nicht –, ob gegen eine weitere Verteilung des Minderjährigen in Deutschland gesundheitliche Gründe sprechen oder eine solche Weiterverteilung das Wohl des Kindes gefährden würde.

Wenn solche Gründe nicht vorliegen, wird der unbegleitete Minderjährige nach dem in § 42b SGB VIII beschriebenen Verfahren in Deutschland weiterverteilt. Dies bedeutet, dass nach einem bestimmten Verteilungsschlüssel[252] die Minderjährigen auf die einzelnen Bundesländer in Deutschland verteilt werden.

In den Bundesländern werden die umF auf die einzelnen Landkreise, und damit gleichzeitig in die Zuständigkeit der einzelnen Jugendämter, verteilt. Von diesen Jugendämtern werden die umF dann „endgültig" gemäß § 42 SGB VIII in Obhut genommen. Dies bedeutet, dass die unbegleiteten Minderjährigen nunmehr – unabhängig vom Weitergang des aufenthalts- bzw. asylrechtlichen Verfahrens – der Zuständigkeit dieses Jugendamtes zugeordnet sind.

---

249 Für detaillierte Überblicke vgl. Erb-Klünemann/Kößler, FAmRB 2016, 360 ff.; insb. Neundorf (2016), 201 ff.
250 Dies bedeutet auch, dass ein Asylgesuch noch nicht vorliegen muss bzw. ein Asylantrag noch nicht gestellt wurde.
251 Dies ist generell Voraussetzung für Anspruch auf Leistungen nach dem SGB VIII. Vgl. Meysen/Beckmann/Gonzalèz Mèndez de Vigo (2016) S. 427 ff.
252 Dies ist, wie auch bei der Verteilung von Asylsuchenden nach dem EASY-System, derzeit der sog. Königsteiner Schlüssel. Dieser gilt solange, bis die Bundesländer sich gemäß § 42c SGB VIII auf andere Verteilungsquoten geeinigt haben.

3.8.1.2 (Zweit)-Screening-Verfahren

Nachdem die unbegleiteten Minderjährigen von den endgültig zuständigen Jugendämtern in Obhut genommen wurden, muss der Vormund bzw. das Jugendamt entscheiden, wie insbesondere die aufenthaltsrechtliche Situation weitergehend behandelt wird.[253] Es muss mit anderen Worten eine Entscheidung getroffen werden, ob ein Asylantrag für den unbegleiteten Minderjährigen gestellt wird[254] oder versucht wird, den Aufenthalt des Minderjährigen auf einem anderen aufenthaltsrechtlichen Weg zu legalisieren.[255]

Die Notwendigkeit dieser Entscheidung bzw. der rechtlichen Aufenthaltslegalisierung wird deutlich, wenn man bedenkt, dass im deutschen Aufenthaltsrecht der Grundsatz gilt, dass jeder Drittstaatsangehörige, der kein Aufenthaltsrecht innehat, zur Ausreise verpflichtet ist, vgl. § 50 Abs. 1 AufenthG. Ein solches Aufenthaltsrecht muss grundsätzlich vor Einreise beantragt werden, ansonsten sind die Einreise und der Aufenthalt in Deutschland illegal und die betreffende Person muss Deutschland wieder verlassen.

Wenn man nun bedenkt, dass die meisten unbegleiteten Minderjährigen gerade ohne vorherige Einholung eines Einreise- bzw. Aufenthaltsrechts nach Deutschland kommen, wird deutlich, warum eine Handlungsnotwendigkeit des Vormundes besteht. Anders formuliert: Wenn keine Aufenthaltslegalisierung stattfindet, muss der unbegleitete Minderjährige Deutschland wieder verlassen.

Im Folgenden wird davon ausgegangen, dass das Stellen eines Asylantrags für den unbegleiteten Minderjährigen Ergebnis des (Zweit)-Screenings ist.[256] (Für Alternativen hierzu, welche eventuell einschlägig sein könnten, vgl. unten Kapitel 3.12, Alternativen zum Asylantrag.)

---

253 Diese Entscheidung ist insbesondere vom Vormund mit zu treffen, da die Minderjährigen selbst seit dem 24.10.2015 weder im aufenthaltsrechtlichen, noch im asylrechtlichen Verfahren handlungsfähig sind, d. h. sie werden in diesen Verfahren durch den Vormund vertreten.
254 Zu den Entscheidungskriterien im Rahmen eines Asylverfahrens, die hier bereits zu beachten sind, vgl. unten.
255 Ein Überblick über mögliche Alternativen zum Asylantrag findet sich unten.
256 Im Jahr 2015 wurden insgesamt 14.439 Asylanträge für umF gestellt. Von Januar bis Juli 2016 waren es 17.909 Anträge.

3.8.2 Asylantragstellung

Der Asylantrag wird für unbegleitete Minderjährige durch den Vormund bzw. vor der Bestellung des Vormundes durch das Jugendamt im Rahmen der Notfallvertretung bei Inobhutnahme[257] beim Bundesamt für Migration und Flüchtlinge gestellt.[258] Der Asylantrag wird dabei gemäß § 14 Abs. 2 S. 1 Nr. 3 AsylG nicht direkt bei der im jeweiligen Bundesland befindlichen Außenstelle des BAMF gestellt, sondern kann direkt schriftlich beim Bundesamt in Nürnberg beantragt werden. Gemäß § 14 Abs. 2 S. 2 AsylG kann ein solcher Antrag auch bei einer Ausländerbehörde eingereicht werden, welche dann verpflichtet ist, diesen Antrag unverzüglich an das BAMF weiterzuleiten.

Direkte aufenthaltsrechtliche Folge des Asylantrages ist, dass der Aufenthalt des umF[259] für die Dauer des Asylverfahrens gemäß § 55 Abs. 1 S. 3 AsylG legalisiert wird.[260] Als Nachweis wird dem umF eine sogenannte Aufenthaltsgestattung gemäß § 63 Asyl von der örtlich zuständigen Ausländerbehörde ausgestellt.[261]

Im Übrigen besteht für unbegleitete Minderjährige vor der Stellung des Asylantrages ein Anspruch auf eine Duldung gemäß § 60a Abs. 2 S. 1 i. V. m. § 58 Abs. 1a AufenthG. Hierüber ist dem unbegleiteten Minderjährigen gemäß § 60a Abs. 4 AufenthG von der örtlich zuständigen Ausländerbehörde eine Bescheinigung auszustellen.[262]

---

257 Vgl. § 42 Abs. 2 S. 4 bzw. vor dem Verteilungsverfahren das Jugendamt der Vorläufigen Inobhutnahme, vgl. §42a Abs. 3 S. 2 SGB VIII; Schwarz (2016), S. 15 f.; Erb-Klünemann/Kößler, FamRB 2016, 261 (262).
258 Hinweis: Vor dem 1.11.2015 waren Minderjährige im aufenthalts- und asylrechtlichen Verfahren ab dem 16. Lebensjahr selbst handlungsfähig. Dies ist – zu Recht – entfallen.
259 Ab diesem Moment ist die Bezeichnung unbegleiteter minderjähriger Flüchtling passender, da erst ab diesem Moment auch flüchtlingsrechtliche Überlegungen greifen.
260 Hinweis: Ein Ankunftsnachweis wird Asylsuchenden in den Zentralen Erstaufnahmeeinrichtungen ausgestellt, vgl. § 63a AsylG. Da umF nicht in Erstaufnahmeeinrichtungen untergebracht werden, kann für diese auch kein Ankunftsnachweis ausgestellt werden. Diese sind gemäß § 14 Abs. 2 Nr. 2 AsylG in einer Jugendhilfeeinrichtung.
261 Vgl. § 63 Abs. 3 S. 2 AsylG.
262 So ausdrücklich BT-Drs. 18/8615, S. 53. (Gesetzentwurf Integrationsgesetz); Vgl. näher zu § 58 Abs. 1a AufenthG unten unter 3.11.1.5.

3.9 „Dublin-Verfahren"

Mit der Stellung des Asylantrages sind auch die Regelungen des Gemeinsamen Europäischen Asylsystems (GEAS) anzuwenden, d. h. insbesondere, dass im nächsten Verfahrensschritt die Zuständigkeitsüberprüfung gemäß der sogenannten Dublin-Verordnung vorgenommen wird.

3.9.1 Allgemeines

Grundlage des sogenannten GEAS ist es, dass jeder Asylantragsteller das Recht auf ein Asylverfahren in nur einem bestimmten Mitgliedstaat innehat. Dies beruht auf der Überlegung, dass zum einen jedem Asylbewerber die Durchführung eines Asylantrags in einem der Länder garantiert sein soll und zum anderen, dass die zeitgleiche Bearbeitung desselben Asylverfahrens in mehreren Staaten der EU oder mehrfache Anträge innerhalb verschiedener Länder der Europäischen Union verhindert werden sollen. Welcher Mitgliedstaat der jeweils im Einzelfall zuständige Mitgliedstaat ist, d. h. in welchem EU-Mitgliedstaat das Asylverfahren durchgeführt wird, normiert dann die Dublin-III-Verordnung[263]. Es ist daher innerhalb des jeweiligen nationalen Asylverfahrens zu prüfen, welcher EU-Mitgliedstaat bzw. Norwegen, Island, Schweiz oder Liechtenstein für die Prüfung des Asylantrages zuständig ist.

Grundregelung ist hierbei, dass der Staat zuständig ist, in welchem der Drittstaatsangehörige zuerst illegal die Grenze eines Mitgliedstaates überschritten hat.[264] Ausnahmen hiervon sind bspw. bei der Anwesenheit von Familienangehörigen in einem anderen Mitgliedstaat möglich, vgl. Art. 9, 10 der Dublin-III-Verordnung.[265]

Wird festgestellt, dass nach den Kriterien der Dublin-III-Verordnung ein anderer EU-Mitgliedstaat für die Bearbeitung des Asylantrages zuständig ist, dann endet das Asylverfahren in Deutschland. An den anderen EU-Mitgliedstaat wird dann ein sogenanntes Übernahmegesuch gestellt.[266] Wenn dieser Mitgliedstaat dieses Übernahmegesuch annimmt bzw. auf dieses nicht reagiert, geht die

---

263 Verordnung (EU) Nr. 604/2013 des Europäischen Parlamentes und des Rates vom 26.6.2013 zur Festlegung der Kriterien und Verfahren zur Bestimmung des Mitgliedstaates, der für die Prüfung eines von einem Drittstaatsangehörigen oder Staatenlosen in einem Mitgliedstaat gestellten Antrags auf internationalen Schutz zuständig ist.
264 Vgl. Art. 13 der Dublin-III-Verordnung. Sog. Verursacherprinzip.
265 Speziell für umF vgl. unten.
266 Vgl. Art. 24f. der Dublin-III-Verordnung.

Zuständigkeit auf diesen EU-Mitgliedstaat über. Der betroffene Asylantragsteller ist dann verpflichtet, in den jeweiligen Staat zurückzukehren bzw. wird in diesen überstellt.

In diesen Fällen ordnet gemäß § 34a Abs. 1 AsylG das BAMF die Überstellung für die Durchführung des Asylverfahrens in den zuständigen Mitgliedstaat an, sobald feststeht, dass diese Rückführung auch durchgeführt werden kann. Der Asylantragsteller wird über die Entscheidung informiert, vgl. § 31 Abs. 1 AsylG. Findet diese Rückführung[267] nicht innerhalb von sechs Monaten nach dem Übernahmegesuch statt, so geht die Zuständigkeit auf den Mitgliedstaat über, in dem sich der betreffende Drittstaatsangehörige aufhält. Bei einer Inhaftierung des Drittstaatsangehörigen verlängert sich diese Frist auf ein Jahr, bei Untertauchen[268] auf 18 Monate.

Gemäß § 34a Abs. 2 AsylG können hiergegen Anträge auf Einstweiligen Rechtsschutz gemäß § 80 Abs. 5 der Verwaltungsgerichtsordnung innerhalb einer Woche nach Bekanntgabe gestellt werden. Dies kann bei rechtzeitiger Antragstellung vorläufig die Abschiebung verhindern.

Hintergrund dieses Eilrechtsschutzes ist es, dass vorgetragen wird, dass eine Überstellung in den jeweiligen Mitgliedstaat nicht vorgenommen werden kann, da das Asylsystem in diesem Mitgliedstaat an solchen systemischen Mängeln leidet, dass eine Überstellung eine „automatische" Verletzung der Menschenrechte des Antragstellers bedeuten würde.[269] Angenommen wurde dies bspw. durch den VGH Baden-Württemberg für eine Überstellung nach Ungarn.[270] Für Griechenland stellte der EuGH bereits 2011 fest, dass das griechische Asylsystem unter systemischen Mängeln leidet und eine Überstellung nach Griechenland im Rahmen des Dublin-Verfahrens würde folglich eine Verletzung der Menschenrechte der Betroffenen darstellen.[271] Auch in Deutschland sind daher seit dem Jahr 2012 Überstellungen nach Griechenland im Rahmen des Dublin-Systems ausgeschlossen.[272]

---

267 Im Dublin-Kontext wird hier von sog. Rückführungen gesprochen.
268 D. h. das aktive Sich-Entziehen von der Abschiebung.
269 Hinweis: Stark vereinfachte Formulierung des Verf. vgl. die Entscheidungen des EuGH v. 21.12.2011, Rs. Rs. C-411/10 und C-493/10 („N.S. und M.E.") = NVwZ 2012, 417 ff.
270 Vgl. VGH Baden-Württemberg, Urt. v. 5.7.2016, Az.: 11 S 974/16. Es sei darauf hingewiesen, dass die Rechtsprechung der Verwaltungsgerichte in diesem Bereich höchst unterschiedlich ist bzw. stark voneinander abweicht.
271 Vgl. EuGH, NVwZ 2012, 417 ff.
272 De facto nimmt Griechenland daher nicht am Dublin-System teil.

Angemerkt sei, dass durch die Urteile des EuGH in den Rechtssachen „Ghezelbash" und „Karim" die Rechtsschutzmöglichkeiten nun auch dahingehend erweitert wurden, dass auch die Zuständigkeitsentscheidung selbst angegriffen werden kann, bspw. wenn diese auf veralteten Informationen basiert.[273] Dies ist aufgrund der nunmehrigen Neuregelung in Art. 27 der Dublin-III-Verordnung ausdrücklich möglich.[274]

---

[273] Vgl. EuGH, Urteile v. 7.6.2016, Rs. C 61/15 („Ghezelbash"), Rs. C-155/15 („Karim").
[274] Vgl. näher Habbe (2016), S. 206 ff. In der Vorgängerregelung des Art. 19 der sog. Dublin-II-Verordnung war dies noch ausgeschlossen. Vgl. hierzu EuGH, Urteil v. 10.12.2012, Rs. C-394/12 („Abdullahi").

3.9.2 UmF im Dublin-Verfahren

Auch bei unbegleiteten Minderjährigen finden die Dublin-III-Regelungen Anwendung, d. h. dass auch bei diesen im Asylverfahren zunächst die Zuständigkeit Deutschlands für die Durchführung des Asylverfahrens geprüft wird.[275] Gemäß § 16 Abs. 1 AsylG kann dies auch durchgeführt werden, da bereits ab einem Alter von 14 Jahren eine erkennungsdienstliche Behandlung möglich ist.[276] Daher ist es auch möglich, Fingerabdrücke in die sogenannte Eurodac-Datenbank einzuspeisen und zu prüfen, ob sich der umF bereits in einem anderen Mitgliedstaat aufgehalten hat.[277]

Im ersten Schritt müssen die Behörden daher prüfen, ob es sich bei dem Minderjährigen um einen unbegleiteten Minderjährigen handelt. Ein unbegleiteter Minderjähriger ist gemäß Art. 2j der Dublin-III-Verordnung „ein Minderjähriger[278], der ohne Begleitung eines für ihn nach dem Recht oder nach den Gepflogenheiten eines jeweiligen Mitgliedstaates verantwortlichen Erwachsenen in das Hoheitsgebiet der Mitgliedstaaten einreist, solange er sich nicht tatsächlich in der Obhut eines solchen Erwachsenen befindet; dies schließt einen Minderjährigen ein, der nach Einreise in das Hoheitsgebiet eines Mitgliedstaats dort ohne Begleitung zurückgelassen wird".

Sollte es sich um einen unbegleiteten Minderjährigen handeln, gelten gemäß Art. 8 der Dublin-III-Verordnung spezielle Zuständigkeitsbestimmungen, welche nunmehr in folgender Reihenfolge zu prüfen sind.

Gemäß Art. 8 Abs. 1 der Dublin-III-Verordnung ist derjenige Mitgliedstaat zuständig, in dem sich ein Familienangehöriger oder eines der Geschwister des unbegleiteten Minderjährigen rechtmäßig aufhält, sofern dies dem Wohl des Minderjährigen dient. Gemäß Art. 8 Abs. 2 der Dublin-III-Verordnung ist der Mitgliedstaat zuständig, in dem sich rechtmäßig ein Verwandter des Minderjährigen aufhält, und im Wege der Einzelfallprüfung festgestellt wurde, dass der Verwandte für den Minderjährigen sorgen kann und eine Zusammenführung

---

275 Und damit als Ergebnis auch eine mögliche Überstellung des UMF in einen anderen Mitgliedstaat stehen kann.
276 Gemäß § 16 Abs. 1 S. 2 AsylG sind bei unter 14-Jährigen als erkennungsdienstliche Behandlung nur die Aufnahme von Lichtbildern zulässig.
277 Hinweis: EURODAC ist eine europäische Datenbank zur Speicherung von Fingerabdrücken. Es werden jedem im Gebiet der europäischen Union angetroffenen illegal aufhältigen Drittstaatsangehörigen bzw. jedem Asylbewerber die Fingerabdrücke abgenommen.
278 D. h. eine Person unter 18 Jahren, vgl. Art. 2i der Dublin-III-Verordnung.

dem Wohl des Kindes entsprechen würde. Es ist mit anderen Worten also im Rahmen des Dublin-Verfahrens bei Vorliegen der Voraussetzungen möglich, eine Familienzusammenführung durchzuführen.

Gemäß Art. 8 Abs. 4 der Dublin-III-Verordnung gilt, dass in den Fällen, in denen keine Familienangehörigen in einem EU-Mitgliedstaat sind, der Mitgliedstaat für die Durchführung des Asylverfahren zuständig ist, in dem die unbegleitete Minderjährigen den Asylantrag gestellt haben. Dies gilt im Übrigen auch dann, wenn die unbegleiteten Minderjährigen bereits in anderen Mitgliedstaaten der Europäischen Union einen Asylantrag gestellt haben.[279]

Sollte das BAMF im Rahmen der Dublin-Prüfung feststellen, dass die Zuständigkeit eines anderen Mitgliedstaates begründet ist bzw. bereits ein Schutzstatus in einem anderen Mitgliedstaat besteht, so sendet das BAMF, nach Aussagen des Bundesregierung, dem umF bzw. dessen Vormund mindestens eine Woche vor der geplanten Rückführung die entsprechenden Abschiebungsanordnung.[280] Zu beachten ist aber, dass eine solche Überstellung – was schon aus dem Gedanken des Wohles des Kindes folgt – nicht gegen den Willen des Kindes durchgeführt werden kann. Eine Überstellung auch gegen den Willen des umF ist nur dann möglich, wenn dieser bereits in dem Zielstaat erfolgreich ein Schutzverfahren durchlaufen hat, d.h. dort aufenthaltsberechtigt ist. Dann sind allerdings zwingend die Vorgaben des § 58 Abs. 1a AufenthG zu beachten.

3.9.3 Die Anhörung

Wenn die Zuständigkeit Deutschlands für die Durchführung des Asylverfahrens positiv festgestellt wurde, erfolgt im nächsten Verfahrensschritt die sogenannte Anhörung. Dies bedeutet, dass der umF persönlich – zwingend in Begleitung durch den Vormund (!) – bei der zuständigen Außenstelle des BAMF angehört wird. Auf der Grundlage der hier gemachten Angaben wird dann über den Asylantrag des umF entschieden. Die Bedeutung des Verfahrensschritts der Anhörung kann dabei nicht überschätzt werden. Die in der persönlichen Anhörung gewonnenen Informationen sind Grundlage der späteren Entscheidung im Asylverfahren.[281]

---

279 Vgl. EuGH, Urt. v. 6.6.2013, Rs. C-648/11 = NVwZ-RR 2013, 735.
280 Vgl. Bundestags-Drucksache 17/5579 (18.4.2011), S.6.
281 Als weitere Basis für die Entscheidung des BAMF dienen dann weitere Informationen, bspw. aus sog. Herkunftslanddatenbanken; Berichten von NGOs etc.

Im Rahmen der Anhörung muss der umF gemäß § 25 Abs. 1 S. 1 AsylG „selbst die Tatsachen vortragen, die seine Furcht vor Verfolgung oder die Gefahr eines ihm drohenden ernsthaften Schadens begründen, und die erforderlichen Angaben machen". Dies bedeutet, dass eine vollumfängliche Darstellung der Situation im Herkunftsland, soweit möglich, und insbesondere zur Frage, warum eine Rückkehr dorthin nicht möglich ist, erfolgen muss.

Auf diese Situation sind die umF vorzubereiten, d. h. die Wichtigkeit dieser Anhörung ist zu verdeutlichen.[282] Gerade für umF kann diese Anhörungssituation eine große Belastung darstellen und eventuelle Probleme bei der Darstellung begründen. Es empfiehlt sich daher im Rahmen der Vorbereitung auf eine solche Anhörung, die Fluchtsituation etc. bereits einmal durchzusprechen.[283] Dies insbesondere auch, um festzustellen, ob die/der umF überhaupt in der Lage ist, die Fluchtgeschichte darzustellen oder ob bspw. Traumatisierungen vorliegen, welche eine sinnvolle Darstellung der Fluchtgeschichte unmöglich machen.[284]

Bei dieser Anhörung sind folgende Personen anwesend: der zuständige Bearbeiter des BAMF, der sogenannte Entscheider, die/der umF, falls notwendig ein Dolmetscher und der Vormund.

Der Entscheider, welcher die Anhörung durchführt, soll ein speziell für umF ausgebildeter Entscheider sein, welcher in der Anhörung auch die besondere Schutzbedürftigkeit von Minderjährigen zu beachten hat.[285]

Es sei darauf hingewiesen, dass der Vormund in der Anhörung nicht die Aufgabe innehat, selbst die Fluchtgeschichte vorzutragen. Vielmehr soll dieser überwachen, dass der Minderjährige im Rahmen der Anhörung altersgerecht behandelt wird und sollte allenfalls moderierend bei Missverständnissen etc. eingreifen.

---

282 Nicht selten werden gerade umF ihre Fluchtgeschichte schon bei verschiedenen Stellen, gerade im Rahmen des Screeningverfahrens vorgetragen haben. Es ist explizit darauf hinzuweisen, dass das BAMF eine eigenständige Entscheidung trifft und daher eine nochmalige Anhörung bzw. komplette Darstellung der Situation notwendig ist.
283 Allerdings nicht, um eine „Optimierung" bzw. einen Ausbau der Fluchtgeschichte vorzunehmen. Überprüft werden beim BAMF zum einen die Gründe der Flucht, aber auch die Glaubwürdigkeit des Antragstellers. Sollte bei der Anhörung festgestellt werden, dass der Antragsteller nicht die Wahrheit sagt, schadet dies der Glaubwürdigkeit des Antragstellers und der Asylantrag kann negativ beschieden werden. Es ist daher explizit darauf hinzuwirken, dass nur das tatsächliche Wissen vorgetragen wird.
284 Sollte dies der Fall sein, ist dies dem BAMF durch den Vormund mitzuteilen.
285 Dies bedeutet auch, dass auf eventuelle kinderspezifische Fluchtgründe, vgl. unten, genauer eingegangen werden muss bzw. dezidiert hiernach gefragt werden muss.

Am Ende einer jeden Anhörung wird ein Protokoll über die in der Anhörung gemachten Angaben gefertigt, welches durch den Vormund bzw. den Minderjährigen unterschrieben wird.[286] Dieses Protokoll ist im späteren Verfahren der Nachweis, was in der Anhörung vorgetragen wurde etc., mithin Grundlage der Entscheidung des BAMF. Es ist daher genau zu kontrollieren, dass sämtliche Inhalte des Protokolls auch tatsächlich den Inhalt der Anhörung wiedergeben.

3.10 Soziale Rechte während des Verfahrens

Die im Folgenden ausgeführten Punkte zu den sozialen Rechten von umF *im Asylverfahren* verstehen sich nur als grober Überblick. Eine Klärung von Detailfragen muss aus Platzgründen unterbleiben.

3.10.1 Sicherung des Lebensunterhalts

Spätestens ab der Asylantragstellung – vorher bereits ab Ausstellung des sogenannten Auskunftsnachweises in der Erstaufnahmeeinrichtung – ist der Aufenthalt gemäß § 55 AsylG gestattet. Damit ist gemäß § 1 AsylbLG das Asylbewerberleistungsgesetz für volljährige Asylantragsteller anwendbar. Dieses enthält die abschließenden Regelungen bezüglich der sozialen Leistungen im Asylverfahren bei volljährigen Personen bzw. begleiteten Minderjährigen.[287] Aus dieser Systematik heraus fallen allerdings aufgrund der Inobhutnahme gemäß § 42 SGB VIII umF, welche hieraus folgend nach den Vorgaben des Jugendhilferechts soziale Leistungen erhalten.

3.10.1.1 Jugendhilfeleistungen

Wie aufgezeigt, werden umF gemäß § 42 SGB VIII in Obhut genommen.[288] Dies bedeutet, dass die Regelungen des SGB VIII zur kinder- und jugendspezifischen Förderung, für Hilfen zur Erziehung etc. auf umF vollumfänglich anwendbar sind.[289] Bei allen Fragen nach sozialrechtlichen Ansprüchen kann daher vollumfänglich auf die „üblichen" jugendhilferechtlichen Ansprüche verwiesen werden.[290]

---

286 Entweder direkt nach der Anhörung oder das Protokoll wird im Nachgang zur Unterschrift zugesandt.
287 Für den weiteren Anwendungsbereich besteht eine Duldung gemäß des AsylbLG vgl. § 1 Abs. 1 Nr. 1–7 AsylbLG.
288 Vgl. oben. 1.1 Ankommen von umF in Deutschland und Verteilung.
289 Diese Leistungen gehen gemäß § 9 Abs. 2 AsylbLG den Leistungen nach dem AsylbLG vor.
290 Dies bedeutet im Übrigen insbesondere auch, dass – entgegen der Regelungen im AsylbLG – umF über die gesetzliche Krankenkasse versichert sind.

3.10.1.2 Ab Volljährigkeit: Leistungen nach dem AsylbLG

Gemäß § 1 Abs. 1 Nr. 1 AsylbLG ist das Asylbewerberleistungsgesetz anwendbar auf alle Personen, die eine Aufenthaltsgestattung nach dem AsylG innehaben, d.h. auf alle Personen, die sich im Asylverfahren befinden. Dies bedeutet im Bezug auf Minderjährige, dass sämtliche begleiteten Minderjährigen Leistungen nach dem AsylbLG erhalten.[291]

Bezüglich umF ist allerdings auch eine Anwendung des AsylblG möglich, wenn während des Asylverfahrens die Volljährigkeit des umF eintritt. In diesem Fall kann die Inobhutnahme gemäß § 42 SGB VIII enden und damit auch die sozialrechtliche Absicherung über Jugendhilfeleistungen. Dann finden ab der Volljährigkeit die Regelungen des AsylbLG Anwendung.

Zu beachten ist allerdings, dass gemäß § 41 SGB VIII die Möglichkeit besteht, die sogenannte Hilfe für junge Volljährige zu beantragen. Solche weiteren Hilfen können gewährt werden zur Hilfe für die Persönlichkeitsentwicklung bzw. zur Sicherung einer eigenverantwortlichen Lebensführung, wenn und solange die Hilfe aufgrund der individuellen Situation des jungen Menschen notwendig ist.[292] Um ein abruptes Ende der Unterstützung des Jugendlichen bei Erreichen der Minderjährigkeit zu sichern, empfiehlt es sich, den Antrag gemäß § 41 SGB VIII bereits vor dem Erreichen des 18. Lebensjahres zu stellen.[293]

3.10.2 Bildung/Schulbesuch

Das Recht auf Bildung gehört zu den allgemeinen Menschenrechten[294] und wird auch in der sogenannten Kinderrechtskonvention explizit normiert.[295] Die essentielle Bedeutung des Schulbesuches für die Integration und die langfristige Entwicklung von umF kann nicht hoch genug eingeschätzt werden.

Bezüglich der gesetzlichen Voraussetzungen des Rechts auf Bildung bzw. die Umsetzung in den einzelnen Bundesländern kann hier kein vollständiger Überblick gegeben werden, da die Ausgestaltung dieses Rechts grundsätzlich in der Kompetenz der Bundesländer liegt. Es soll daher im Folgenden auf die allgemeinen Regelungen hingewiesen werden.

---

291 Zur Höhe vgl. § 3 AsylblG. Für die eingeschränkte Gesundheitsversorgung vgl. § 4, 6 AsylbLG.
292 Gemäß § 41 Abs. 1 S. 2 SGB VIII wird diese Hilfe bis zum 21. Lebensjahr gewährt, eine Verlängerung bis zum 27. Lebensjahr hinaus ist in begründeten Einzelfällen möglich.
293 Zu den Einzelheiten der Antragstellung und weitere Hinweise vgl. http://www.b-umf.de/images/Hilfen_fuer_junge_Volljaehrige_Arbeitshilfe.pdf.
294 Art. 26 Abs. 1 der Allgemeinen Erklärung für Menschenrechte.
295 Art. 28, 29 der sog. Kinderrechtskonvention.

3.10.2.1 Recht auf Kindergarten und Schulbesuch

Das Recht auf Kindergarten und Schulbesuch besteht für alle Minderjährigen, unabhängig von ihrer Nationalität, Herkunft etc.[296] Die Frage, ab wann dieses Recht besteht, ist durch die einzelnen Bundesländer im Landesrecht geregelt. Es ist jeweils in den einzelnen Landesschulgesetzen und dazugehörigen Verordnungen zu prüfen, ab wann dieses Recht besteht.[297] Es sei hier nochmals festgehalten, dass hierbei nicht das Recht auf Schul- bzw. Kindergartenbesuch in Frage steht, sondern nur, ab wann dieses im Einzelfall geltend gemacht werden kann.

3.10.2.2 Ausbildung

Bei Fragen bezüglich der Möglichkeiten des Absolvierens einer Ausbildung ist zwischen einer betrieblichen und schulischen Ausbildung zu unterscheiden.

Bei einer betrieblichen Berufsausbildung ist zu beachten, dass das Recht, sich in Deutschland aufzuhalten und das Recht auf dem Arbeitsmarkt aktiv zu werden, nicht zwingend zusammengehören.[298] Dies bedeutet, dass bezüglich solcher Ausbildungen immer geprüft werden muss, ob eine Beschäftigungserlaubnis besteht. Eine Beschäftigungserlaubnis kann für alle Personen, die eine Aufenthaltsgestattung innehaben,[299] bei der Ausländerbehörde beantragt werden, wenn diese sich seit mindestens drei Monaten in Deutschland aufhalten. Dies ist allerdings nicht der Fall, wenn Personen aus sicheren Herkunftsstaaten einen Asylantrag stellen, da in diesen Fällen die Ausübung einer Beschäftigung generell untersagt ist.

Nach drei Monaten ist gemäß § 32 Abs. 2 Nr. 2 der Beschäftigungsverordnung die Aufnahme einer Berufsausbildung in einem staatlich anerkannten oder vergleichbar geregelten Ausbildungsberuf möglich.[300] Dies bedeutet, dass umF, wenn sie sich im Asylverfahren befinden und einen Ausbildungsplatz finden, diesen jederzeit antreten dürfen.[301] Dies gilt allerdings gemäß § 61 Abs. 2 S. 4

---

296 Hier zeigt sich die Verankerung in den allgemeinen Menschenrechten und der Kinderrechtskonvention, die eine Differenzierung an dieser Stelle nicht zulassen würden.
297 In Sachsen-Anhalt bspw. ab Begründung des gewöhnlichen Aufenthalts iSd § 30 Abs. 1 S. 3 SGB I. Dies ist bei begleiteten Minderjährigen ab Weiterverteilung an die Kommunen aus der Erstaufnahmeeinrichtung der Fall, bei umF dann ab endgültiger Inobhutnahme gemäß § 42 SGB VIII.
298 Vgl. § 4 Abs. 3 AufenthG.
299 Also aller Personen, die sich im Asylverfahren befinden, vgl. § 55 AsylG.
300 Vgl. unten bzgl. der Alternativen zur Duldung zur Frage der Sicherung des Aufenthaltes während der Dauer der Ausbildung.
301 Eine Anzeige dieser Tätigkeit gegenüber der zuständigen Ausländerbehörde ist aber notwendig, insb. unter Hinblick der Aufenthaltssicherung bei einem evtl. negativen Ausgang des Asylverfahrens.

AsylG nicht, wenn die umF die Staatsangehörigkeit eines sogenannten sicheren Herkunftsstaates innehaben.[302] Für diese Staatsangehörige ist die Arbeitsaufnahme während des Asylverfahrens generell untersagt.

Eine schulische Ausbildung unterliegt in der Regel keinen weiteren Bestimmungen bzw. Einschränkungen, da diese keine Beschäftigung darstellt. Sie kann von umF jederzeit angetreten werden.

3.10.2.3 Hochschulzugang

Bezüglich des Zugangs zu Hochschulen finden sich im deutschen Recht keine Unterschiede zwischen deutschen Staatsangehörigen und Ausländern. Voraussetzung ist immer, dass die Hochschulzugangsvoraussetzungen erfüllt werden.[303] Wenn diese Voraussetzungen erfüllt werden, kann ein Hochschulbesuch erfolgen. Problematisch hierbei ist allerdings immer die Frage der Sicherung des Lebensunterhaltes, da im Asylverfahren selbst der Zugang zu BAföG-Leistungen ausgeschlossen ist.[304]

3.10.2.4 Keine Residenzpflicht

Die früher bestehende Residenzpflicht während der Dauer des Asylverfahrens ist entfallen. Diese besteht gemäß § 56 AsylG nur noch für die Dauer der Verpflichtung, in der Erstaufnahmeeinrichtung zu verbleiben. Nach der Weiterverteilung auf die Kommunen und mindestens drei Monaten Aufenthalt entfällt die Residenzpflicht. Dies bedeutet, dass Bewegungsfreiheit im Bundesgebiet besteht. Die Asylbewerber unterliegen „nur" noch einer Wohnsitzauflage in der Kommune, welcher diese zugewiesen wurden. Allerdings ist eine spätere Wiederanordnung der Residenzpflicht unter bestimmten Voraussetzungen im Einzelfall möglich.[305]

Für umF bedeutet dies ebenfalls, dass eine Residenzpflicht nicht besteht. Für umF greifen die Aufenthaltsbestimmungsregeln des Kinder- und Jugendhilferechts.

---

302 Für eine Übersicht der aktuell als sichere Herkunftsstaaten erklärte Länder vgl. Anlage II zum AsylG. Hinzu tritt, dass der Asylantrag nach dem 31.8.2015 gestellt sein muss.
303 Also Abitur oder vergleichbarer Abschluss und Sprachniveau C 1.
304 D. h. nach Ende des Asylverfahrens können Leistungen beantragt werden.
305 Vgl. § 59b AsylG.

3.11 Ende des Asylverfahrens

Das Asylverfahren hat nur zwei mögliche Verfahrensenden: Entweder wird der Aufenthalt durch die Anerkennung der Schutzbedürftigkeit des umF legalisiert[306] oder es wird festgestellt, dass keine Schutzgründe vorliegen. In diesem Fall wird der Aufenthalt des umF illegal, da kein Aufenthaltsrecht mehr vorliegt, und kann, eventuell zwangsweise, beendet werden.

3.11.1 Gründe für eine Schutzanerkennung

Im Folgenden werden im Überblick die verschiedenen Gründe dargestellt, welche zu einer Schutzanerkennung und damit zu einer Aufenthaltslegalisierung führen. Im Rahmen einer Schutzantragstellung prüft das BAMF die nachfolgend aufgeführten Schutzgründe in jedem Verfahren in der im Folgenden vorgestellten Reihenfolge.[307] Hierbei ist zu beachten, dass die Kriterien hierbei für erwachsene Antragsteller und für umF gleich sind.

Aus den im Folgenden genannten Gründen ergibt sich dann auch die sogenannte Gesamtschutzquote, d.h. die Quote aller positiven Entscheidungen. Diese betrug im Jahr 2015 49,8 Prozent, d.h., dass in allen diesen Entscheidungen ein Schutzgrund anerkannt wurde; im Januar 2016 bis Juli 2016 in 61,8 Prozent aller Fälle. Wenn man nur die Entscheidungen über Asylanträge von umF betrachtet, liegt die Gesamtschutzquote bezüglich aller von Januar 2016 bis Juli 2016 bei 89,2 Prozent. Im Jahr 2016 betrug die Schutzquote 62,4 Prozent.

3.11.1.1 Asyl gemäß Art. 16a GG

Gemäß Art. 16a Abs. 1 GG genießen politisch Verfolgte Asylrecht. Dies bedeutet – stark vereinfacht –, dass jemand durch einen Staat politisch verfolgt sein muss, d.h. direkt durch einen Staat in Leib und Leben bedroht ist. Wenn allerdings in einem Krisengebiet keine staatliche Institution mehr vorhanden ist[308] oder es zu einer nichtstaatlichen Verfolgung kommt, scheidet die Anerkennung von Asyl gemäß Art. 16a GG aus. Weiterhin scheidet eine Asylanerkennung gemäß Art. 16a GG – aber auch nur diese(!) – aus, wenn eine Einreise des Antragstellers über einen sogenannten sicheren Drittstaat erfolgt ist. Dies sind alle Mitgliedstaaten der Europäischen Union sowie Norwegen und die Schweiz. Aus dieser

---

306 Vgl. die Gründe hierfür und der daraus folgende Schutz, unten 2.1 und 2.2.
307 Wenn also kein Asyl gemäß Art. 16a GG bejaht wird, wird als nächstes die Flüchtlingseigenschaft iSd GfK geprüft usw.
308 Und bspw. nur eine Terrororganisation wie der „Islamische Staat" vorhanden ist.

engen Voraussetzung folgt dann auch, dass im Jahr 2016 nur 0,4 Prozent aller Schutzanträge mit der Anerkennung der Asylberechtigung gemäß Art. 16a GG beschieden wurden.[309]

3.11.1.2 Anerkennung als Flüchtling iSd Genfer Flüchtlingskonvention

Gemäß § 3 Abs. 1 AsylG ist ein Ausländer Flüchtling iSd Genfer Flüchtlingskonvention (GfK), wenn er sich aus begründeter Furcht vor Verfolgung wegen seiner Rasse, Religion, Nationalität, politischen Überzeugung oder Staatsangehörigkeit oder Zugehörigkeit zu einer bestimmten sozialen Gruppe, außerhalb seine Herkunftslandes befindet.[310] Anders formuliert ist ein Flüchtling iSd GfK eine Person, die aufgrund einer ihr anhaftenden Eigenschaft verfolgt wird.[311] Der wesentliche Unterschied zur Definition der Asylberechtigung gemäß Art. 16a GG liegt also darin, dass hier keine zwingende staatliche Verfolgung vorausgesetzt wird.

Auch hieraus folgt, dass im Jahr 2015 dieser Schutzstatus in 48,5 Prozent aller Asylentscheidungen zuerkannt wurde. Von Januar 2016 bis Juli 2016 in 49,2 Prozent aller entschiedenen Schutzanträge. Im Jahr 2016 wurde dieser Schutzstatus in 36,8 Prozent aller Entscheidungen zuerkannt.

3.11.1.3 Anerkennung als subsidiär Schutzberechtigter

Gemäß § 4 Abs. 1 AsylG ist ein Ausländer subsidiär schutzberechtigt, wenn ihm bei seiner Rückkehr in sein Heimatland[312] ein ernsthafter Schaden droht. Ein solcher Schaden ist:
1. Die Verhängung oder Vollstreckung der Todesstrafe,
2. Folter oder unmenschliche oder erniedrige Behandlung oder Bestrafung oder
3. eine ernsthaft individuelle Bedrohung des Lebens oder der Unversehrtheit einer Zivilperson infolge willkürlicher Gewalt im Rahmen eines internationalen oder innerstaatlichen bewaffneten Konfliktes.

---

309 Vgl. Asylgeschäftsstatistik BAMF 12/2015, abrufbar unter www.bamf.de. Von Januar bis Juli 2016 betrug diese Quote: 0,3 % aller Anträge. Vgl. Asylgeschäftsstatistik des BAMF 12/16, abrufbar unter www.bamf.de.
310 Und in dem er keinen Schutz vor der Verfolgung erlangen kann. Vgl. für die nähere Ausführung der Kriterien, §§ 3–3e AsylG, bei Göbel-Zimmermann/Hruschka (2016). In: Huber (2016) AufenthG; § 3 f. AsylG.
311 Bspw. aufgrund einer drohenden Genitalverstümmelung von Jungen, Mädchen und Frauen, vgl. Reimann, Ronald (2012), S.58.
312 Obwohl er dort nicht aufgrund einer ihm anhaftenden Eigenschaft verfolgt wird.

Im Jahr 2015 wurden in allen Entscheidungen im Asylverfahren in insgesamt 0,6 Prozent aller Fälle dieser Schutzstatus anerkannt. Im Jahr 2016 stieg diese Quote auf insgesamt 22,1 Prozent.[313]

3.11.1.4 Erschwerung der Schutzanerkennung bei Herkunft aus einem sogenannten sicheren Herkunftsstaat

Gemäß Art. 16a Abs. 3 GG können sogenannte sichere Herkunftsstaaten bestimmt werden. Diese sicheren Herkunftsstaaten sind gemäß § 29a Abs. 2 AsylG i. V. m. Anlage II zum AsylG die Mitgliedstaaten der Europäischen Union und (Stand 24.1.2017):

- Albanien
- Bosnien und Herzegowina
- Ghana
- Kosovo
- Mazedonien (ehemalige jugoslawische Republik)
- Montenegro
- Senegal
- Serbien

Für Personen, welche die Staatsangehörigkeit eines dieser Staaten innehaben, ist die Beantragung des Asylrechts nicht ausgeschlossen, allerdings wird im Rahmen des Asylverfahrens vermutet, dass in diesen Staaten weder politische Verfolgung noch unmenschliche oder erniedrigende Behandlungen oder Bestrafungen stattfinden. Dies bedeutet, dass diese Personen im Verfahren im ersten Schritt darlegen müssen, warum in ihrem Einzelfall entgegen der gesetzlichen Vermutung eine Verfolgung nach den genannten Umständen vorliegt.

Sollte dies nicht gelingen, wird der gestellte Asylantrag gemäß § 29a Abs. 1 S. 1 AsylG als offensichtlich unbegründet abgelehnt. Dies bedeutet, dass der Betroffene innerhalb einer Woche das Bundesgebiet verlassen muss.[314] Eine Erteilung anderer Aufenthaltsrechte ist gemäß § 10 Abs. 3 S. 2 AufenthG in diesen Fällen ausgeschlossen.

---

313 Wobei der Anstieg der Quote erst ab April 2016 begann. Im August 2016 wurde in 38,0 % aller entschiedenen Fälle der subsidiäre Schutzstatus anerkannt. Dieser erstaunliche statistische Anstieg beginnt „zufälligerweise" zu demselben Zeitpunkt, in dem der Familiennachzug für subsidiär Schutzbedürftige ausgeschlossen wurde, also im März 2016.
314 Abschiebungsandrohung mit Fristsetzung von einer Woche, vgl. §§ 34, 36 Abs. 1 AsylG.

3.11.1.5 Nationale Abschiebungsverbote

Gemäß § 60 Abs. 5, 7 AufenthG kann, wenn die Voraussetzungen der vorherigen Schutztatbestände nicht erfüllt sind, noch ein sogenanntes nationales Abschiebungsverbot als Schutzgrund einschlägig sein. Im Jahr 2015 wurde in 0,7 Prozent aller entschiedenen Schutzanträge ein sogenanntes nationales Abschiebungsverbot als Schutzgrund angenommen. Im Jahr 2016 wurde dies in insgesamt in 3,5 Prozent der Fälle anerkannt, wobei die Quote im Dezember 2016 bei 7,5 Proeznt lag.

Gemäß § 60 Abs. 5 AufenthG darf ein Ausländer nicht in einen Staat abgeschoben werden, soweit sich aus der Anwendung der Konvention zum Schutze der Menschenrechte und Grundfreiheiten vom 4. November 1950[315] ergibt, dass die Abschiebung unzulässig ist. Dies bedeutet, dass obwohl der Betroffene im Heimatland nicht aufgrund einer ihm anhaftenden Eigenschaft verfolgt wird und ihm auch keine Gefahr iSd § 4 AsylG droht, ein Schutzantrag erfolgreich sein kann, weil die Aufenthaltsbeendigung in diesem Staat eine Menschenrechtsverletzung iSd EMRK darstellen würde.[316]

Beispielhaft kann dies angenommen werden, wenn die Aufenthaltsbeendigung das Recht auf Familienleben gemäß Art. 8 EMRK verletzen würde[317] oder eine Lebensunterhaltssicherung bzw. Existenzsicherung im Zielstaat der Abschiebung für den Betroffenen absehbar unmöglich wäre.[318]

Gemäß § 60 Abs. 7 S. 1 AufenthG wird weiterhin von der Abschiebung eines Ausländers abgesehen – und diesem ein Schutzstatus gewährt –, wenn dort für den Ausländer eine erhebliche konkrete Gefahr für Leib, Leben oder Freiheit besteht. Beispielhaft hierfür kann die Gefährdung der Gesundheit angeführt werden, d. h. dass bei einer Aufenthaltsbeendigung in den Herkunftsstaat eine Gesundheitsgefährdung nicht gegeben wäre und der Tod droht.[319]

---

315 Sog. Europäische Menschenrechtskonvention, EMRK.
316 Eine gewisse Überschneidung mit den Vorgaben des sog. subsidiären Schutzes ist dabei nicht vermeidbar, da die EMRK selbstverständlich auch vor der Todesstrafe bzw. Folter schützt.
317 Vgl. Göbel-Zimmermann/Masuch/Hruschka (2016). In: Huber (2016), AufenthG, § 60 Rn. 66.
318 Bspw. bei Abschiebungen gerade Volljähriger Personen nach Afghanistan, welche dort keinerlei Möglichkeit der Existenzsicherung haben.
319 Vgl. zu den Kriterien genauer §§ 60 Abs. 7 S. 2–4 AufenthG.

Wichtig ist allerdings, wie § 60 Abs. 7 S. 5 AufenthG klarstellt, dass es sich bei dieser Gefährdung um eine extreme Gefahrenlage für den Einzelnen handeln muss, d. h. dass der angenommene Schadensfall höchst wahrscheinlich ist.[320]

Rechtliche Probleme sind in dieser Fallgestaltung denkbar bei der Frage der systematischen Vereinbarkeit von § 60 Abs. 7 S. 1 AufenthG und § 58 Abs. 1a AufenthG.

§ 58 Abs. 1a AufenthG schreibt vor, dass vor der Abschiebung[321] eines umF sich die Behörde vergewissern muss, dass dieser im Rückkehrstaat einem Mitglied seiner Familie, einer zur Personensorge berechtigten Person oder einer geeigneten Aufnahmeeinrichtung übergeben wird.[322] Eine Friktion kann hier entstehen, da Voraussetzung der Anerkennung des nationalen Abschiebungsverbotes gemäß § 60 Abs. 7 S. 1 AufenthG ist, dass kein anderweitiger Schutz für den umF erreichbar ist. Es ist daher umstritten, ob das Vorliegen der Voraussetzungen von § 58 Abs. 1a AufenthG die Annahme eines nationalen Abschiebungsverbotes sperrt, m.a.W. ob der § 58 Abs. 1a AufenthG ein solcher Schutz ist.[323] Sollte ein solcher Fall eintreten – die Konstellation muss aus der Begründung der Ablehnung des Asylantrages durch das BAMF deutlich werden –, ist dringend anwaltliche Beratung empfohlen.[324]

3.11.2 Folgen der positiven Bescheidung des Schutzantrags

Die Anerkennung des Schutzanspruches hat für denjenigen, dessen Schutzanspruch anerkannt wurde, verschiedene Rechtsfolgen bzw. löst Ansprüche aus, die im Folgenden überblicksartig dargestellt werden.

---

320 Gefahren, die allem Personen im Herkunftsland drohen, sind „nur" Anknüpfungspunkt für eine Duldung gemäß § 60a AufenthG. Vgl. Göbel-Zimmermann/Masuch/Hruschka (2916). In: Huber (Hg.), AufenthG, § 60 Rn. 74 f.
321 D. h. des tatsächlichen Vollzugs der Aufenthaltsbeendigung.
322 Näher zum Inhalt dieser Norm vgl. unten.
323 Dafür BVerwG, ZAR 2014, 87; Brütting-Reimer, Entscheiderbrief 4/2012, S. 1 (2); dagegen Müller (2012), S. 368 f.; VGH Mannheim, Urteil v. 27.4.2012, Az.: A 11 S 3392/11, Rn. 32; Hörich (2015b), S. 140 f.
324 Da hier ein allgemeiner Überblick gegeben werden soll, wird auf eine genaue Aufschlüsselung der Problematik verzichtet.

3.11.2.1 Erteilung eines Aufenthaltstitels

Das Aufenthaltsgesetz differenziert bei den verschiedenen Schutzstatus zwischen den Rechtsfolgen. Zwar bekommt bei jedweder Schutzanerkennung der Berechtigte einen Aufenthaltstitel[325] von der örtlich zuständigen Ausländerbehörde ausgestellt, allerdings variieren diese Titel in Befristungsdauer und Rechtsfolgen.

3.11.2.1.1 Anerkennung als Asylberechtigter bzw. Flüchtling iSd GfK

Wenn der Antragsteller als Asylberechtigter gemäß Art. 16a GG anerkannt wurde, erhält er gemäß § 25 Abs. 1 S. 1 AufenthG einen Aufenthaltstitel für drei Jahre.[326] Wenn der Antragsteller als Flüchtling iSd Genfer Flüchtlingskonvention anerkannt wurde, erhält er einen Aufenthaltstitel gemäß § 25 Abs. 2 S. 1 1. Alt. AufenthG für drei Jahre.[327]

Bei beiden Titeln kann gemäß § 26 Abs. 3 AufenthG bei Vorliegen der dort genannten Voraussetzungen eine sogenannte Niederlassungserlaubnis erteilt werden. Dies setzt u. a. einen mindestens dreijährigen Aufenthaltszeit in Deutschland, den Erwerb von Kenntnissen der deutschen Sprache und eine überwiegende, eigenständige Sicherung des Lebensunterhaltes voraus.[328]

3.11.2.1.2 Anerkennung als sogenannter subsidiär Schutzberechtigter

Wird ein Antragsteller als sogenannter subsidiär Schutzberechtigter anerkannt, so wird ihm gemäß § 25 Abs. 2 S. 1 2. Alt. AufenthG ein Aufenthaltstitel für ein Jahr erteilt.[329] Eine gesonderte Regelung bezüglich der erleichterten Erteilung einer Niederlassungserlaubnis für diese Personengruppe findet sich im Aufenthaltsgesetz nicht.[330]

---

[325] Ein Aufenthaltstitel ist ein befristetes Aufenthaltsrecht in Deutschland. Ein unbefristetes Aufenthaltsrecht ist eine sog. Niederlassungserlaubnis.
[326] Nach Ablauf von drei Jahren kann diese Aufenthaltserlaubnis verlängert werden.
[327] Auch dieser Titel kann nach drei Jahren verlängert werden.
[328] Vgl. genauer zu den einzelnen Voraussetzungen: § 26 Abs. 3 AufenthG. Diese Voraussetzungen wurden mit dem sog. Integrationsgesetz zum 6.8.2016 verschärft. Vor Inkrafttreten dieser Novellierung konnte die Niederlassungserlaubnis an diese Personen bereits nach drei Jahren Aufenthaltstitelinhaberschaft erteilt werden.
[329] Dieser kann gemäß § 26 Abs. 1 S. 3 AufenthG bei Weitervorliegen der Voraussetzungen um zwei Jahre verlängert werden.
[330] Hier ist dann die Erteilung einer Niederlassungserlaubnis „nur" bei Erfüllung der Voraussetzungen gemäß § 9 AufenthG möglich.

3.11.1.2.3 Anerkennung eines nationalen Abschiebungsverbotes

Wenn zugunsten des Antragstellers ein nationales Abschiebungsverbot gemäß § 60 Abs. 5, 7 AufenthG anerkannt wird, wird diesem ein Aufenthaltstitel gemäß § 25 Abs. 3 AufenthG für „mindestens" ein Jahr erteilt.[331] Eine gesonderte Regelung bezüglich der erleichterten Erteilung einer Niederlassungserlaubnis findet sich für diese Personengruppe im Aufenthaltsgesetz nicht.

3.11.2.2 Sozialrechtliche Folgen

Allen Schutzstatus gemein ist, dass mit Erteilung des Aufenthaltstitels, Anerkennung des Schutzstatus durch das BAMF, die sozialen Leistungen nicht mehr nach dem AsylbLG geleistet werden, sondern die Personen in den Anwendungsbereich der Sozialgesetzbücher[332] fallen, vgl. § 1 Abs. 3 AsylbLG.

Bei umF werden allerdings bis zur Volljährigkeit Leistungen nach dem Kinder- und Jugendhilferecht erbracht. Zu beachten ist, dass auch über die Volljährigkeit hinaus Hilfen gemäß § 41 SGB VIII möglich sind.[333]

Bei Personen, die einen Aufenthaltstitel gemäß §§ 25 Abs. 1 oder 2 AufenthG innehaben, ist ab Titelerteilung auch die Beantragung von Leistungen nach dem Bundesausbildungsförderungsgesetz (sog. BaföG) möglich.[334]

Bei Personen, die einen Aufenthaltstitel gemäß § 25 Abs. 3 AufenthG innehaben, können BaföG-Leistungen beantragt werden, wenn sich diese seit mindestens 15 Monaten ununterbrochen rechtmäßig, geduldet[335] oder gestattet in Deutschland aufgehalten haben.[336]

3.11.2.3 Familiennachzug

Bei der Frage, ob ein Recht zum Familiennachzug besteht, muss zwischen den verschiedenen möglichen Schutzstatus unterschieden werden. Die Bedeutung dieser Frage wird rechtlich verdeutlicht, durch den speziellen Schutz der Familie durch Art. 6 GG und in Art. 8 EMRK. Aus beiden Grundrechtsordnungen folgt – stark vereinfacht –, dass Familien ein Recht auf Zusammenleben haben, welches nicht unverhältnismäßig beschränkt bzw. erschwert werden darf.

---

331 Dies bedeutet, dass der Aufenthaltstitel auch für einen längeren Zeitraum als ein Jahr, aber mindestens auf diesen Zeitraum befristet werden kann. Allerdings werden die Zeiten im Asylverfahren in die dortige 5-Jahres-Frist miteinbezogen, vgl. § 26 Abs. 4 AufenthG.
332 Also insbesondere das SGB II, d. h. sog. Hartz-IV-Leistungen.
333 Vgl. hierzu die Hinweise oben 2.1. b) Ab Volljährigkeit: Leistungen nach dem AsylbLG.
334 Vgl. § 8 Abs. 2 Nr. 1 BaföG.
335 Zur Duldung vgl. unten.
336 Vgl. § 8 Abs. 2 Nr. 2 BaföG.

3.11.2.3.1 Anerkennung als Asylberechtigter bzw. Flüchtling iSd Genfer Flüchtlingskonvention

Wenn jemand als Asylberechtigter oder Flüchtling iSd GFK anerkannt wurde, besteht zum einen die Möglichkeit des Familiennachzugs gemäß § 29 Abs. 2 AufenthG und zum anderen speziell für umF die Möglichkeit des Nachzugs der Eltern.

Der Familiennachzug gemäß § 29 AufenthG umfasst die Ehegatten und die minderjährigen, ledigen Kinder des Schutzberechtigten.[337] Für diese besteht gemäß § 29 Abs. 2 AufenthG ein erleichterter Familiennachzug, d. h. ohne den sonst notwendigen Nachweis der Lebensunterhaltssicherung für alle Familienmitglieder. Hierfür muss der Antrag auf Familiennachzug innerhalb von drei Monaten nach Zugang des Bescheides des BAMF bzw. dessen Unanfechtbarkeit bei der deutschen Ausländerbehörde im Inland gestellt werden.

Problematisch ist hierbei allerdings, dass die Angehörigen, bevor sie nach Deutschland kommen können, bei einer deutschen Botschaft im Ausland ein sogenanntes Visum[338] beantragen müssen bzw. dort die notwendigen Nachweise einreichen müssen.[339] Derzeit werden allerdings kaum die hierfür notwendigen Termine bei den deutschen Botschaften vergeben bzw. sind die Wartezeiten hierfür sehr lang.[340]

Speziell für umF besteht gemäß § 36 Abs. 1 AufenthG die Möglichkeit, die Eltern nach Deutschland nachzuholen.[341] Anknüpfungspunkt ist hierbei, dass ein Minderjähriger Anspruch auf ein Zusammenleben mit seinen Eltern hat, vgl. Art. 6 GG, 8 EMRK. Hieraus folgt allerdings auch, das dieses Familiennachzugsrecht entfällt, wenn die Minderjährigkeit des die Eltern Nachholenden entfällt. Zur Wahrung dieser Altersfrist reicht auch eine vorherige Antragstellung durch den umF nicht aus, vielmehr müssen die Eltern bis zur Volljährigkeit des Kindes tatsächlich das Bundesgebiet erreichen. Sollten sich durch die auch hier bestehende Notwendigkeit der Eltern ein Visum bei einer deutschen Botschaft im Ausland einzuholen, Probleme ergeben bzw. hierdurch das Recht

---

337 In erster Linie also volljährige Personen.
338 Eine legale Einreise ohne Visum ist in den allermeisten Fällen nicht möglich.
339 U. a. Nachweis des tatsächlichen Bestandes der Ehe, Pass, Geburtsurkunde bei Kindern etc.
340 Bspw. werden in der deutschen Botschaft in Beirut nach Berichten derzeit (August 2016) Termine für Oktober 2017 vergeben.
341 Wobei kein personensorgeberechtigter Elternteil in Deutschland anwesend sein darf. Vgl. im Einzelnen Tewocht, in: Kluth/Heusch (Hg.), BeckOK AuslR, AufenthG, § 36 Rn. 3 f.

entfallen können, besteht die Möglichkeit für die Eltern, ihren Visumsanspruch im Rahmen des Einstweiligen verwaltungsrechtlichen Rechtsschutzes geltend zu machen.[342]

3.11.2.3.2 Anerkennung als subsidiär Schutzberechtigter

Wird ein Antragsteller als subsidiär Schutzberechtigter anerkannt, so ist derzeit ein Familiennachzug nur in absoluten Ausnahmefällen möglich. Dies folgt aus § 104 Abs. 13 AufenthG, welcher normiert:
„Bis zum 16. März 2018 wird ein Familiennachzug zu Personen, denen nach dem 17. März 2016 eine Aufenthaltserlaubnis nach § 25 Abs. 2 S. 1 2. Alt.[343] erteilt worden ist, nicht gewährt. Für Ausländer, denen nach dem 17.3.2016 eine Aufenthaltserlaubnis gemäß § 25 Abs. 2 S. 1 2. Alt. erteilt worden ist, beginnt die Frist des § 29 Abs. 2 S. 2 Nr. 1[344] ab dem 16. März 2018 zu laufen. Die §§ 22, 23 bleiben unberührt."[345]

Dies bedeutet, dass für subsidiär Schutzberechtigte der Familiennachzug nunmehr in fast allen Fällen durch den Gesetzgeber ausgeschlossen wurde. Dies gilt auch für umF und den Anspruch auf Elternnachzug gemäß § 36 Abs. 1 AufenthG.

Ausnahmen soll es nur im Rahmen von § 23 AufenthG bei sogenannten Landes- oder Bundesaufnahmeprogrammen geben und gemäß § 22 AufenthG, wonach einem Ausländer aus völkerrechtlichen oder dringenden humanitären Gründen eine Aufenthaltserlaubnis erteilt werden kann.[346]

Die Einschränkung des Familiennachzuges ist insbesondere bei umF kritisch zu sehen. Es droht durch diese Regelung und die nur sehr begrenzt eingreifende Ausnahmeregelung in vielen Fällen eine Verletzung der Rechte aus Art. 6 GG bzw. Art. 8 EMRK.[347]

---

342 Vgl. BVerwG, Urt. v. 18.4.2013, Az.: 10 C 9/12 = NVwZ 2013, 1344 f.
343 Also subsidiär Schutzberechtigten, vgl. oben.
344 Gemeint ist die oben erwähnte Drei-Monats-Frist im Rahmen des § 29 Abs. 2 AufenthG.
345 Gerade unter Ansehung dieser gesetzlichen Regelung ist die im Jahresverlauf 2016 sprunghafte Zunahme von Anerkennungen des subsidiären Schutzstatus (im Januar 2016 0,6 %, im Juli 2016 30 %) kritisch zu beobachten.
346 Wobei derzeit noch unklar ist, ob diese Ausnahmetatbestände ausreichen, um die kurz aufgezeigten grundrechtlichen Anforderungen zu erfüllen.
347 In diesen Fällen sollte dringend anwaltlicher Rat für die weitere Vorgehensweise eingeholt werden.

3 Zentrale Themenkomplexe

3.11.2.4 Anerkennung eines nationalen Abschiebungsverbotes

Wird zugunsten des Antragstellers das Vorliegen eines sogenannten nationalen Abschiebungsverbotes bejaht, so besteht für alle – unabhängig vom Alter – die Möglichkeit eines Familiennachzugs gemäß § 29 Abs. 3 AufenthG „aus völkerrechtlichen oder humanitären Gründen oder zur Wahrung politischer Interessen des Bundesrepublik Deutschland". [348]

Ein spezieller Familiennachzug für Eltern von umF, zu deren Gunsten ein nationales Abschiebungsverbot anerkannt wurde, ist im Rahmen des § 36 Abs. 1 AufenthG nicht vorgesehen.

3.11.2.5 Wohnsitzauflage

Gemäß § 12a Abs. 1 AufenthG unterliegt ein Ausländer, welcher nach den genannten Kriterien als schutzbedürftig anerkannt worden ist, per gesetzlicher Anordnung einer sogenannten Wohnsitzauflage. Dies bedeutet, dass der Ausländer dann verpflichtet ist für einen Zeitraum von drei Jahren seinen Wohnsitz in dem Bundesland zu nehmen, in welchem das Asylverfahren für ihn durchgeführt wurde.[349]

Ausnahmen hiervon gelten, wenn der Ausländer[350] eine Berufsausbildung aufnimmt oder aufgenommen hat, oder in einem Studien- oder Ausbildungsverhältnis steht oder einer Tätigkeit von mindestens 15 Stunden die Woche nachgeht, welche mindestens ein Einkommen gemäß §§ 20, 22 SGB II generiert, vgl. § 12a Abs. 1 S. 2 AufenthG.[351]

---

348 Vgl. zu diesen Kriterien Tewocht, in: Kluth/Heusch (Hg.), BeckOK AuslR, AufenthG, § 29 Rn. 8 f.
349 Dies kann nach den Vorgaben des § 12 Abs. 2, 3 AufenthG auch weiter auf einen bestimmten Ort eingegrenzt werden.
350 Oder sein Ehegatte, eingetragener Lebenspartner oder minderjähriges Kind.
351 Die Bundesländer können jeweils einzeln entscheiden, ob sie die Möglichkeit der Wohnsitzauflage auch auf einzelne Kommunen ausweiten, sodass dann eine Wohnsitzauflage in einer bestimmten Kommune möglich wäre.

3.11.3 Folgen der negativen Entscheidung des Schutzantrags

Wenn die inhaltliche Prüfung des Schutzantrages ergibt, dass die Voraussetzungen für keinen der genannten Schutzgründe erfüllt sind, wird der Antrag als unbegründet abgelehnt.[352] Mit dieser Entscheidung entfällt – auch für umF – die Aufenthaltsgestattung, welche während des Verfahrens den Aufenthalt des Antragstellers in Deutschland legalisiert hat.[353] Hieraus folgt, dass in diesen Fällen der Aufenthalt des Antragstellers illegal wird. Somit greift dann die in § 50 Abs. 1 AufenthG normierte Rechtsfolge, die bei Illegaliät des Aufenthaltes die Pflicht des Betroffenen auszureisen begründet.[354] Diese Pflicht kann vom deutschen Staat durchgesetzt werden, d. h. es kann eine zwangsweise Vollstreckung der Ausreisepflicht (= Abschiebung) stattfinden.

Der Beginn der Durchsetzung dieser Ausreisepflicht ist direkt mit dem Bescheid des BAMF über den negativen Ausgang des Asylverfahrens verbunden. Denn mit dem ablehnenden Bescheid zusammen, wird auch eine sogenannte Abschiebungsandrohung mitgeteilt.[355] Diese Abschiebungsandrohung sagt aus, dass der Ausländer im ersten Schritt die in der Abschiebungsandrohung genannte Frist[356] Zeit hat, Deutschland freiwillig zu verlassen. Sollte in dieser Zeit keine freiwillige Ausreise erfolgen, kann nach Ablauf dieser Frist die zwangsweise Vollstreckung der Ausreisepflicht erfolgen.[357] Im Folgenden werden diese Verfahrensschritte, welche auch für umF gelten, knapp skizziert und auf die Besonderheiten bei umF eingegangen.

---

[352] Hinweis: Bei Herkunft aus einem sicheren Herkunftsland oder einer der Fallgruppen der § 30 Abs. 3 Nr. 1–6 AsylG wird der Antrag als offensichtlich unbegründet abgelehnt. Vgl. § 29 AsylG für die Fallgruppen der Unzulässigkeit eines Antrages, d. h., dass in diesen Fällen keine inhaltliche Prüfung stattgefunden hat, sondern aufgrund formeller Mängel das Verfahren als unzulässig gewertet wird.
[353] Vgl. § 67 AsylG.
[354] Und zwar nicht nur aus Deutschland, sondern aus der Europäischen Union, vgl. § 50 Abs. 3 AufenthG.
[355] Vgl. §§ 34 ff. AsylG.
[356] Zwischen einer und vier Wochen, vgl. §§ 34 ff. AsylG.
[357] Abschiebungsandrohung = Androhung von Zwangsmaßnahmen bei nicht freiwilliger Ausreise.

3.11.3.1 Freiwillige Rückkehr

Bei jedem Aufenthaltsbeendigungsverfahren muss zunächst die Möglichkeit der freiwilligen Rückkehr gegeben sein.[358] Die Bereitschaft zu einer solchen freiwilligen Ausreise wird bei unbegleiteten Minderjährigen in der Praxis wohl nur selten vorliegen.[359]

Es sei allerdings darauf hingewiesen, dass in den Fällen, in denen keine Möglichkeiten der aufenthaltsrechtlichen Legalisierung in Deutschland gegeben sind und die Voraussetzungen des § 58 Abs. 1a AufenthG erfüllt sind[360], eine freiwillige Ausreise immer vorzuziehen ist. Dies folgt schon daraus, dass eine Abschiebungsprozedur eine große Belastung für die Betroffenen ist.[361]

Auch gibt es im Rahmen der freiwilligen Ausreise inzwischen viele Unterstützungsprogramme (bspw. REAG/GARP[362]; individuelle Rückkehrberatung bei den örtlich zuständigen Ausländerbehörden), welche eine Hilfe bei der Finanzierung bzw. Organisation der Ausreise ermöglichen. Letztlich kann so auch ein eventuelles Einreiseverbot gemäß § 11 Abs. 1 AufenthG vermieden werden, welches ansonsten gesetzliche Folge einer eventuellen Abschiebung darstellt.[363]

Zu beachten ist weiterhin, dass der gesetzliche Vormund des umF, da er bzw. das Jugendamt selbstverständlich auch das Recht hat, den Aufenthalts- bzw. Wohnort zu bestimmen, einer solchen freiwilligen Ausreise zustimmen muss. Der Vormund hat hierbei insbesondere die Aufgabe zu überprüfen, inwiefern bei der Rückkehr des umF in sein Herkunftsland dort das Wohl des Kindes gewährleistet ist.[364]

---

358 Dieser Ablauf folgt direkt aus den europäischen Vorgaben für ein solches Aufenthaltsbeendigungsverfahren, der sog. Rückführungsrichtlinie. Zu dieser und deren Umsetzung in das deutsche Recht, vgl. Hörich (2015b), S. 1 ff.
359 Wobei dies natürlich, bspw. bei Heimweh, nicht ausgeschlossen ist.
360 Vgl. unten.
361 Insb., da die konkrete Vollstreckungsmaßnahme gemäß § 59 Abs. 1 S. 8 AufenthG nach Ablauf der Frist zur freiwilligen Ausreise nicht mehr angekündigt wird.
362 REAG = Reintegration and Emigration Programm for Asylum-Seekers in Germany; GARP = Government Assisted Repatriation Programm. Zu beiden Programmen finden sich nähere Informationen unter www.bamf.de.
363 Während der Dauer des befristeten Einreiseverbotes sind eine Einreise und ein Aufenthalt in Deutschland bzw. der Europäischen Union untersagt.
364 Dies wohl nur dann, wenn die Voraussetzungen des § 58 Abs.1a AufenthG auch in dieser Konstellation erfüllt ist.

3.11.3.2 Vollstreckung der Rückkehrentscheidung, insbesondere Abschiebungshaft

Wenn keine freiwillige Ausreise erfolgt, kann die Ausreisepflicht zwangsweise durchgesetzt werden, d. h. eine sogenannte Abschiebung wird durchgeführt. Hierbei gibt es bezüglich der Vollstreckungsvoraussetzungen und der Anordnung von Abschiebungshaft Besonderheiten bei umF, welche im Folgenden erläutert werden.

Es sei aber darauf hingewiesen, dass sämtliche im Folgenden beschriebenen Besonderheiten an die Minderjährigkeit des umF anknüpfen, d. h. mit Erreichen der Volljährigkeit sind auch die besonderen Schutzinstrumente nicht mehr anwendbar. Daher ist in der Praxis auch vermehrt zu beobachten, dass gegenüber umF bis zum Erreichen der Volljährigkeit keine Vollstreckung stattfindet. Diese beginnt vielmehr erst mit dem Erreichen der Volljährigkeit.

3.11.3.2.1 Vollstreckungsvoraussetzung, § 58 Abs. 1a AufenthG
§ 58 Abs. 1a AufenthG normiert:

„Vor der Abschiebung eines unbegleiteten minderjährigen Ausländers hat sich die Behörde zu vergewissern, dass dieser im Rückkehrstaat einem Mitglied seiner Familie, einer zur Personensorge berechtigten Person oder einer geeigneten Aufnahmeeinrichtung übergeben wird."[365]

Dies bedeutet, dass die für die Vollstreckung zuständige Ausländerbehörde vor der Abschiebung positiv feststellen muss, dass eine Übergabe des umF an eine der im Gesetzestext genannten Personen nach Rückkehr des umF in seinen Herkunftsstaat erfolgt. Hierfür reicht eine Wahrscheinlichkeitsannahme, dass dies geschehen wird, nicht aus. Vielmehr muss eine schriftliche Bestätigung der Übernahme der/des Minderjährigen vorliegen.[366]

3.11.3.2.2 Vollstreckung, insbesondere Abschiebungshaft
Sollten die Voraussetzungen des § 58 Abs. 1a AufenthG vorliegen und eine Ausreise nicht freiwillig erfolgen, kann die Ausreisepflicht (zwangsweise) vollstreckt werden. Dies bedeutet, dass die vollstreckende Behörde den Abzuschiebenden in seinen Herkunftsstaat (auch gegen dessen Willen) verbringt. Dies erfolgt im Regelfall auf dem Luftwege, d. h. dass die abzuschiebenden Personen in ein

---

365 Dies stellt eine Eins-zu-eins-Übernahme des Art. 10 Abs. 2 der Rückführungsrichtlinie dar.
366 Ansonsten würde immer eine Gefährdung des Wohls des Kindes drohen und eine Abschiebung schon aus diesem Grunde unzulässig sein. § 58 Abs. 1a AufenthG ist nichts anderes als die gesetzgeberische Umsetzung dieses Gedankens.

Flugzeug und durch dieses dann in ihr Heimatland verbracht werden. Zur Sicherung der Durchführbarkeit dieser Verwaltungsvollstreckung ist insbesondere auch die Anordnung von Abschiebungshaft möglich.

Wichtig ist für das Verständnis der Abschiebungshaft zunächst, dass die Abschiebungshaft nicht mit einer Maßnahme der Strafhaft verwechselt werden darf. Die Abschiebungshaft ist „nur" eine verwaltungsprozessuale Maßnahme zur Sicherung der tatsächlichen Vollstreckbarkeit der Ausreisepflicht. Strafhaft ist die Ahndung eines bestimmten, strafbaren Verhaltens des Betroffenen. Einen solchen Zusammenhang mit eventuellen Straftaten gibt es im Rahmen der Abschiebungshaft in keiner Form.

Angeordnet wird die Abschiebungshaft vom örtlich zuständigen Amtsgericht, vgl. §§ 415 ff. FamFG.[367] Für dieses Anordnungsverfahren gibt es sehr hohe Verfahrensstandards, welche immer eingehalten werden müssen.[368]

Inhaltliche Voraussetzung einer solchen Abschiebungshaft ist es zunächst, dass ein sogenannter Abschiebungshaftgrund vorliegt. Diese sind in § 62 Abs. 3 S. 1 Nr. 2, 3 AufenthG und in § 62 Abs. 3 S. 1 Nr. 5 i. V. m. § 2 Abs. 14 AufenthG normiert.[369] Hiernach kann bspw. gemäß § 62 Abs. 3 S. 1 Nr. 2 AufenthG Abschiebungshaft angeordnet werden, wenn die Ausreisefrist abgelaufen ist und der Ausländer seinen Aufenthaltsort gewechselt hat, ohne der Ausländerbehörde eine Anschrift anzugeben, unter der er erreichbar ist.[370]

Sollte ein solcher Haftgrund vorliegen, ist Abschiebungshaft nur zulässig, wenn der Zweck der Haft durch ein milderes, ebenfalls ausreichendes anderes Mittel erreicht werden kann. Gemäß § 62 Abs. 1 S. 3 AufenthG dürfen Minderjährige und Familien mit Minderjährigen nur in besonderen Ausnahmefällen und nur so lange in Abschiebungshaft genommen werden, wie es unter Berücksichtigung des Kindeswohls angemessen ist.

---

[367] Nähere Ausformung der in Art. 103, 104 GG normierten Anforderungen an die verfassungsgemäße Einschränkung des Rechts auf Freiheit der Person gemäß Art. 2 Abs. 2 S. 2 GG.
[368] Aus Platzgründen muss es hier bei dieser kurzen Ausführung verbleiben. Gerade zur genauen Überprüfung dieser Voraussetzungen sei in jedem Abschiebungshaftfall anwaltliche Beratung dringend empfohlen.
[369] Diese sehr unglückliche und komplizierte Verweistechnik ist der unsystematischen Reform der Haftgründe durch den Gesetzgeber im Jahre 2015 zu verdanken.
[370] Anknüpfungspunkt muss immer ein Verhalten des Ausländers sein, welches darauf schließen lässt, dass er sich der Abschiebung tatsächlich entziehen wird.

Hieraus folgt, dass in den allermeisten Fällen die Anordnung von Abschiebungshaft gegenüber umF nicht zulässig ist. Es wird sich in fast allen Fällen ein milderes Mittel zur Sicherung der Aufenthaltsbeendigung finden lassen, bspw. die Auferlegung bestimmter Meldepflichten.

Und selbst wenn dies nicht der Fall sein sollte, muss immer geprüft werden, ob es im Einzelfall tatsächlich mit dem Wohl des Kindes vereinbar ist, den umF zur Sicherung einer Verwaltungsvollstreckungsmaßnahme in Haft zu nehmen.[371] Es ist nur in absoluten Ausnahmefällen vorstellbar, dass im Rahmen einer solchen Abwägung das Interesse des Staates an der Sicherung der Aufenthaltsbeendigung das Wohl des Kindes überwiegt.[372]

Sollte im Ausnahmefall doch die Anordnung von Abschiebungshaft zulässig sein, so ist diese Inhaftnahme so kurz wie möglich zu halten.[373] Sollte absehbar sein, dass die Vollstreckung der Ausreisepflicht demnächst nicht möglich ist, so muss von der Anordnung von Abschiebungshaft abgesehen werden bzw. diese umgehend beendet werden.

Wenn auch diese Voraussetzungen vorliegen, ist letztlich zu beachten, dass in § 62a AufenthG spezielle Voraussetzungen an den Ort des Vollzuges einer solchen Abschiebung normiert. So führt § 62a Abs. 3 AufenthG aus: „Bei minderjährigen Abschiebungsgefangenen sind unter Beachtung der Maßgaben in Art. 17 der sog. Rückführungsrichtlinie (Anm. des Verf.) alterstypische Belange zu berücksichtigen."

Aus Art. 17 Abs. 3 der Rückführungsrichtlinie folgt, dass in Haft befindliche Minderjährige Gelegenheit zu Freizeitbeschäftigung einschließlich altersgerechter Spiel und Erholungsmöglichkeiten und – je nach Dauer ihres Aufenthaltes – Zugang zu Schulbildung haben.[374] Sollten diese Unterbringungsstandards nicht vorliegen, darf Abschiebungshaft nicht angeordnet werden bzw. muss umgehend beendet werden.

---

371 So auch BGH, NVwZ 2012, 775: „UmF dürfen nur im äußersten Falle und für die kürzest mögliche Dauer in Haft genommen werden …"
372 Noch einmal sei darauf hingewiesen, dass mit Erreichen der Volljährigkeit dieser Abwägungsumstand wegfällt, d.h. dass dann auch die Anordnung von Abschiebungshaft verhältnismäßig sein kann.
373 Vgl. § 62 Abs. 4 AufenthG.
374 Ebenso BGH, NVwZ 2012, 775.

Im Ergebnis ist davon auszugehen, dass die Anordnung von Abschiebungshaft gegenüber umF fast immer rechtswidrig ist. Die hohen Voraussetzungen der Anordnung von Abschiebungshaft sind nur im absoluten Ausnahmefall erfüllt. Ob selbst in diesem Falle die Hafteinrichtung dann die beschriebenen Kriterien erfüllt, muss stark bezweifelt werden.

3.11.3.3 Aussetzung der Abschiebung – Duldung

Mit dem Ende des Asylverfahrens endet bei negativem Ausgang auch die Aufenthaltsgestattung, d. h. Ausreisepflicht wird begründet. Allerdings ist diese Ausreisepflicht nicht immer vollstreckbar, d. h. kann direkt vollzogen werden. So kann bspw. eine durch Krankheit bedingte Reiseunfähigkeit vorliegen oder es ist unklar, ob die Voraussetzungen des § 58 Abs. 1a AufenthG vorliegen.

Für diese Fälle normiert § 60a Abs. 2 S. 1 AufenthG[375]:
„Die Abschiebung eines Ausländers ist auszusetzen, solange die Abschiebung eines Ausländers aus tatsächlichen oder rechtlichen Gründen unmöglich ist und keine Aufenthaltserlaubnis erteilt wird."

Diese Aussetzung der Abschiebung des Ausländers ist die sogenannte Duldung, d. h. dass der Aufenthalt des Ausländers bis zur Vollstreckbarkeit, d. h. der tatsächlichen Durchsetzung der Ausreisepflicht, lediglich geduldet wird.[376] Hierbei bleibt gemäß § 60a Abs. 3 AufenthG die Ausreisepflicht des Ausländers unberührt. Das bedeutet, dass der Aufenthalt des Betroffenen weiterhin illegal ist und sobald die Abschiebung wieder möglich ist, die Ausreiseverpflichtung vollstreckt werden kann.

Ein tatsächlicher Grund für die Aussetzung einer Abschiebung ist z. B. das Vorliegen von Reiseunfähigkeit.[377] Eine solche liegt etwa vor, wenn Frauen schwanger sind und kurz vor der Entbindung stehen.[378]

---

[375] Zu den weiteren Möglichkeiten einer Duldung, insbesondere im Rahmen einer Ausbildung vgl. unter Kap. 3.12 Alternativen zum Asylantrag.
[376] Vgl. schon vom Wortlaut her die andere Bedeutung eines Aufenthaltsrechts!
[377] Z.B. aus gesundheitlichen Gründen. Vgl. §§ 60a Abs. 2c, 2d AufenthG zu den verschärften Voraussetzungen für den Nachweis einer solchen Erkrankung.
[378] Da diese dann nicht mehr fliegen dürfen. Sollte eine sog. Risikoschwangerschaft vorliegen, wird die Abschiebung für die gesamte Dauer der Schwangerschaft ausgesetzt. Hieraus folgt auch, dass dann, wenn Frau und Kind wohlauf und reisefähig sind, die Abschiebung wieder vollstreckt werden kann (und wird).

Ein rechtlicher Grund für eine Aussetzung der Abschiebung liegt z. B. vor, wenn die Voraussetzungen des § 58 Abs. 1a AufenthG nicht erfüllt sind, oder die Person keinen Reisepass oder ein Ersatzdokument besitzt.[379]

Die aus diesen Gründen zu erteilende Duldung wird im Regelfall immer für drei Monate erteilt und muss dann verlängert werden. Dies bedeutet, dass alle drei Monate das weitere Vorliegen der tatsächlichen oder rechtlichen Gründe, die eine Aufenthaltsbeendigung unmöglich machen, überprüft werden.

3.12 Alternativen zum Asylantrag

Im aufenthaltsrechtlichen Clearing nach der Erstverteilung muss auch immer eine Entscheidung getroffen werden, wie der Aufenthalt des umF gesichert werden kann.[380] Hierbei ist der Antrag auf internationalen Schutz nur eine der eventuell gegebenen Möglichkeiten. So wird bspw. bei der Herkunft des Minderjährigen aus einem sicheren Herkunftsstaat[381] das Ergebnis des Asylverfahrens in der Regel negativ ausfallen, d. h. eine Aufenthaltssicherung nicht gelingen.[382] Auch bei anderen Herkunftsländern, die nur eine geringe Schutzquote aufweisen[383], müssen andere aufenthaltsrechtliche Möglichkeiten geprüft werden. Denkbar sind auch Konstellationen, in denen das Asylverfahren selbst den umF über die Maßen belasten würde, bspw. in der Anhörungssituation. Auch in diesen Fällen ist eine Überprüfung der unterschiedlichen anderen Möglichkeiten der Aufenthaltssicherung zu prüfen.

Klargestellt sei aber, dass die folgenden Ausführungen keinen vollständigen Überblick über die aufenthaltsrechtlichen Möglichkeiten im Einzelfall geben, sondern lediglich einen Hinweis auf einige bestehende Regelungen darstellen. Auch kann platzbedingt nicht auf sämtliche im Einzelfall eventuell in der Norm liegende Probleme eingegangen werden. Es verbleibt auch hier bei einem Überblick.

---

379 In diesen Fällen ist die Wiedereinreise in den Herkunftsstaat nicht möglich.
380 Vgl. oben 3.8.1.2 Screening-Verfahren.
381 Vgl. oben 3.11.1.4 Erschwerung der Schutzanerkennung bei Herkunft aus einem sicheren Herkunftsstaat.
382 Und über die Klausel des § 10 Abs. 3 S. 2 AufenthG ist in diesen Fällen dann auch die Erteilung anderer Aufenthaltstitel ausgeschlossen.
383 D. h. dass keiner der oben genannten Schutzgründe vorliegt.

3.12.1 Isolierter Antrag auf Feststellung von nationalen Abschiebungsverboten

Wie oben ausgeführt, wird im Rahmen eines Antrages auf internationalen Schutz auch geprüft, ob sogenannte nationale Abschiebungsverbote vorliegen.[384] Dieser Antrag kann allerdings auch bei der Ausländerbehörde außerhalb eines Antrages auf internationalen Schutz bzw. eines Asylantrages gestellt werden.[385] In diesem Falle wird – gemäß § 72 Abs. 2 AufenthG unter Beteiligung des BAMF – geprüft, ob die Voraussetzungen eines nationalen Abschiebungsverbotes vorliegen. Sollte dies der Fall sein, wird ein Aufenthaltstitel gemäß § 25 Abs. 3 AufenthG für „mindestens" ein Jahr erteilt.

Bedenkenswert ist diese Möglichkeit bspw. bei der Herkunft des Minderjährigen aus einem sogenannten sicheren Herkunftsland. Durch die Beantragung nur des nationalen Abschiebungsverbotes kann das Eintreten der Sperrwirkung des § 60a Abs. 6 Nr. 3 AufenthG verhindert werden.[386]

3.12.2 Duldungsbeantragung, insbesondere zur Ausbildung

Möglich ist es auch, im ersten Schritt allein die Feststellung eines Abschiebungshindernisses zu beantragen, d. h. eine Duldung gemäß § 60a Abs. 2 AufenthG. Dies insbesondere deswegen, weil die Voraussetzungen von § 58 Abs. 1a AufenthG in der Regel nicht erfüllt sein dürften.[387] Die Duldung stellt hierbei zwar keine dauerhafte Aufenthaltssicherung dar, führt allerdings in einem ersten Schritt zur Aufenthaltsstabilisierung und kann Vorstufe einer weiteren Aufenthaltsverfestigung sein.

Wesentlich erweitert wurden die Möglichkeiten der Erteilung einer Duldung zum Zwecke der Ausbildung. Grundsätzlich ist die Erteilung einer sogenannten Ermessensduldung gemäß § 60a Abs. 2 S. 3 AufenthG möglich, wenn dringende persönliche Gründe die weitere Anwesenheit des Ausländers im Bundesgebiet erfordern. Ein solcher dringender Grund ist gemäß § 60a Abs. 2 S. 4 AufenthG nunmehr die Aufnahme einer qualifizierten Berufsausbildung in

---

384 Vgl. oben 3.11 Ende des Asylverfahrens, 3. 11.1 Gründe für eine Schutzanerkennung, 3.11.1.5 Nationale Abschiebungsverbote.
385 Daher die Formulierung „isolierter Antrag".
386 Vorteilhaft ist hierbei auch, dass ohne eine Stellung eines Antrages auf Internationalen Schutz keine Prüfung des sog. Dublin-Verfahrens ausgelöst wird. Dieses setzt gerade einen Antrag auf Internationalen Schutz voraus.
387 Achtung: Dies ist vorher im Einzelfall zu prüfen! Vgl. zu den Voraussetzungen des § 58 Abs.1a AufenthG oben 3. 11.3.2.1 Vollstreckungsvoraussetzungen, § 58 Abs. 1a AufenthG.

einem staatlich anerkannten Ausbildungsberuf oder einem vergleichbar geregelten Ausbildungsberuf in Deutschland, die Voraussetzungen des § 60a Abs. 6[388] nicht vorliegen und eine Aufenthaltsbeendigung nicht demnächst bevorsteht.

In diesen Fällen ist (!) eine Duldung für die im Ausbildungsvertrag bestimmte Dauer der Berufsausbildung zu erteilen.[389] Damit ist der Aufenthalt des Auszubildenden für die gesamte Dauer der Ausbildung gesichert.[390] Wenn die Ausbildung erfolgreich beendet wird, wird die Duldung für ein halbes Jahr verlängert, damit eine der erworbenen Qualifikation entsprechende Tätigkeit gesucht werden kann. Sollte eine Weiterbeschäftigung im Ausbildungsbetrieb möglich sein, ist ein Wechsel in den Aufenthaltstitel gemäß § 18a AufenthG möglich.[391]

3.12.3 § 18a AufenthG

Gemäß § 18a AufenthG kann eine Aufenthaltserlaubnis für qualifizierte Geduldete zum Zwecke der Beschäftigung erteilt werden.[392] Dies setzt voraus, dass der Ausländer im Bundesgebiet eine qualifizierte Berufsausbildung oder ein Hochschulstudium absolviert hat.[393]

Als weitere Voraussetzungen muss der Antragsteller über ausreichenden Wohnraum und über ausreichende Kenntnisse der deutschen Sprache verfügen. Weiterhin darf der Antragsteller – vereinfacht gesagt – keine Straftagen begangen haben und seine Aufenthaltsbeendigung nicht selbst verhindert haben.[394]

Sollte vorher eine Ausbildung im Status der Duldung gemäß § 60a Abs. 2 S. 4 AufenthG absolviert sein, so kann gemäß § 18a Abs. 1a AufenthG ein Aufenthaltstitel für zwei Jahre erteilt werden.[395]

---

388 Insbesondere kein Asylantrag aus einem sicheren Herkunftsstaat.
389 Vgl. § 60a Abs. 2 S. 5 AufenthG. Diese Duldung wird dann nicht erteilt.
390 Hierzu passend § 60a Abs. 2 S. 9 AufenthG, wonach die Duldung erlischt, wenn die Ausbildung nicht mehr betrieben oder abgebrochen wird. In diesen Fällen wird gemäß § 60a Abs. 2 S. 10 AufenthG noch einmal eine Duldung für ein halbes Jahr zur Suche einer neuen Ausbildungsstelle erteilt. Der Ausbildungsbetrieb hat gemäß § 60a Abs. 2 S. 7, 8 AufenthG den Abbruch der Ausbildung unverzüglich der Ausländerbehörde zu melden.
391 Vgl. § 18a Abs. 2 AufenthG. Dies ist die sog. „3+2"-Regelung.
392 Hinzu tritt eine Zustimmung der Bundesagentur für Arbeit zur Ausübung der Beschäftigung, allerdings gemäß § 18 Abs. 2 S. 1 AufenthG ohne die sog. Vorrangprüfung.
393 Vgl. § 18a Abs. 1 Nr. 2, 3 AufenthG für die anderen Fallalternativen.
394 Vgl. § 18a Abs. 1 Nr. 1–7 AufenthG.
395 Diese Aufenthaltserlaubnis wird dann widerrufen, wenn das der Erteilung zugrunde liegende Arbeitsverhältnis aus Gründen, die in der Person des Ausländers liegen, aufgelöst wird oder er aufgrund von Straftaten zu Geldstrafen über 50 Tagessätze verurteilt wird, vgl. § 18a Abs. 1b AufenthG.

3.12.4 § 25 Abs. 5 AufenthG

Einem Ausländer, dessen Ausreise aus rechtlichen oder tatsächlichen Gründen unmöglich ist, d. h. er Inhaber einer Duldung ist und mit dem Wegfall des Ausreisehindernisses nicht in absehbarer Zeit zu rechnen ist, kann ein Aufenthaltstitel gemäß § 25 Abs. 5 S. 1 AufenthG erteilt werden. Dies gilt gemäß § 25 Abs. 5 S. 3 AufenthG aber nur dann, wenn der Ausländer unverschuldet an der Ausreise gehindert ist.[396]

Gemäß § 25 Abs. 5 S. 2 AufenthG soll eine solche Aufenthaltserlaubnis erteilt werden, wenn die Abschiebung seit achtzehn Monaten ausgesetzt ist.[397]

3.12.5 § 25a

Als langfristige Perspektive ist § 25a AufenthG in den Blick zu nehmen, wonach ein Aufenthaltstitel für gut integrierte Jugendliche und Heranwachsende erteilt werden kann.

Dies setzt zunächst gemäß § 25a Abs. 1 S. 1 Nr. 1 AufenthG voraus, dass sich der Jugendliche oder Heranwachsende seit vier Jahren ununterbrochen erlaubt, geduldet oder gestattet im Bundesgebiet aufhält.

Weiterhin muss gemäß § 25 Abs. 1 S. 1 Nr. 2 AufenthG der Jugendliche oder Heranwachsende im Bundesgebiet in der Regel seit vier Jahren erfolgreich eine Schule besucht oder einen anerkannten Schul- oder Berufsabschluss erworben haben.

Der Antrag auf Erteilung der Aufenthaltserlaubnis muss gemäß § 25 Abs. 1 S. 1 Nr. 3 AufenthG vor Vollendung des 21. Lebensjahres gestellt werden. Dies bedeutet, insbesondere wenn man bedenkt, dass vier Jahre erfolgreicher Schulbesuch erwartet werden, dass der Schulbesuch vor Vollendung des 17. Lebensjahres begonnen worden sein muss.

---

[396] Ein Verschulden des Ausländers liegt gemäß § 25 Abs. 5 S. 4 AufenthG insbesondere dann vor, wenn der Ausländer falsche Angaben macht oder über seine Identität oder Staatsangehörigkeit getäuscht hat.
[397] Auch bei einem Innehaben eines Aufenthaltstitels gemäß § 25 Abs. 5 AufenthG entfällt der Anwendungsbereich des AsylbLG erst nach 18 Monaten Aussetzung der Abschiebung, vgl. § 1 Abs. 1 Nr. 3c AsylbLG. Dies bedeutet, dass auch erst nach diesem Zeitraum Leistungen nach den SGB-Büchern möglich sind.

Letztlich wird geprüft, ob erwartet werden kann, dass der Jugendliche oder Heranwachsende sich absehbar in die Lebensverhältnisse der Bundesrepublik Deutschland einfügen kann und keine konkreten Anhaltspunkte dafür bestehen, dass der Antragsteller sich nicht zur freiheitlich-demokratischen Grundordnung bekennt.[398]

Der Erteilung dieser Aufenthaltserlaubnis steht insbesondere nicht die Sperrwirkung des § 10 Abs. 3 S. 2 AufenthG entgegen, d. h. dass die Erteilung dieser Aufenthaltserlaubnis – was sonst ausgeschlossen ist – auch möglich ist, wenn das Asylverfahren als offensichtlich unbegründet abgelehnt wurde.

3.12.6 § 25b AufenthG

Gemäß § 25b AufenthG kann eine Aufenthaltserlaubnis bei nachhaltiger Integration in die Lebensverhältnisse der Bundesrepublik Deutschland erteilt werden. Dies setzt u. a. voraus, dass der Ausländer sich seit mindestens acht Jahren im Bundesgebiet legal aufhält.[399] Auch der Erteilung dieser Aufenthaltserlaubnis steht nicht die Sperrwirkung des § 10 Abs. 3 S. 2 AufenthG entgegen.

3.12.7 Aufenthaltsgewährung in Härtefällen

Wenn keine der aufenthalts- oder asylrechtlichen Möglichkeiten einschlägig sind bzw. erfolgreich sind, greift grundsätzlich die skizzierte Regelung, dass der Ausländer dann gemäß § 50 Abs. 1 AufenthG zur Ausreise aus Deutschland verpflichtet ist. Wenn dies der Fall ist, verbleibt als letzter Weg, einen Antrag bei der sogenannten Härtefallkommission zu stellen, vgl. § 23a AufenthG.

Diese kann im Einzelfall darum ersuchen, d. h. de facto beschließen, dass aufgrund des Schicksals im Einzelfall und obwohl die Voraussetzungen eines Aufenthaltstitel nicht erfüllt sind, ein Aufenthaltstitel an den Betroffenen erteilt wird. Gedacht werden kann hier bpsw. an Personen, die sich schon lange in Deutschland aufhalten und in ihrer Heimat keinerlei Anknüpfungspunkte mehr haben. Mit anderen Worten soll diese Härtefallkommission im Einzelfall prüfen, ob die strengen aufenthaltsrechtlichen Regelungen eventuell an dem zu behandelnden Fall vorbeigehen und das persönliche Schicksal des Betroffenen ist dann Anlass der Aufenthaltstitelerteilung.

---

398 Vgl. §§ 25a Abs. 1 S. 1 Nr. 4, 5 AufenthG.
399 Für die weiteren Voraussetzungen vgl. § 25b Abs. 1 S. 1 Nr. 1–5 AufenthG.

4 Traumatisierte umF – welche Unterstützung brauchen sie?

Dorothea Irmler

Hier wird ein Arbeitsmodell des Kinder- und Jugendprojektes im Therapiezentrum für Folteropfer (TZFO) des Caritasverbandes für die Stadt Köln[400] vorgestellt.

4.1 Einleitung

Die Schutzsuchenden (Erwachsene, Jugendliche und Kinder) kommen aus Kriegs- und Krisengebieten der verschiedensten Länder der Welt in das TZFO. Sie sind Überlebende von Verfolgung, Folter, Menschenrechtsverletzungen, Vertreibungen und Flucht. Oft sind sie schon in einem Klima von Bedrohung und Gewalt aufgewachsen. Kinder und Jugendliche haben physische und/oder psychische Gewalterfahrungen entweder selbst erlebt oder – wie bei zahlreichen Kindern – sie sind durch ihre traumatisierten Eltern sekundär traumatisiert. Um den Flüchtlingskindern und -jugendlichen in einer sinnvollen Weise gerecht zu werden, hat das TZFO seit über zehn Jahren ein spezielles Kinder- und Jugendprojekt eingerichtet.

Im vorliegenden Exkurs geht es um diejenigen Minderjährigen, die alleine, ohne Familie oder eine andere wichtige Bezugsperson, eine Flucht nach Deutschland überlebt haben. Für sie gilt eine ganz besondere Schutzbedürftigkeit.[401]

Um wichtige Gesichtspunkte in der Arbeit mit umF darzustellen, seien hier einige grundsätzliche Faktoren erfragt:
- Was ist ein Trauma?
- Was sind Traumafolgen?
- Wie erkenne ich, ob ein(e) Jugendliche(r) traumatisiert ist?

Danach werden die ersten wichtigsten Schritte der Hilfe für umF skizziert, sowie weitere längerfristige Unterstützungsmöglichkeiten, einschließlich Gedanken zur Resilienzförderung dargestellt. Auch die Frage, wann eine psychotherapeutische Behandlung angezeigt ist, wird beleuchtet.

---

400 Das Therapiezentrum für Folteropfer des Caritasverbandes für die Stadt Köln ist seit mehr als 30 Jahren auf die Beratung und Behandlung schwer traumatisierter Flüchtlinge spezialisiert. Das TZFO bietet ein umfassendes Angebot an ambulanter sozialarbeiterischer Beratung und Begleitung sowie psychotherapeutischer Behandlung.
401 Siehe hierzu auch das Kap. 2.4 Fluchtgründe und besondere Schutzbedürftigkeit von umF.

4 Traumatisierte umF – welche Unterstützung brauchen sie?

Zum Schluss wird ein Fallbeispiel eines umF, Sohrab, skizziert und zwar unter dem Gesichtspunkt von Resilienz.

4.1.1 Was ist ein psychisches Trauma?

Ein psychisches Trauma wird folgendermaßen definiert:

„[…] ein vitales Diskrepanzerlebnis zwischen bedrohlichen Situationsfaktoren und individuellen Bewältigungsmöglichkeiten, das mit Gefühlen von Hilflosigkeit und schutzloser Preisgabe einhergeht und so eine dauerhafte Erschütterung von Selbst- und Weltverständnis bewirkt."[402]

Kennzeichnend für eine traumatische Situation ist das Erleben von Bedrohung, Ausgeliefertsein, Entsetzen, Hilflosigkeit sowie Todesangst.

Kommen diese Kriterien im Zusammenhang mit dem Erleben von bestimmten Geschehnissen zur Anwendung, so ist – nach der Weltgesundheitsbehörde – das so genannte „A-Kriterium" erfüllt, das der Feststellung einer posttraumatischen Folgestörung immer zugrunde liegen muss.

Es gibt jedoch keine so genannte „wenn ... dann"-Beziehung, d. h. die Reaktions- und Verarbeitungsweisen traumatischer Erlebnisse sind individuell ganz verschieden, auch bei umF.

Traumatisierende Erlebnisse und die darauf folgenden posttraumatischen psychischen Prozesse stehen immer in Beziehung zu inneren und äußeren Schutzfaktoren bzw. inneren und äußeren Risikofaktoren. Es kann also zu Störungen, Symptomatiken und Retraumatisierungen kommen oder aber nach ersten Symptomen zu einer Restabilisierung und einem günstig verlaufenden Selbstheilungsprozess.

Dabei ist die Zeit nach traumatisierenden Erlebnissen von entscheidender Bedeutung, denn in dieser Zeit ist die Anfälligkeit für Retraumatisierungen ganz besonders hoch. In dieser Phase werden die Jugendlichen sehr oft im TZFO angemeldet. Aus diesem Grund kommt allen ersten Maßnahmen, die wir einleiten oder empfehlen, eine besondere Bedeutung, d. h. unverzichtbare Schutzfunktion, zu.

---

402 Fischer/Riedesser (2009), S. 142.

4.1.2 Traumafolgen

Bei den Folgen von Traumatisierung unterscheidet man zwischen vier verschiedenen Ebenen, auf denen Reaktionsweisen und Symptome beschrieben werden. Außerdem spricht man von den „erschütterten psychischen Grundannahmen".

4.1.2.1 Traumafolgen und Symptome
Akute Belastungsreaktion (ABR)
Vorübergehende, unmittelbar nach dem Trauma auftretende Symptome, die spätestens nach 48 Stunden abklingen.

Die Symptome umfassen Rückzug, Desorientierung, Ärger, verbale Aggression, Verzweiflung, Hoffnungslosigkeit, unangemessene oder sinnlose Überaktivität, unkontrollierbare und außergewöhnliche Trauer.

Akute Belastungsstörung (ABS)
Nicht chronisch, unter Umständen krankheitswertig, Dauer zwei Tage bis vier Wochen.

Die Symptome umfassen eine ausgeprägte dissoziative Symptomatik, wie z. B. emotionale Taubheit, Beeinträchtigung der bewussten Wahrnehmung, Störung des Gedächtnisses und des Ich-Erlebens, Intrusionen, Vermeidungsverhalten, intensives Leiden und Funktionsstörungen. Dissoziationen werden oft folgendermaßen beschrieben oder wahrgenommen: „Nicht richtig da sein"; „wie weggetreten sein"; im Gespräch „wie weggleiten"; „nicht mitkriegen, was um mich herum geschieht"; „hab nicht gemerkt, dass die Straßenbahn schon längst an meiner Haltestelle vorbeigefahren ist".

Anpassungsstörung (subklinische PTBS)
Der Beginn ist meist innerhalb eines Monats nach dem belastenden Ereignis, die Dauer nicht länger als sechs Monate, wobei eine begleitende depressive Reaktion bis zu zwei Jahren dauern kann.

Anpassungsstörungen sind Zustände von subjektivem Leiden und emotionaler Beeinträchtigung, die soziale Funktionen und Leistungen behindern. Sie treten während des Anpassungsprozesses nach einer entscheidenden Lebensveränderung, nach einem belastenden Lebensereignis oder auch nach einer schweren körperlichen Erkrankung auf.

Mögliche Symptome umfassen depressive Verstimmung, Angst, dauernde Besorgnis, Beeinträchtigung der schulischen/beruflichen Leistungsfähigkeit, sozial destruktives Verhalten, regressive Verhaltensweisen, Rückzugstendenzen.

Posttraumatische Belastungsstörung (PTBS)
Die PTBS kann die Symptomatiken von ABR, ABS und Anpassungsstörung umfassen. Sie zeichnet sich aber ganz besonders durch Intrusionen und deren Vermeidung, Vermeidungskomplex und Übererregung aus. Außerdem kann sie auch sehr viel später noch auftreten (late onset). Sie ist behandlungsbedürftig.

Mit Intrusionen sind alle Formen von unfreiwilligen Erinnerungsbildern gemeint, einschließlich Albträumen und Erleben, als ob die traumatisierenden Ereignisse wieder Realität wären (Flashbacks).

Häufig wird durch verschiedene Selbsthilfemaßnahmen versucht, den Intrusionen zu entkommen, z. B. durch Alkoholkonsum, Vermeidung von Schlafen.

Der Komplex der Vermeidung umfasst bewusste Strategien (z. B. Vermeidung die Sprache der Täter zu sprechen; Vermeidung von Orten und Menschen, die mit traumatisierenden Ereignissen zu tun haben), unbewusste Haltungen (z. B. emotionale Taubheit, Abgestumpftsein, dauerhafte Müdigkeit) und bestimmte Zustände (wie z. B. Erinnerungslücken, vermindertes Interesse an Aktivitäten, Gefühl der Losgelöstheit und Entfremdung von anderen Menschen).

Die Übererregung ist hauptsächlich vom autonomen Nervensystem gesteuert. Sie ist u. a. bemerkbar an aggressiven Durchbrüchen wegen nichtiger Anlässe, Schlaf- und Konzentrationsproblemen, Vergesslichkeit, übermäßiger Schreckhaftigkeit, Kopfschmerzen, diffusen Körperschmerzen, Magenschmerzen und weiteren körperlichen Symptomen, wie z. B. beeinträchtigtes Immunsystem, Herzproblemen.

4.1.2.2 Erschütterte psychische Grundannahmen
Die Traumafolgen können auch noch auf eine andere Weise beschrieben werden. Dies wird als die so genannten „shattered assumptions" zusammengefasst.

Diese psychischen Grundannahmen gehören zur existentiellen Ausstattung jedes Menschen. Wenn sie durch traumatisierende Ereignisse erschüttert werden, ist dies für die Betroffenen sehr quälend und behindernd in der Wahrnehmung des eigenen Selbst, der Welt und der Menschen. Besonders Misstrauen, Beziehungsprobleme, Suizidgedanken oder das Gefühl, keine Zukunftspläne machen zu können/wollen, können mit den shattered assumptions zu tun haben.

Nach traumatischen Erlebnissen sind eine oder mehrere der Grundannahmen fast immer erschüttert. Die Grundannahmen lassen sich folgendermaßen zusammenfassen:
- Der Glaube in die eigene persönliche Unverletzbarkeit („mir wird schon nichts passieren"; so kann auch der eigene Tod von den meisten Menschen nicht wirklich emotional antizipiert werden).
- Die eigene Sichtweise über das eigene Selbst als etwas Positivem, von dem es gut ist, auf der Welt zu sein.
- Der Glaube an die Welt (die eigene soziale Gemeinschaft) als einen Ort, der sinnvoll und im Wesentlichen geordnet funktioniert.
- Das Vertrauen, dass die Menschen im Grunde gut, verlässlich und vorhersehbar sind.

4.1.2 Erkennungsmöglichkeiten von Traumatisierung bei umF

Welche Bedeutung hat es, wenn ich erkenne, dass ein(e) Jugendliche(r) traumatisiert ist? In erster Linie hat dies Einfluss auf die Maßnahmen, die zur Unterstützung nötig sind.

Wie oben ausgeführt, gibt es verschiedene Folgen und Symptomatiken von traumatischen Erlebnissen. Nicht jede(r) Jugendliche(r), der/die sehr schlimme Erlebnisse durchgemacht hat – sowohl im Heimatland als auch auf der Flucht – zeigt die gleichen Folgen.

Es kann auch sein, dass ein(e) Jugendliche(r) Symptome oder Probleme zeigt, die teilweise vielleicht den oben genannten entsprechen, er aber in seiner Vorgeschichte keine Erlebnisse hatte, die das „A-Kriterium" erfüllen. Dann muss gefragt werden, ob er möglicherweise an einer anderen Erkrankung leidet und andere Unterstützungsmaßnahmen und Behandlungsformen benötigt.

Geschehnisse wie z. B. die Trennung von der Familie, Verlust eines Elternteiles durch Tod, Gewalterfahrungen, insbesondere auch sexuelle Gewalterfahrungen, Flucht, bedeuten immer, dass ein(e) Jugendliche(r) zwar traumatisierende Erlebnisse durchgemacht hat, aber das ist nicht gleichbedeutend damit, dass sie/er zwangsläufig unter einer behandlungsbedürftigen Posttraumatischen Belastungsstörung (PTBS) leidet.

Möglicherweise trägt der/die Jugendliche sehr viele innere Schutzfaktoren in sich, sodass er vielleicht unter einer Anpassungsstörung und einem ersten Schock des Ankommens in Deutschland und der kulturellen Verfremdung leidet; und wenn zusätzlich äußere Schutzfaktoren wirken, kann es ihr oder ihm vielleicht gelingen, keine schlimmeren und/oder länger anhaltenden Symptome zu entwickeln.

Unserer Erfahrung nach leiden umF, die traumatische Erlebnisse gehabt haben – bei denen also das A-Kriterium erfüllt ist – sehr häufig unter folgenden Symptomen:
Albträume, Schlafstörungen, Kopfschmerzen, Konzentrationsstörungen, Dissoziationen, Rückzugsverhalten. Flashbacks, Depressionen, Verschlossenheit, aggressive Durchbrüche und Suizidgedanken kommen auch oft vor, jedoch nicht so ausgeprägt wie die anderen Symptome.

Wenn ein(e) Jugendliche(r) unter einer und/oder einigen dieser Verhaltensweisen und Beschwerden leidet, wie kann dann geholfen werden?

4.2 Erste Unterstützungsmaßnahmen für traumatisierte umF

Nicht selten bekommen wir im TZFO Anmeldungen von besorgten BetreuerInnen aus Jugendhilfeeinrichtungen, die z. B. folgendermaßen lauten: „In unserer Wohngruppe wohnt ein Jugendlicher aus Afghanistan. Er hat wohl Schlimmes erlebt, wir wissen nichts genaues, er ist traumatisiert und braucht dringend Therapie."

4.2.1 Zeit zum Ankommen
Diese Anmeldung ist für uns der Beginn für viele Fragestellungen, die immer am Anfang zur Klärung der gegenwärtigen Situation stehen:
- Wie lange ist der Jugendliche in Deutschland und wie lange lebt er schon in der Einrichtung?
- Hat er einen Vormund?
- Welchen Aufenthaltsstatus hat er?
- Wie sieht sein Tagesablauf aus?
- Hat er Kontakt in der Einrichtung zu den Betreuern und/oder den anderen Jugendlichen?
- Gibt es Probleme im Tagesablauf?
- Lernt er Deutsch?
- Woran merkt der Betreuer, dass er traumatisiert ist bzw. eine Therapie braucht?

4.2 Erste Unterstützungsmaßnahmen für traumatisierte umF

Möglicherweise stellt sich Folgendes heraus:
Der Jugendliche kam vor drei Wochen in die Wohngruppe, nachdem er zuvor vier Wochen in einer Erstunterbringungseinrichtung lebte. Er ist vor ca. sieben Wochen nach Deutschland gekommen. Er hat jetzt einen Vormund, der noch keinen Asylantrag gestellt hat. Er hat eine Duldung. Der Jugendliche hat den Vormund bisher einmal gesehen.

Wichtig ist aber, dass der Jugendliche vom Jugendamt in Obhut genommen wurde, was leider nicht immer bei allen umF der Fall ist (siehe hierzu auch das Kapitel „Inobhutnahme").

Er bekommt dreimal wöchentlich vormittags Sprachunterricht und lernt überraschend schnell, aber eine Schule o. ä. ist noch nicht gefunden. Er hält sich ganz viel in seinem Zimmer auf. Er spricht nicht über das, was er erlebt hat. Er ist freundlich zu allen, er hält sich an alle Regeln, er will pausenlos lernen, wirkt aber irgendwie traurig. Er klagt über Kopfschmerzen und dass er nicht einschlafen kann.

Als nächsten Schritt würden wir in einem solchen Fall ein Erstgespräch mit dem Jugendlichen vereinbaren und einen Dolmetscher hinzuziehen. Das Erstgespräch würde dazu dienen, abschätzen zu können, ob der Jugendliche eventuell an weiteren Symptomen leidet, über die er sonst nicht spricht. Das würde eine erste Klärung ermöglichen, ob er wirklich sofort eine psychotherapeutische oder vielleicht sogar eine jugendpsychiatrische Behandlung benötigt oder ob eine Zeit des Ankommens vonnöten ist, um dann in einigen Wochen weiter zu klären, welchen Unterstützungsbedarf er insgesamt hat bzw. ob er weitere und dauerhaft Symptome zeigt, die eine Behandlung erforderlich machen.

Vielleicht würde sich herausstellen, dass der Jugendliche sich sehr große Sorgen über seinen Aufenthalt macht. Darf er bleiben, wie geht es weiter mit ihm? Wird er in der Wohngruppe wohnen bleiben? Wann darf er eine Schule besuchen? Das sind die vorrangigen Sorgen, die er äußert und die seine Kopfschmerzen und die Schwierigkeit einzuschlafen nachvollziehbar machen.

All dies macht deutlich, dass der Jugendliche erst einmal Zeit zum Ankommen und noch keine Psychotherapie benötigt – Ankommen mit all den Fragestellungen: „Wo bin ich? Mit wem wohne ich? Was sind das für Leute hier? Welche Regeln gelten hier? Darf ich bleiben? Werde ich abgeschoben?"

4 Traumatisierte umF – welche Unterstützung brauchen sie?

Vor allem benötigt er die Sicherheit, dass er bleiben darf, dass die Wohngruppe, in der er jetzt lebt, zu einem sicheren Ort für ihn werden kann, dass er nicht wieder den Wohnort wechseln muss.

Es ist deutlich, dass er auch Zeit für einen Selbstheilungsprozess benötigt, mit einer guten Ausgewogenheit zwischen Aktivität und Muße, Zeit zur Orientierung. Zeit zur Muße und Entspannung ist etwas sehr wichtiges, da z. B. die Tatsache, sich permanent in einer fremden, neuen Sprache verständigen zu müssen, sehr anstrengend sein kann.

Er benötigt eine verlässliche, klare, vorhersagbare Bezugsbetreuerin, zu der er allmählich eine Beziehung aufbauen kann.

Er braucht Zeit, um Vertrauen aufzubauen und Zugehörigkeit zu entwickeln – zu seiner Wohngruppe, vielleicht zu einem Freund, einer Kirchengemeinde, einer Ehrenamtlichen.

In der Zeit des Ankommens spielen auch viele Kleinigkeiten eine große Rolle, z. B. Transparenz und Erklärungen bezüglich der geltenden Regeln, der Dienstzeiten des Teams der BetreuerInnen; Zeit zu Gesprächen, in denen vieles erklärt werden kann, damit die deutsche Umgebung nicht völlig fremd bleibt (Erklärung von Feiertagen, jahreszeitlichen Gegebenheiten, Essensgewohnheiten, Freundschaften, alle „ungeschriebenen" kulturellen Regeln, etc.).

Der Jugendliche benötigt außerdem von Anfang an einen engagierten Vormund, der sich um seine Aufenthaltssituation kümmert.

4.3 Längerfristige Unterstützungsmaßnahmen für traumatisierte umF

In erster Linie geht es sowohl bei den ersten Hilfsmaßnahmen als auch bei den längerfristigen um Stabilisierung. Die Stabilisierung sollte die äußere Stabilisierung, aber auch die seelische umfassen.

Zur äußeren Stabilisierung gehört ein engagierter Vormund, Klärung der Aufenthaltssituation mit der Schaffung einer langfristigen Perspektive, eine adäquate Unterbringung in einer Jugendhilfeeinrichtung, Spracherwerb und schulische Möglichkeiten mit der Perspektive, später dann auch einen Beruf erlernen zu können.

4.3.1 Bezugspersonen

Außerdem ist es wichtig, dass die Jugendlichen sicher sein können, dass ihnen wenigstens eine Bezugsperson in Deutschland möglichst dauerhaft erhalten bleibt. Denn viele umF haben sehr schnell nach ihrer Ankunft die Information, dass mit dem 18. Lebensjahr sich alles für sie ändern wird – dass sie ihren Vormund verlieren, dass sie aus der Unterbringung ausziehen müssen etc. Der bedrohliche Gedanke, dass sie dann wieder genauso verlassen und ausgeliefert sind wie bei der Ankunft in Deutschland oder gar abgeschoben werden, liegt nahe und belastet unserer Erfahrung nach sehr viele umF von Anfang an.

Hinzu kommt, dass in sehr vielen Jugendhilfeeinrichtungen ein häufiger Personalwechsel stattfindet. Das kann für umF unter Umständen viele weitere Beziehungsverluste bedeuten, was im Hinblick auf zuvor erlittene Verluste von elterlichen Bezugspersonen oft nur schwer zu verkraften ist.

Diese Bezugsperson kann ein Vormund sein, der über das 18. Lebensjahr hinaus bereit stehen sollte. Es kann eine ehrenamtlich tätige Person sein, ein Lehrer, ein Gruppenleiter oder ein Meister aus einer Jugendwerkstatt, der Pfarrer einer Kirchengemeinde etc.

Diese Person sollte ganz unerschütterlich und unabhängig von Erfolgen/Leistungen des oder der Jugendlichen ihn oder sie auf dem schwierigen Weg zum Erwachsenwerden begleiten.

4.3.2 Förderung von Resilienz

Unter Resilienz wird die Fähigkeit von Menschen verstanden, Krisen im Lebenszyklus unter Rückgriff auf persönliche und sozial vermittelte Ressourcen zu meistern und eventuell sogar als Anlass für Entwicklung zu nutzen. Resilienz ist kein statisches Persönlichkeitsmerkmal, sondern kann sich im Laufe des Heranwachsens und Lebens entwickeln, verstärken oder verringern.

Resilienz ist das „Produkt" eines gelungenen, sinnvollen Abwehr- und Verarbeitungsprozesses aversiver, widriger Lebensumstände.

Was zur Förderung von Resilienz wichtig ist, kann mit den sogenannten „4 Bs" zusammengefasst werden:
- Bindung
- Bildung
- Bewusstsein für Selbstwirksamkeit
- Bausteine guter Erinnerungen

4 Traumatisierte umF – welche Unterstützung brauchen sie?

Wie wichtig der Gesichtspunkt der Bindung ist, wurde bereits oben deutlich.

In Bezug auf Bildung wurde schon in dem oben erwähnten Beispiel deutlich, dass der Jugendliche sofort das Thema Schule einbrachte. Dies ist aus unserer Erfahrung im TZFO sehr typisch. Die meisten umFs haben einen großen Willen, einen Schulabschluss und eine Ausbildung zu machen (siehe hierzu auch das Kapitel „Bildung und Ausbildung" unter 3.13). In vielen Fällen tragen die Jugendlichen das Ziel eines zu erlernenden Berufes als Vermächtnis oder Auftrag ihrer Eltern mit sich.

Oftmals unterschätzen sie jedoch aus Unkenntnis den langen Weg dorthin. Oder aber sie machen aufgrund ihrer Symptome wie z. B. Konzentrationsschwierigkeiten, Dissoziationen, Schlafprobleme, Ängste und allgemeine Sorgen und Belastungen nicht so schnelle Fortschritte, wie sie sich das wünschen oder wie sie das bei anderen, weniger belasteten Jugendlichen in ihrer Umgebung sehen.

Nachhilfe- und Förderunterricht und viel Ermutigung sind nötig und werden oftmals von Ehrenamtlichen in unkonventioneller und sehr motivierender Weise geleistet.

Das Bewusstsein für Selbstwirksamkeit ist ein existenziell wichtiges Selbstgefühl, das aber gerade bei traumatisierten Flüchtlingsjugendlichen oftmals sehr empfindliche Beschädigungen erlitten hat. Denn die traumatisierenden Erlebnisse waren überwältigend und sie haben nichts dagegen tun können. Des Weiteren sind die kulturellen, sozialen und rechtlichen Rahmenbedingungen in Deutschland zunächst einmal wie ein undurchdringlicher, unverständlicher Dschungel, der sie von einem Gefühl der Selbstwirksamkeit weit entfernt fühlen lässt.

Umso wichtiger ist es, dass die Jugendlichen Erfolgserlebnisse haben, dass sie fremde Situationen verstehen lernen, dass sie allmählich selbstständig alltägliche Dinge regeln und alltägliche Situationen meistern können.

Und es ist hilfreich, an die Tatsache anzuknüpfen, dass die umF in der Regel sehr viel überstanden und bewältigt haben – wenn man sich nur die vielen, langen Fluchtwege vergegenwärtigt. Diese Leistungen der Jugendlichen ernst zu nehmen und zu würdigen, trägt ebenfalls zu einem erstarkenden Gefühl der Selbstwirksamkeit bei.

Die Bausteine guter Erinnerungen helfen, ein Gegengewicht gegen die schlimmen, traumatisierenden Erlebnisse zu schaffen. Die guten Erinnerungen können im „hier und jetzt" geschaffen werden mit guten Erlebnissen, z. B. während einer Gruppenfahrt, durch Kochen heimatlicher Gerichte, einer freundschaftlichen Atmosphäre in der Wohngruppe, regelmäßige sportliche gute Erlebnisse.

Sehr hilfreich ist es, diese guten Erlebnisse festzuhalten, wie z. B. ein Fotoalbum anzulegen, ein Bild dazu zu malen.

Gute Erinnerungen verdichten sich innerlich zu guten und unterstützenden inneren „Gefährten". Und es ist genauso wichtig, dass sie die Hoffnung schaffen, weitere gute Erfahrungen machen zu können. Das belebt den unverzichtbaren Lebensmut, von dem umF eine sehr große Portion benötigen.

Wie deutlich geworden sein dürfte, können und müssen an der Förderung von Resilienz von umF viele mitwirken, Fachleute (z. B. Pädagogen, Lehrer, Trainer) und/oder Laien. Zu den beteiligten Fachleuten können – müssen aber nicht notwendigerweise für jeden umF – auch Psychotherapeuten zählen.

4.3.3 Therapiemöglichkeiten
Wann ist eine Psychotherapie erforderlich?

Eine Therapie ist dann angezeigt, wenn ein(e) Jugendliche(r) über einen längeren Zeitraum unter Symptomen leidet (s. o.), die sich durch Stabilisierungsmaßnahmen nicht bessern. Eine weitere Indikation sind Suizidgedanken, Albträume, Dissoziationen über einen längeren Zeitraum sowie Depressionen.

Psychotherapeutische Behandlungen von umF können entweder in der Gruppe oder in Einzeltherapien erfolgen.

Selbstverständlich ist, dass der/die Jugendliche einer Therapie zustimmt. Die Ausnahme ist Selbst- und/oder Fremdgefährdung. Bei Depressionen und Schlafstörungen ist unter Umständen auch eine psychiatrische Medikation als flankierende Maßnahme sehr hilfreich.

Das Ziel ist, zuerst eine seelische Stabilisierung zu erreichen, damit dann eventuell in weiteren Schritten eine Traumabearbeitung erfolgen kann. Die Traumabearbeitung steht jedoch nie am Anfang einer Behandlung.

Die Therapie ist ein symbolischer Raum, in dem die Jugendlichen lernen können, Gefühle auszudrücken, zu sortieren und zu regulieren (insbesondere Gefühle von Trauer, Schuld-, Scham-, Wut- und Rachegefühle). Außerdem geht es darum, die Selbstidentität neu zu entwickeln und zu stärken (einschließlich der sexuellen Identität). Beziehungsmuster werden in der Beziehung zur Therapeutin reflektiert und ggf. behutsam verändert. Psychische Stabilisierungstechniken zur Erschließung innerer und äußerer Ressourcen werden erlernt (ganz besonders auch im Hinblick auf Trost und Beruhigung). Schließlich können Traumaerlebnisse ausgedrückt und integriert werden. Letzteres geschieht nur nach gründlicher Stabilisierung und nur, wenn der Jugendliche deutlich macht, dass er/sie dazu bereit ist.

Die Methoden können verbale und nicht-verbale Techniken umfassen, z. B. kunst- oder körpertherapeutische Techniken.

Die Dauer von psychotherapeutischen Behandlungen ist individuell sehr verschieden, unserer Erfahrung nach jedoch meistens mindestens 1,5 bis 2 Jahre, vorausgesetzt, dass die äußeren Stabilisierungs- und Unterstützungsmaßnahmen wohl etabliert sind.

4.4 Ein Fallbeispiel

Im Folgenden wird ein Beispiel eines traumatisierten Jugendlichen, Sohrab, aus Afghanistan dargestellt und zwar ganz unter dem Gesichtspunkt von Resilienz und Resilienzförderung.

Anmeldung von Sohrab aus Afghanistan im TZFO
- 17 Jahre
- Anmeldung im TZFO
- Anmeldungsgründe:
- Seit einem Monat in Köln,
- „traumatisiert",
- langer Fluchtweg,
- unterernährt,
- Schlafstörungen,
- Albträume,
- traurig,
- isoliert, zieht sich zurück, wenig Kontakt,
- Antidepressiva vom Hausarzt,

4.4 Ein Fallbeispiel

- große Sorgen der Betreuer in der Erstunterbringungseinrichtung und der Dolmetscherin.

Erster Eindruck von Sohrab:
- Sehr höflich, freundlich,
- ängstlich,
- belastet,
- gefasst,
- sehr aufmerksam,
- blass, extrem dünn, zierliche mittelgroße Gestalt,
- „jungenhaft", abstehende „unordentliche" Haare.

Im Laufe des Erstgespräches mit der Dolmetscherin wird er zunehmend offener und erzählt viel von sich aus über gescheiterte Flucht, Angst vor Abschiebung, Hoffnungslosigkeit und dass er keine Kraft mehr und Suizidgedanken habe.

Beurteilung der Resilienz von Sohrab:
Faktoren vor der Flucht, die die Resilienz stärkten:
- Sichere Bindung an die Familie (Vater, Mutter, Schwester),
- gute Beziehung zum Vater, dem er bei seinen Arbeiten half,
- sehr gute Beziehung zur Mutter, deren Erstgeborener er ist,
- Gefühl, ein Liebling des Großvaters mütterlicherseits zu sein,
- Gefühl, dass der Großvater für alle Probleme immer eine Lösung und die notwendigen Beziehungen hatte,
- Humor des Großvaters, der dafür bekannt war,
- viele Freunde im Dorf,
- Schulbesuch in Kabul,
- Mitverantwortung für den Lebensunterhalt der Familie,
- stolz auf handwerkliche Fähigkeiten und eigenen Verdienst in einer Metallwerkstatt,
- stolz auf Gründlichkeit, „Perfektionismus",
- Sicherheit in der guten moralischen, religiösen Haltung seiner Familie.

Faktoren vor der Flucht, die die Resilienz schwächten:
- Wunsch, in die Schule zu gehen, konnte nicht erfüllt werden (Schule zu weit weg, Weg dorthin zu gefährlich),
- Sorgen der Eltern um den Lebensunterhalt,
- Geschehnisse und Gerüchte in Bezug auf die Taliban,
- 8,5 Jahre alt – Flucht nach Kabul wegen Übergriffen der Taliban,
- Heimweh nach dem Dorf,

- 12 Jahre alt – Abbruch der Schule nach 3,5 Jahren wegen Miterleben eines Selbstmordattentats in Kabul,
- dreimonatige Krankheit nach dem Selbstmordattentat,
- Selbstunsicherheit, weil er nicht genügend lesen, schreiben und rechnen kann
- 16,5 Jahre alt – Inhaftierung und Ermordung des Vaters,
- ethnische Konflikte: seine Zugehörigkeit zur ethnischen Gruppe der Hazara,
- Angst vor Vergeltung durch die paschtunische Familie,
- 17 Jahre alt – Opfer eines gewaltsamen Überfalls im Zusammenhang mit Blutrache.

Faktoren auf der Flucht, die die Resilienz schwächten:
- Großvater entschied Sohrabs Flucht alleine, Sohrab hatte keine Entscheidungsmöglichkeit,
- 17 Jahre alt – Trennung von seiner Familie,
- alleine den Fluchthelfern ausgeliefert,
- Mitansehen müssen, dass andere Mit-Flüchtlinge sich verletzten und starben, ohne dass die Fluchthelfer Hilfe erlaubten,
- Todesangst bei Überfahrt in überfülltem Boot von der Türkei nach Griechenland,
- Todesangst bei Ankunft in Griechenland, als bewaffnetes Militär auf ihn zukam,
- mangelhafte Ernährung auf dem gesamten Fluchtweg,
- aufgegriffen werden von der Polizei in Deutschland.

Faktoren nach der Flucht, die die Resilienz schwächen:
- Völlige Verunsicherung durch Sprach- und Kulturschock,
- völlige Verunsicherung wegen Undurchschaubarkeit der deutschen Gesetze (Asylrecht),
- völlige Verunsicherung durch plötzliche Veränderung seines Minderjährigenstatus, Unterbringung in einer Flüchtlingsunterkunft,
- Gefühl, ausgeliefert und ohnmächtig zu sein; nicht für sich sorgen zu können,
- nichts von den wichtigen Vorgängen, die sein Leben betreffen (Asylrecht), verstehen zu können,
- Angst vor Abschiebung,
- Gefühl der Bindungs- und Zukunftslosigkeit,
- Trauer um den Vater,
- dauerhafte Trennung von seiner Familie,
- Sorgen um das Wohlergehen und die Sicherheit seiner Familie
- Gefühl, den Erwartungen und dem Einsatz seiner Familie nicht gerecht geworden zu sein,

- Schuldgefühl, in einer sicheren Gesellschaft zu leben, während in Afghanistan Krieg herrscht,
- seine Sorgen und Nöte seiner Familie nicht mitteilen zu dürfen,
- Leben in einer Flüchtlingsunterkunft mit vielen psychisch sehr belasteten Männern aus unterschiedlichen Herkunftsländern,
- Leben mit Erwachsenen, die Alkohol zu sich nehmen, rauchen etc. – seinen Moralvorstellungen nicht entsprechen,
- Gefühl der Verunsicherung, weil er die Sprache nicht so schnell erlernt wie andere Jugendliche aus Afghanistan.

Faktoren nach der Flucht, die die Resilienz stärken:
- Hoffnung, dass er in Deutschland doch einen sicheren Aufenthalt bekommen wird,
- Erleichterung über die existentielle Sicherheit (keine Gefahr für Leib und Leben),
- stolz darauf, zur „Schule" zu gehen,
- stolz auf seine handwerklichen Leistungen,
- stolz auf die hohe Anerkennung durch seinen Meister und die anderen Schüler in der Jugendwerkstatt,
- stolz auf sein gutes Selbstmanagement (Zuverlässigkeit, Pünktlichkeit) und Anerkennung dessen,
- stolz darauf, zu seinen Rechtsanwaltskosten beitragen zu können
- gute Vernetzung und Freundschaften mit anderen afghanischen Jugendlichen,
- Übernahme von Verantwortung für jüngere Jugendliche aus Afghanistan,
- Vorbild für andere Jugendliche wegen seiner Ordentlichkeit etc.,
- Spaß an und am Ausprobieren von westlichem Kleidungsstil,
- Bindung an das TZFO, Offenheit für alle unterstützenden Angebote.

Eingeleitete Maßnahmen zur direkten und indirekten Stärkung der Resilienz:
- Kontakt mit der Jugendhilfeeinrichtung (Vernetzung),
- Vermittlung eines Rechtsanwaltes zur Regelung der aufenthaltsrechtlichen Belange,
- Vermittlung medizinischer Versorgung,
- Vermittlung von Sprachunterricht,
- Vermittlung in eine Jugendwerkstatt, Fachrichtung Metall,
- regelmäßige therapeutische Gespräche,
- Vermittlung in die psychotherapeutische Jungengruppe im TZFO.

4 Traumatisierte umF – welche Unterstützung brauchen sie?

Kulturspezifische Aspekte zur direkten und indirekten Stärkung der Resilienz:
- Vermittlung in die psychotherapeutische Jungengruppe, in der u. a. die Festtage des afghanischen Kalenders beachtet bzw. gemeinsam gestaltet werden,
- arbeiten mit einer Dolmetscherin, die die kulturellen Regeln versteht,
- immer wieder Versicherung, dass er alles richtig macht und die Erwartungen seiner Familie nach besten Kräften und im Rahmen des hier Möglichen erfüllt,
- ermutigen und bestätigen, Verantwortung für jüngere afghanische Flüchtlinge zu übernehmen,
- Erinnerungen an den Humor des Großvaters,
- Unterstützung beim Entwickeln einer „dritten" Kultur,
- vermitteln zwischen afghanischen Wertvorstellungen und deutschen Notwendigkeiten (afghanische männliche Ehre und Erwachsensein vs. deutsches Asylrecht und deutsches Bildungssystem von langen Ausbildungszeiten, Abhängigkeiten).

Bisherige Entwicklung von Sohrab – gestärkte Resilienz:
- Verminderung seiner Symptome (kaum noch Albträume, kein sozialer Rückzug mehr),
- sehr viel bessere Selbstversorgung (Kochen mit anderen),
- gute Konzentrationsfähigkeit in der Jugendwerkstatt,
- Bindung an den Meister in der Jugendwerkstatt, dem er von sich aus bestimmte handwerkliche Techniken zeigt,
- gute soziale Vernetzung mit anderen afghanischen Jugendlichen,
- Wunsch nach intensivem Schulbesuch ab dem Sommer 2011 durchgesetzt,
- größere Offenheit seiner Familie gegenüber, wenn er in Deutschland Schwierigkeiten hat,
- sportliche Aktivitäten aufgenommen, vor allem Fußball,
- zeigt Humor, z. B. auch in schwierigen Situationen in der Flüchtlingsunterkunft.

In welchen Bereichen braucht Sohrab weitere Resilienzstärkung?
- Gesundheit,
- Bildung,
- Bindung.

4.5 Schlussbemerkung

Wie aus den Ausführungen deutlich geworden ist, haben umF einen sehr speziellen und hohen Schutz- und Unterstützungsbedarf.

Die Flüchtlingsjugendlichen, auch wenn sie traumatisiert sind, bringen jedoch in den meisten Fällen sehr viel Potenzial mit und den Willen, „es irgendwie zu schaffen". Die meisten meinen damit, dass sie – trotz aller Schmerzen, ihre Heimat und Familie nicht mehr zu haben – in Deutschland einen Schulabschluss machen und einen Beruf erlernen möchten. Viele träumen davon, dass sie irgendwann vielleicht selbst eine Familie gründen können oder dass sie doch in ihre alte Heimat zurückkehren können. So muss das Ziel aller Bemühungen sein, dass die traumatisierenden Erlebnisse integriert werden können und dass sie den Weg zur Erreichung dieser Ziele und Wünsche nicht behindern.

Diejenigen Fachleute und Laien, die umF auf ihrem Weg begleiten und/oder begleitet haben, werden nicht unbedingt wissen, welchen Beitrag sie jeweils geleistet haben. Das jedoch ist ein lohnenswerter Preis.

Es gibt – und das soll nicht unerwähnt sein – selbstverständlich auch einen anderen Preis, nämlich den realen finanziellen. Traumatisierte, minderjährige, unbegleitete Flüchtlinge so zu unterstützen, dass psychische Wunden in die Biographien integriert und sinnvolle Lebensziele und gesellschaftliche Teilhabe erreicht werden können, kostet Geld – es sind Beträge, die sozusagen gut angelegt sind. Dies den Verantwortlichen immer wieder klar zu machen, ist auch eine wichtige Aufgabe aller an der Unterstützung von umF-Beteiligten.

5 Praxisbeispiele

5.1 Unbegleitete minderjährige Flüchtlinge in Freiburg

Jakob Schwille

5.1.1 Einleitung

Die Arbeit mit unbegleiteten minderjährigen Flüchtlingen (umF) war zunächst sehr vom Aufbau- und Ausbau der Platzkapazitäten in einigen wenigen Städten und Landkreisen geprägt. Seit dem Umverteilungsgesetz von November 2015 ist nun das Arbeitsfeld umF in jeder Kommune der Republik angekommen und stellt alle Beteiligten vor große Herausforderungen. An den Orten, an denen schon seit Jahren umF versorgt und betreut sowie Konzepte entwickelt wurden, werden nun teilweise Kapazitäten wieder abgebaut. Mit den Platzkapazitäten geht auch Know-how im Umgang mit der Zielgruppe der umF verloren, das anderswo bisher noch fehlt und entsprechend aufgebaut werden muss. In diesem Spannungsfeld entsteht dieser Beitrag.

Zentrales Anliegen dieses Beitrages ist es, die Arbeit mit umF aus dem Blickwinkel der Jugendhilfe und der Sozialen Arbeit zu beleuchten. Lange Zeit wurde die Zielgruppe vor allem aus juristischer und psychologischer Sicht betrachtet. In den letzten Jahren hat sich die Jugendhilfeperspektive ausdifferenziert und erheblich an Bedeutung gewonnen. Seit dem vermehrten Zuzug von Flüchtlingen im Herbst 2015 veränderte sich das Bild jedoch deutlich. Der Vorrang des Kindeswohls in allen Verfahrensschritten mit Bezug auf Flüchtlingskinder und Flüchtlingsjugendliche wird durch aufenthaltsrechtliche Veränderungen mehr und mehr eingeschränkt. Neuerdings werden Flüchtlinge mit guter bzw. schlechter Bleibeperspektive unterschieden. Im Sinne des Kindeswohls ist dies unzulässig. Der vorliegende Text soll dazu beitragen, dieser Entwicklung entgegenzuwirken. Er soll zudem Hinweise liefern, wie die Arbeit mit umF mit hohen Qualitätsstandards gelingen kann und warum diese hohen Qualitätsstandards notwendig, wenn nicht sogar zwingend erforderlich sind.

Die Arbeit mit umF in Freiburg wird von allen Beteiligten als gelingend beschrieben, weswegen sie hier vorgestellt werden soll. Dabei gilt es zu berücksichtigen, dass das Übertragen eines Systems von einer Kommune auf die andere nur bedingt möglich und sinnvoll ist, da die Struktur der Arbeit mit umF immer auch von den lokalen Gegebenheiten abhängt. Es können jedoch Anleihen genommen und diese angepasst und weiterentwickelt werden. Erfahrungsgemäß lohnt es sich, für jede Kommune und Region ein maßgeschneidertes umF-Konzept zu erarbeiten.

Im Folgenden wird kurz auf den Begriff der umF eingegangen. In den darauffolgenden beiden Abschnitten wird die Entwicklung der umF-Arbeit in Freiburg und dem Christophorus Jugendwerk dargestellt. Anschließend werden einzelne Grundprämissen der Arbeit mit umF, die für das Christophorus Jugendwerk handlungsleitend sind, beschrieben.

5.1.1.1 Zum Begriff umF/umA

UmF? UmA? MuF? Junger Flüchtling? Jugendlicher mit Fluchthintergrund? Aktuell werden viele verschiedene Begriffe verwendet. Gemeinsam ist ihnen, dass sie alle nur ein Versuch sein können, eine Situation zu beschreiben, in der sich eine Gruppe junger Menschen befindet. Der Begriff umF stellt keine (behandlungsbedüftige) Diagnose dar. Er beschreibt vielmehr eine Situation, in der sich ein junger Mensch befindet (ohne formal Erziehungsberechtigten als Minderjähriger mit ungeklärtem rechtlichem Status in einem für ihn fremden Land). Das SGB VIII beschreibt die umF als „ein ausländisches Kind oder ein ausländischer Jugendlicher [, der oder die] unbegleitet nach Deutschland kommt und sich weder Personensorge- noch Erziehungsberechtigte im Inland aufhalten" (§42 Abs. 1 S. 3 SGB VIII).

Der im Zuge des neuen Umverteilungsgesetzes von November 2015 eingeführte Begriff des unbegleiteten minderjährigen Ausländers (umA) scheint eine ausschließlich juristische Nachjustierung. Hiermit wird zwar aus rechtlicher Sicht die Zielgruppe genauer gefasst (nicht alle umF sind Flüchtlinge nach der Genfer Flüchtlingskonvention), gleichzeitig wird jedoch auch eine (zumindest in der Alltagssprache) weit verbreitete negative Konnotation mit dem Begriff „Ausländer" verbunden. Dies macht auch der Bundesfachverband umF e. V. (BumF) in seiner Stellungnahme im Dezember 2015 deutlich[403]. In der Fachwelt wurde der neue Begriff der umA sehr schnell unreflektiert übernommen. Dabei wurde die Chance vertan, aus Sicht der Kinder- und Jugendhilfe auch in der Namensgebung den Vorrang des Kindeswohls vor ordnungspolitischen Maßnahmen zu verdeutlichen. Die Kinder- und Jugendhilfe ist gefordert, die Begrifflichkeit nicht unüberlegt zu übernehmen und ggf. auch eigene Begriffsdefinitionen zu formulieren. Zentral ist dabei, dass umF oder umA in erste Linie als Minderjährige oder junge Volljährige wahrgenommen werden, „als Kinder und

---

[403] Vgl. BumF, Kritik an der Bezeichnung „unbegleitete minderjährige Ausländer_in", 2015.

5.1 Unbegleitete minderjährige Flüchtlinge in Freiburg

Jugendliche, die aufgrund ihrer Flucht spezifische Bedürfnisse haben, aber die gleichen Ansprüche auf Hilfen und Unterstützung wie andere Minderjährige auch."[404] Barbara Noske weist schon in ihrem Artikel 2011 darauf hin, dass alle Begriffe nur Konstrukte mit bestimmten Zuschreibungen sein können[405]. Weitgehend unberücksichtigt bleibt bisher in der Fachdiskussion die Perspektive der Zielgruppe selbst.

Festzuhalten bleibt, dass es sich um eine sehr heterogene Gruppe handelt, die sich vor allem durch einen gemeinsamen rechtlichen Status in Deutschland vereint. Darüber hinaus zeigen sich in jedem Fall individuelle Hilfebedarfe, die jeweils gesondert zu betrachten sind.

Versucht man die Gruppe der umF aus Sicht der Praxis zu charakterisieren, lassen sich folgende gemeinsame Merkmale formulieren:
- Altersmäßige Zuständigkeit der Kinder- und Jugendhilfe (bis 21 bzw. 27 Jahre),
- unklarer aufenthaltsrechtlicher Status bei Einreise und in der ersten Aufenthaltszeit in Deutschland,
- Unklarheit über Personensorge bei Einreise,
- Sprachbarriere,
- Einschränkungen in der Teilhabe (Wohnsitzauflage, Arbeitsverbot etc.),
- fehlende, unterbrochene oder abgebrochene Bildungskarrieren,
- hohes Gefährdungsrisiko für Traumatisierung in der Heimat, auf der Flucht und in Deutschland,
- Mehrfachbelastung durch Pubertät, Flucht, Schule, Familie,
- fehlende oder unbrauchbare soziale Netzwerke,
- unklare Perspektiven.

Der Status „umF" ist kein unveränderbarer Zustand. Viele junge Menschen werden sich im Verlauf ihres Aufenthaltes in Deutschland aus dem Zuständigkeitsgebiet der Kinder- und Jugendhilfe herausentwickeln, für sich selbst sorgen können und einen geregelten Aufenthaltsstatus besitzen. Wenn die anfangs eingeleiteten Hilfen allerdings nicht auf Nachhaltigkeit angelegt sind, werden diese ehemaligen umF auch dann noch mit den Folgen dieser Situation zu kämpfen haben.

---

[404] BumF, Kritik an der Bezeichnung „unbegleitete minderjährige Ausländer_in", 2015.
[405] Noske (2011), S. 23.

Die Trennung von umF und (begleiteten) Flüchtlingskindern und -jugendlichen bzw. jungen Erwachsenen oder Familien ist nur bedingt hilfreich. Gerade bei begleiteten und unbegleiteten Minderjährigen verschwimmen die Grenzen in der Praxis häufig. Insgesamt ergeben sich zwischen den Zielgruppen große Schnittmengen. Alle genannten Gruppen sind Adressaten der Kinder- und Jugendhilfe. Die Handlungsansätze und professionelle Haltungen sind überwiegend deckungsgleich.

In diesem Artikel wird der bekannte Begriff der unbegleiteten minderjährigen Flüchtlinge (umF) verwendet. Alternativ wird von „jungen Flüchtlingen" oder „unbegleiteten Minderjährigen" gesprochen. Der Begriff steht dabei symbolisch für den Machtkampf zwischen Kinder- und Jugendhilfe und Aufenthaltsrecht. Dem Übergewicht der Ordnungspolitik soll hiermit ein Zeichen entgegengesetzt werden.

5.1.1.2 Beschreibung der Entwicklung der umF-Arbeit in Freiburg

UmF gibt es in Deutschland und so auch in Freiburg eigentlich schon immer. Da sie zahlenmäßig so unauffällig waren, wurden sie jedoch nie gesondert erfasst. Sie wurden in das bewährte Jugendhilfesystem integriert. Über 16-jährige Jugendliche wurden wie erwachsene Asylbewerber behandelt und in den gleichen Gemeinschaftsunterkünften untergebracht. Bekannt wurde in Freiburg der Fall von Eke Uzoma, der als 16-jähriger junger Flüchtling in einer Gemeinschaftsunterkunft im Freiburger Umland untergebracht wurde und später mit der Unterstützung eines Vormundes als Profifußballer beim Bundesligisten SC Freiburg Karriere machte.

Im Jahr 2005 wurde das Änderungsgesetz des SGB VIII, das sogenannte „Kinder- und Jugendhilfeweiterentwicklungsgesetz (KICK)" verabschiedet und damit die gesetzliche Grundlage geschaffen, dass auch 16- und 17-Jährige umF in Obhut des Jugendamtes kamen. Die Gesetzesänderung 2005 änderte in Baden-Württemberg in erster Linie vor allem die Praxis in Karlsruhe. Dort wurden alle 16- und 17-jährigen umF in Obhut genommen. Auch jene, die in anderen Landkreisen aufgriffen wurden oder sich dort bei den Behörden meldeten, wurden nach Karlsruhe zur Landesaufnahmestelle für Flüchtlinge (damals: LASt, heute LEA) zur Versorgung weitergeleitet. Noch zu Beginn der veränderten Inobhutnahmepraxis zeigte sich hier deutlich der Vorrang des Ausländerrechts vor dem Kinder- und Jugendhilferecht. Ausnahme bei dieser Praxis war die Stadt Stuttgart. Dort waren vor allem durch den Großflughafen traditionell mehr umF angekommen und dementsprechende Strukturen vorhanden. Die umF im Alter von über 15 Jahren wurden dort versorgt und nicht nach Karlsruhe weitergeleitet. Von Karlsruhe aus wurden alle umF per Quote auf die Stadt- und Landkreise in Baden-Württemberg verteilt. Diese Verteilung übernahm, wie bei den erwachsenen Asylbewerbern, das Regierungspräsidium Karlsruhe.

Im Jahr 2012 änderte sich die Inobhutnahmepraxis. UmF wurden fortan am Ort des tatsächlichen Aufgriffs bzw. Aufenthalts in Obhut genommen und nicht mehr nach Karlsruhe weitergeleitet. Parallel stiegen die Zugangszahlen von Flüchtlingen. Dies führte zu deutlich ansteigenden Fallzahlen in den Verkehrsknotenpunkten (Rheinschiene, Achse Karlsruhe-Stuttgart-Ulm) und einem kurzzeitigen Rückgang der Fallzahlen in Karlsruhe, der jedoch sehr schnell durch die insgesamt weiter ansteigenden Fallzahlen relativiert wurde. Die Ankunftskommunen wurden für deren vorläufige und dauerhafte Unterbringung, Versorgung und Betreuung zuständig. Der Aufbau von lokalen Strukturen wurde notwendig.

Im November 2014 wurde die Verteilung der umF in Baden-Württemberg neu geregelt. Das Privileg der Möglichkeit zur Verteilung wurde auf alle Stadt- und Landkreise ausgedehnt. Diese Regelung war jedoch auf den Kooperationswillen der Kommune ausgelegt, was in der Praxis zu langen Wartezeiten für einzelne Jugendliche und langwierigen Verhandlungen zwischen einzelnen Jugendämtern führte. Im Ergebnis konnten aus Freiburg zum Beispiel erst ab Mitte 2015 umF in andere Kommunen verteilt werden.

Im November 2015 erfolgte dann die Einführung der bundesweiten Umverteilung („Gesetz zur Verbesserung der Unterbringung, Versorgung und Betreuung ausländischer Kinder und Jugendlicher"), welches erst einige Wochen vor Inkrafttreten vom Bundestag beschlossen wurde. Das Gesetz war die Reaktion auf die seit Jahresbeginn stetig ansteigende Zahl von neuankommenden umF im Bundesgebiet. Vor allem die grenznahen Knotenpunkte wie beispielsweise München, Passau oder Aachen sollten dadurch entlastet werden.

Das Gesetz wurde in kurzer Zeit verabschiedet und ist bisher nicht ausgereift. Einige Formulierungen sind vage (z.B. der Verwandtschaftsbegriff oder die Frage nach der Berücksichtigung des Kindeswohls oder der Beteiligung der Jugendlichen im Umverteilungsverfahren. Die Meinungen der Praxis zum Gesetz sind geteilt. Einerseits wird die Entlastung der besonders frequentierten Kommunen begrüßt. Zudem verbindet sich hiermit die Hoffnung, dass auch in diesen Kommunen die Standards der Kinder- und Jugendhilfe auf Dauer wieder eingehalten werden können, was zwischenzeitlich mancherorts durch die Überlastung der Kapazitäten nicht mehr möglich war. Andererseits wird kritisiert, dass durch das neue Gesetz statt den Kosten nun die jungen Menschen in einer sehr sensiblen Ankommensphase umverteilt werden. Viele Kommunen konnten zudem bisher keine ausreichenden Platzkapazitäten und Strukturen im Rahmen der Standards der Kinder- und Jugendhilfe aufbauen.

In Baden-Württemberg führte das neue Umverteilungsgesetz zu einer klareren Regelung von Zuständigkeiten. In der Anfangsphase wurden vor allem Jugendliche aus umliegenden Bundesländern aufgenommen. Zudem kam die landesinterne Verteilung ins Rollen. Diese massenhafte Umverteilung von Jugendlichen stellte und stellt weiterhin viele Stadt- und Landkreise vor massive Herausforderungen.

Im Rückblick lässt sich das erste Jahr der bundesweiten Umverteilung unterschiedlich bewerten. Einerseits ist in Freiburg der erwartete Entlastungseffekt eingetreten. Im ersten Jahr wurden über 300 Jugendliche in andere Landkreise und Einrichtungen bundesweit übergeben. Dies ist mit einem enormen logistischen und personellen Aufwand verbunden. Ohne diese Entlastung wären die Strukturen für die Versorgung und Betreuung von umF in Freiburg nicht mehr im regulären System leistbar gewesen.

Andererseits zeigen sich in der Praxis der Umverteilung einige Schwierigkeiten. Das Arbeitsfeld hat sich für die Mitarbeitenden sehr stark verändert. Das bisherige Clearingverfahren ist in seinen zentralen Bestandteilen fast vollkommen erhalten geblieben, allerdings komprimiert auf vier Wochen. Die Arbeitsintensität erhöht sich durch die Fristen und den damit verbundenen Zeitdruck enorm.

Die hohe Wechselfrequenz der Jugendlichen stellt für viele Mitarbeitende eine große Herausforderung und Belastung dar. Kaum hat man einen Jugendlichen etwas kennen und einschätzen gelernt, so ist steht bereits sein Umzug bevor. Nur ca. fünf Prozent aller Jugendlichen blieb im Jahr 2016 für eine reguläre Inobhutnahme mit Clearingverfahren nach § 42 SGB VIII in Freiburg.

Immer wieder kommt es zu Unstimmigkeiten über die Übergabe zwischen aufnehmender und abgebender Kommune. Häufig werden Jugendliche aus logistischen Gründen an Jugendämter übergeben. Für die Jugendlichen bedeutet dies zusätzliche Unsicherheit über den weiteren Verbleib in der ohnehin instabilen Phase des Ankommens in Deutschland. Die Akzeptanz der Umverteilung bei den Jugendlichen ließe sich durch umfangreichere Vorabinformationen über die aufnehmende Einrichtung deutlich erhöhen. Bislang geschieht dies nur in Ausnahmefällen.

Mehr als bedauerlich ist die Tatsache, dass der im Gesetz verankerte Vorrang der regionalen Verteilung bislang nicht umgesetzt wird. Obwohl naheliegende Bundesländer oder Landkreise ihre Quote nicht erfüllt haben, wird bislang häufig nach Nord- und Ostdeutschland umverteilt. Dabei werden zudem meist verschiedene Landkreise oder Einrichtungen angefahren. Dies ist mit einem zusätzlichen personellen, finanziellen und logistischen Aufwand verbunden. Hier ist sicher noch einiges Optimierungspotential. Ob dies dem Grundgedanken des Umverteilungsgesetztes entspricht, ist fraglich.

Welche Effekte die bundesweite Umverteilung auf die Jugendlichen hat, ist bisher wenig bekannt. Lückenlose Betreuung und gut dokumentierte Übergaben sind jedoch die Grundlage für erfolgreiche Anschlussmaßnahmen.

5.1.1.3 Entwicklung in der Stadt Freiburg

Die Stadt Freiburg zeichnet sich in Bezug auf umF durch ihre besondere Lage im „Drei-Länder-Eck" (Frankreich, Schweiz, Deutschland) aus. Zum Einzugsgebiet der Stadt Freiburg gehören die Landkreise Breisgau-Hochschwarzwald und Emmendingen. Freiburg ist Sitz der Bundespolizeidienststelle für Südbaden, welche wiederum für die Kontrolle des grenzüberschreitenden Zugverkehrs aus der Schweiz und Frankreich zuständig ist. Viele der in Freiburg in Obhut genommenen umF werden im Zug von Basel nach Freiburg bei Personenkontrollen aufgegriffen und zur erkennungsdienstlichen Behandlung mit nach Freiburg auf die Dienststelle der Bundespolizei genommen. Von dort werden sie dann in die Obhut des Amtes für Kinder, Jugend und Familie der Stadt Freiburg (AKI, im Folgenden Jugendamt genannt) gegeben. Weiter melden sich Jugendliche in Freiburg selbst bei der Polizei und bitten um Inobhutnahme. Zudem ist Freiburg seit Sommer 2015 Standort einer sogenannten Bedarfsorientierten Erstaufnahmestelle (BEA), die nach bisherigen Planungen 2016/2017 in eine dauerhafte Landeserstaufnahmeeinrichtung (LEA) umgewandelt werden soll. Es kommt immer wieder vor, dass auch dort umF ankommen und an das Jugendamt der Stadt Freiburg übergeben werden. Darüber hinaus ist Freiburg als traditionell offene Stadt Anzugspunkt für Angehörige verschiedener ethnischer Gruppen. Dies lässt den Schluss zu, dass Jugendliche auch gezielt nach Freiburg kommen in der Hoffnung, von Verwandten oder der Community unterstützt zu werden bzw. Anschluss zu finden.

In Freiburg wurde seit 2001 für die Inobhutnahme männlicher Jugendlicher ab zehn Jahren durch das Christophorus Jugendwerk (CJW) und die Stadt Freiburg ein System aus sogenannten Bereitschaftspflegestellen etabliert. Vornehmlich Familien nehmen dabei ad-hoc Jugendliche in ihren Privaträumen auf und betreuen diese, bis die weitere Perspektive geklärt worden ist. Unterstützt, beraten und koordiniert werden die Familien und die Jugendlichen dabei von Mitarbeitern des Christophorus Jugendwerks (CJW). Seit 2014 wurden parallel dazu insgesamt vier spezialisierte Inobhutnahmegruppen für umF aufgebaut.

Kinder bis maximal zwölf Jahre werden in die Regelwohngruppen des Kinder- und Familienzentrums St. Augustinus in Obhut genommen. Mädchen und junge Frauen werden in der Inobhutnahmegruppe „Zuflucht für Mädchen" der Kinder- und Jugendhilfe der Waisenhausstiftung Freiburg versorgt und betreut. Zwar haben sich in den letzten Jahren auch die Zahlen für Kinder bzw. weibliche umF erhöht (2014: 4 weibliche umF, 2015: 24 weibliche umF), die bisher vorgehaltenen Kapazitäten der Inobhutnahme reichen bisher jedoch aus, um diese zu versorgen und zu betreuen. Schwerpunkt der Entwicklung der umF-Arbeit in Freiburg war daher seit ca. 2011 die Unterbringung der männlichen umF ab ca. zwölf Jahren.

Die Stadt Freiburg verfügt mittlerweile über ein ausdifferenziertes System der Unterbringung, Versorgung und Unterbringung von umF-Jugendlichen. Neben der vorstehend beschriebenen Organisation der Inobhutnahme durch drei Einrichtungen stehen Anschlusshilfeplätze bei verschiedenen Trägern und in verschiedenen Formen zur Verfügung. Dazu wurden hauptsächlich die bestehenden Regelangebote für die neue Zielgruppe geöffnet und entsprechende Kapazitäten ausgebaut. Teilweise wurden spezialisierte Angebote neu geschaffen. So kann je nach Bedarf des Jugendlichen integriert und spezialisiert untergebracht werden. Die Unterbringungsformen reichen von vollbetreuten Wohngruppen, teilbetreuten Wohngemeinschaften und betreutem Einzelwohnen bis hin zur Unterbringung in Erziehungsstellen, sozialpädagogischen Einzelmaßnahmen und Pflegefamilien.

Das Jugendamt der Stadt Freiburg als Schlüsselfigur im Hilfeverlauf verfügt aktuell über zwei Sachgebiete innerhalb des Kommunalen Sozialen Dienstes, die auf die Bearbeitung der umF-Fälle spezialisiert sind. Hier ist ebenfalls das Clearingverfahren angesiedelt. Innerhalb der Sachgebiete übernimmt eine Fachberatung die Beratung der Kollegen. Die Abteilung der Amtsvormundschaften übernimmt den größten Teil der Vormundschaften der umF. Zudem übernimmt auch ein Vormundschaftsverein einzelne Vormundschaften.

Von Anfang an im Fokus stand die Frage der Beschulung. Neben dem bestehenden System der sogenannten Vorbereitungsklassen für schulpflichtige Kinder und Jugendliche ohne deutsche Sprachkenntnis (bis einschließlich 15 Jahre), übernahmen einzelne Kinder- und Jugendhilfeeinrichtungen mit eigenen Schulstrukturen die Beschulung der Berufsschulpflichtigen (16- bis 17-Jährige). Daneben steht mit der „Internationalen Schule am Römerhof" des Stadt-Caritasverbandes Freiburg eine auf bis 25-jährige Migranten spezialisierte Schule zur Verfügung. Zum Schuljahr 2014/2015 öffneten die öffentlichen Berufsschulen die sogenannten VAB-O-Klassen („Vorqualifizierungsjahr Arbeit und Beruf – ohne deutsche Sprachkenntnisse") für umF. Hier wird neben den Grundlagenfächern (wie Mathematik) ein Fokus auf das Erlernen der deutschen Sprache und die Berufsorientierung gelegt. Über eine reguläre VAB-Klasse kann im Anschluss ein Schulabschluss angestrebt werden.

Die zwei umliegenden Landkreise waren bis zum Umverteilungsgesetz im November 2015 kaum mit der Thematik der umF betraut. Dies liegt daran, dass in diesen Landkreisen wenig bis keine umF direkt ankamen. Mit dem Umverteilungsgesetz mussten sich beiden Landkreise auf zugewiesene Jugendliche einstellen. Zudem werden im Rahmen der Umverteilung bevorzugt Jugendliche regional verteilt, sodass viele umF von Freiburg aus den umliegenden Landkreisen zugewiesen werden. Übergaben zwischen Ämtern und Einrichtungen sind dadurch in der Regel erleichtert. Durch die räumliche Nähe der drei Stadt- und Landkreise gibt es dabei Überschneidungseffekte etwa bei den Jugendhilfeeinrichtungen. Regionale Kooperationen sind entstanden. Ein Beispiel hierfür sind die zwei Außenklassen des CJW im lösungsorientierten Bildungs-, Beratungs- und Betreuungszentrum St. Anton in Riegel. So kann die Beschulung der dort untergebrachten Jugendlichen sichergestellt werden. Denkbar wäre darüber hinaus die Kooperation bei der Ausdifferenzierung der Angebote. So wird zum Beispiel immer wieder ein intensivpädagogisches, traumatherapeutisch ausgerichtetes Angebot für junge Flüchtlinge diskutiert. Die notwendige Fallzahl für eine Einrichtung wird jedoch in einer Kommune alleine kaum vorhanden sein. Abzuwarten bleibt, wie sich die Umsetzung des Umverteilungsgesetzes auf die Region weiter auswirkt. Klar ist schon zum jetzigen Zeitpunkt, dass umF dauerhaft Thema der „Jugendhilfelandschaft" der Region bleiben werden.

5.1.1.4 Entwicklung im Christophorus Jugendwerk

Das Christophorus Jugendwerk ist eine katholische Jugendhilfeeinrichtung in Trägerschaft des Caritasverbands der Erzdiözese Freiburg e.V. in Breisach-Oberrimsingen. Geographisch stechen die besondere Lage im „Drei-Länder-Eck" und die räumliche Nähe zur Stadt Freiburg hervor. Insgesamt sind aktuell ca. 260 Mitarbeiter mit der Betreuung und Versorgung der Jugendlichen beschäftigt.

Zentrale Arbeitsbereiche der Einrichtung sind:
- Stationäre Unterbringung von männlichen verhaltensauffälligen Jugendlichen und jungen Flüchtlingen,
- Beschulung in der heiminternen Schule (Sonderpädagogisches Bildungs- und Beratungszentrum mit dem Förderschwerpunkt emotionale und soziale Entwicklung),
- überbetriebliche Ausbildung im Berufsausbildungszentrum,
- Individualpädagogische Maßnahmen im In- und Ausland,
- Flex-Fernschule,
- ambulante Hilfen (Schulsozialarbeit, Offene Mobile Jugendarbeit etc.).

Erstaufnahme

Seit 2011 arbeitet das Christophorus Jugendwerk mit Jugendlichen, die ohne ihre Eltern nach Deutschland gekommen sind. Was damals mit zwei jungen Brüdern aus Afghanistan begann, die in eine Wohngruppe integriert wurden, ist heute Thema in allen Bereichen der Einrichtung. Die Einrichtung hat sich dadurch verändert. Die folgende Schaubild zeigt die Entwicklung der Inobhutnahmezahlen im Christophorus Jugendwerk und der Stadt Freiburg.

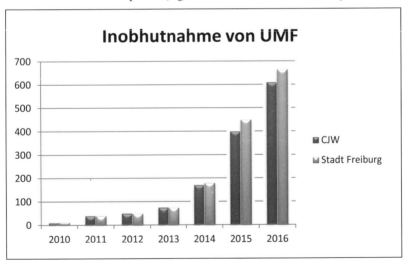

Abb. 1: Fallzahlen der Inobhutnahme der Stadt Freiburg und des CJW seit 2011; Quelle: CJW/AKI Freiburg

Mit weiter steigenden Fallzahlen wurde es 2014 notwendig, auch stationäre Plätze für die Erstaufnahme von umF zu schaffen. Im Januar 2014 wurde das Aufnahme- und Clearingzentrum „Haus Christoph" mit zwei Inobhutnahmegruppen (je acht Plätze plus zwei Notplätze) eröffnet. Im Mai und Oktober 2015 wurde das Aufnahme- und Clearingzentrum aufgrund der weiter ansteigenden Fallzahlen mit der Schaffung je einer weiteren Inobhutnahmegruppe erweitert. Die beiden neuen Gruppen wurden auf das Hauptgelände der Einrichtung integriert. Alle Inobhutnahmegruppen verfügen neben dem pädagogischen Betreuungspersonal über hauswirtschaftliche Kräfte, (meist) studentische Nachtwachen sowie Aushilfen für Freizeitgestaltung und Alltagsbegleitung (Sport, Kleidereinkäufe, Arztbesuche etc.). Das Inobhutnahme- und Clearingzentrum wird zusätzlich in den Nachtstunden durch je einen Mitarbeiter oder eine Mitarbeiterin eines Sicherheitsdienstes unterstützt. Ziel hierbei ist es in erster Linie die Einrichtung, die Mitarbeiter und die übrigen Jugendlichen vor Übergriffen einzelner Jugendlicher oder Außenstehender zu schützen. Die Mitarbeiter des Sicherheitsdienstes agieren dabei immer in Begleitung eines pädagogischen Mitarbeiters der Einrichtung.

Um die Kompetenzen und Erfahrungen in der Arbeit mit umF zu bündeln und einrichtungsseitig das Clearingverfahren zu koordinieren, wurde ab September 2013 der „Fachdienst Clearing" aufgebaut. Durch koordinierte Begleitung und Beratung konnten so die Aufenthaltszeiten in der Erstaufnahme deutlich verkürzt und damit das bestehende Inobhutnahmesystem entlastet werden. Gleichzeitig konnten die Bemühungen verstärkt werden, die Jugendlichen direkt in der Ankommensphase intensiv zu begleiten und zu beraten und sie damit von Anfang an stärker in die Hilfeplanung miteinzubeziehen.

Seit Februar 2015 wird das Aufnahme- und Clearingzentrum durch einen Fachdienst „Psychologie" ergänzt. Hauptaufgabe besteht darin, durch Vordiagnostik den Jugendlichen zielgerichtet und niederschwellig Zugang zu psychologischer und psychiatrischer Hilfe zu ermöglichen. Dies geschieht in enger Kooperation mit der Kinder- und Jugendpsychiatrie Freiburg.

Im Herbst 2015 wurde die Entwicklung des Inobhutnahmebereiches mit der Schaffung des „Fachdienst Pädagogik" vorerst abgeschlossen. Aufgabe dieser Stelle ist das Angleichen und Koordinieren der pädagogischen Arbeit des Aufnahme- und Clearingzentrums. Neben der Teambegleitung und der Krisenintervention gehört auch das Weiterentwickeln der pädagogischen Arbeit der Inobhutnahmegruppen zu den zentralen Aufgaben. Ziel ist es, die pädagogische Arbeit so zu gestalten, dass die Jugendlichen einerseits in der Ankommensphase aufgefangen und andererseits an die Anforderungen der Anschlussunterbringung herangeführt werden. Es gilt die Anschlussfähigkeit der Maßnahmen sicherzustellen bzw. zu optimieren.

Anschlussunterbringung
Zu Beginn des Jahres 2012 wurde deutlich, dass durch die steigenden Fallzahlen auch zusätzliche dauerhafte Unterbringungsplätze für Anschlusshilfen in Freiburg notwendig wurden. Bis dato hatte die Einrichtung begonnen, die Regelangebote, wo möglich, für umF zu öffnen. Gleichzeitig wurde immer deutlicher, dass nicht für jeden umF die integrierte Unterbringung zielführend ist. Die Schaffung einer auf die Betreuung von umF spezialisierten Wohngruppe wurde vom Jugendamt Freiburg und dem Christophorus Jugendwerk beschlossen. Im Oktober 2012 startete die „Wohngruppe Martin" mit acht Plätzen als erste spezialisierte umF-Wohngruppe in Freiburg. Die Räumlichkeiten wurden explizit auf dem Stadtgebiet gesucht, um so Zuständigkeitskonflikte zu vermeiden (Ausländerbehörden, Meldebehörden, Vormundschaften, Kommunaler Sozialer Dienst etc.). Die Einbettung in das „Katholische Lehrlingsheim – Internationales Gästehaus" ist dabei in jeder Hinsicht ein Glücksgriff gewesen. Parallel wurden erste Jugendliche im Rahmen von individualpädagogischen Einzelmaßnahmen in Erziehungsstellen untergebracht. Die Jugendlichen und die Erziehungsstellen werden dabei vom Christophorus Jugendwerk koordiniert und begleitet. Gleichzeitig wurde die Öffnung der Regelangebote forciert, sodass schlussendlich in jedem Regelangebot ein bis zwei umF-Jugendliche Platz gefunden haben.

Das folgende Schaubild zeigt die Entwicklung der Fallzahlen der Anschlusshilfemaßnahmen im Christophorus Jugendwerk und der Stadt Freiburg.

5.1 Unbegleitete minderjährige Flüchtlinge in Freiburg

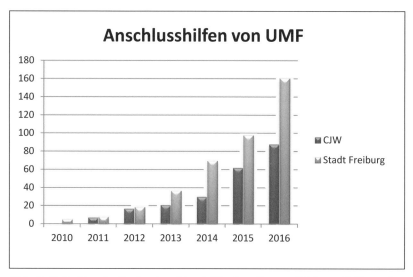

Abb. 2: Fallzahlen laufender Anschlusshilfen jeweils zum Stichtag 31.12. in der Stadt Freiburg und dem CJW; Quelle: AKI Freiburg/CJW

Der Bereich der Anschlusshilfen wurde im Frühjahr 2016 mit drei zusätzlichen, spezialisierten Angeboten auf dem Stadtgebiet abgerundet: die zweite Wohngruppe für umF sowie zwei Jugendwohngemeinschaften, angebunden an das Haus der Jugend in Freiburg. Parallel wurde das Betreute Einzelwohnen weiter ausgebaut, sodass dort mehr Jugendliche auf dem Weg in die Verselbstständigung begleitet werden können.

Insgesamt lässt sich festhalten, dass das Christophorus Jugendwerk aufgrund seiner Größe, der unterschiedlichen Arbeitsbereiche und konzeptionellen Ausrichtung gute Voraussetzungen zur Entwicklung der umF-Arbeit bietet. Das Christophorus Jugendwerk hat sich in den letzten vier Jahren zu einer Art „Vollversorger" für umF entwickelt. Neben der Unterbringung in den verschiedenen Wohnformen werden die Jugendlichen in verschiedenen Niveaus beschult und ausgebildet. Diese „Hilfe aus einer Hand" hat sich dabei für die umF bewährt. Soziale, schulische und berufliche Bildung werden hier zielgerichtet verzahnt. Natürlich können auch in diesen Strukturen nicht alle Jugendlichen bedarfsgerecht untergebracht werden (beispielsweise Jugendliche mit vorrangig therapeutischen Bedarfen). Jedoch gelingt es einer großen Gruppe der umF, in den Strukturen des Christophorus Jugendwerks ein passgenaues Angebot zu bieten.

Schulische und berufliche Bildung

Als zentraler Bestandteil der zielführenden Betreuung von umF wurde im Christophorus Jugendwerk stets die Verknüpfung mit der schulischen und beruflichen Bildung gesehen. So wurde im Sommer 2013 die erste Schulklasse „Vorqualifizierungsjahr Arbeit und Beruf – ohne deutsche Sprachkenntnisse" (VAB-O) in der heiminternen Erich-Kiehn-Schule des Christophorus Jugendwerks eröffnet, um die in der Einrichtung untergebrachten Jugendlichen zeitnah und adäquat beschulen zu können. Im Herbst 2014 wurde im Aufnahme- und Clearingzentrum ein Deutschkurs installiert, in dem alle neu aufgenommenen Jugendlichen ab dem ersten Tag an die deutsche Sprache und das hiesige Schulsystem herangeführt werden. 2016 verfügt das Sonderpädagogische Bildungs- und Beratungszentrum über mehrere VAB-O sowie VAB-Klassen in Oberrimsingen sowie zwei Außenklassen in Kooperation mit der Jugendhilfeeinrichtung LBZ St. Anton in Riegel. Zum Ende des Schuljahres 2015/2016 streben ca. 15 umF-Jugendliche einen formalen Schulabschluss an (Hauptschulabschluss oder VAB-Abschluss). Damit haben sie die Voraussetzungen für eine Ausbildung geschaffen.

Im Frühjahr 2015 wurde von der Flex-Fernschule im Christophorus Jugendwerk der Fernsprachkurs „Deutsch als Zweitsprache (Flex DaZ)" entwickelt. Dieser ermöglicht umF unabhängig vom Ort zielgerichtet und weitgehend selbstständig den Erwerb von Grundkenntnissen der deutschen Sprache. Der Sprachkurs endet mit der Zertifizierung des A1-Sprachniveaus durch eine Volkshochschule oder das Goethe-Institut. Hiermit konnte schon frühzeitig auf die sich anbahnende landes- und bundesweite Verteilung und die damit häufig verbundenen, erneuten Unterbrechungen der Bildungskarriere reagiert werden.

Das Berufsausbildungszentrum beteiligt sich als zweiter zentraler Baustein an der formalen Bildung der umF. Im Rahmen der überbetrieblichen Ausbildung sind hier sowohl die Voll- als auch die sogenannte Fachpraktikerausbildung in sieben verschiedenen Gewerken möglich (Fahrradmechaniker, Schlosser, Maler, Schreiner, Zimmermann, Koch, Hauswirtschaft). Zudem wird mit externen Ausbildungsstätten und -trägern kooperiert. Bei der Berufsorientierung arbeiten das Schulzentrum und die Ausbildungswerkstätten eng verzahnt zusammen. Zu Beginn des Jahres 2016 sind zehn umF-Jugendliche im Berufsausbildungszentrum in Ausbildung. Im Sommer 2016 wird der erste junge Mann, der als umF nach Deutschland kam, die Ausbildung zum Beikoch erfolgreich abschließen. Eine Anschlussanstellung wurde bereits während der Ausbildung gefunden.

Kooperationen und Projekte

Neben den Unterbringungs- und Bildungsangeboten sind in den letzten fünf Jahren viele Arbeitsfelder und Projekte entstanden, die hier nur kurz genannt werden können:
Eine Schlüsselrolle kommt der engen Vernetzung und Kooperation mit dem Jugendamt der Stadt Freiburg zu. Als federführend im Clearingverfahren und der Hilfeplanung haben die Abteilungen Kommunaler Sozialer Dienst und Amtsvormundschaften eine wichtige Bedeutung. In regelmäßigen Kooperationstreffen werden die gemeinsame Arbeit und die Kapazitätsplanung abgestimmt und weiterentwickelt. Zudem sind gegenseitig Ansprechpartner benannt und bekannt, um in Einzelfällen auf kurzem Weg Lösungen zu finden und umzusetzen.

Weitere wichtiger Kooperationspartner sind die anderen Jugendhilfeträger der Region Freiburg. Auch hier findet regelmäßig Austausch statt, insbesondere im Rahmen einer vom Amt für Kinder, Jugend und Familie organisierten Arbeitsgruppe.

Daneben zu nennen ist die Kooperation mit der Kinder- und Jugendpsychiatrie der Universitätsklink Freiburg. Hier gelang es, gemeinsam eine Sprechstunde für umF einzurichten. Zwei Ärztinnen spezialisieren sich auf die Bedarfe der Zielgruppe und stehen für eine enge Abstimmung zur Verfügung.

Mit einer niedergelassenen Kinderarztpraxis, der Kinderklinik des Universitätsklinikums Freiburg sowie dem Josephskrankenhaus Freiburg wird im Rahmen der gesundheitlichen Erstuntersuchung eng kooperiert. So gelingt es seit Ende 2015 flächendeckend, alle neuankommenden umF innerhalb der ersten Woche umfassend zu untersuchen und notwendige medizinische Maßnahmen (inkl. Impfungen) einzuleiten. Zudem sind mehrere niedergelassene Kinderärzte in die medizinische Versorgung der umF eingebunden.

Eine weitere wichtige Kooperation bildet die Zusammenarbeit mit den Jugendsachbearbeitern der Polizeidienststellen der Region Freiburg und der Kriminalpolizei Freiburg sowie der Jugendstaatsanwaltschaft Freiburg. Zwar stellt insbesondere der Datenschutz eine natürliche Grenze dar, Schwerpunkt ist jedoch der Austausch über die jeweiligen Arbeitsstrukturen und das Benennen von Ansprechpartnern. Zudem steht das CJW als Interviewpartner für Forschungsprojekte im Rahmen der Polizeiausbildung zur Verfügung.

Die Vernetzung mit der allgemeinen Flüchtlingshilfe stellt für die Einrichtung eine neue Aufgabe dar. Diese findet punktuell durch die Teilnahme an verschiedenen Foren statt. Ziel ist es, dabei wo möglich gemeinsame Strukturen aufzubauen oder weiterzuentwickeln.

In den kommenden Jahren wird der Einbindung von Ehrenamtlichen in die Arbeit mit umF eine größere Bedeutung zukommen. Wichtig ist dabei, dass Ehrenamtliche nicht die Arbeit von Hauptamtlichen ersetzen, sondern diese sinnvoll ergänzen. Das Projekt „Volunteer Solinet – Heimat bilden" hat zum Ziel, engagierte Bürger als Paten mit umF zusammenzubringen und diese zu begleiten. Die Jugendlichen sollen die Möglichkeit haben, schon im Rahmen der Jugendhilfe Kontakte in die Gesellschaft zu knüpfen, die im Idealfall auch über die Jugendhilfe hinaus Bestand haben. Der Schwerpunkt der Patenschaften liegt auf der schulischen und beruflichen Förderung sowie der Freizeitgestaltung.

Im Bereich der non-formalen Bildung arbeitet das Christophorus Jugendwerk mit unterschiedlichsten Trägern und Vereinen zusammen. Neben der Kooperation mit lokalen Sportvereinen ist hier insbesondere die Kooperation mit dem Montessori-Schulzentrum (Angell) zu nennen. Jugendliche der Deutschkurse des CJW treffen sich einmal monatlich mit Schülern der UNICEF-AG des Montessori-Schulzentrums zu einen gemeinsamen Ausflug und gegenseitiger Begegnung.

Der Verein Blackdog e. V.[406] kooperierte bereits mehrfach im Rahmen von Filmprojekten mit dem Christophorus Jugendwerk (zuletzt „Karawane der Hoffnung", ein Film von und mit jungen Flüchtlingen). Ziel ist es hierbei, den umF kreative Ausdrucksmöglichkeiten für die eigenen Ideen und Vorstellungen zu bieten.

Die Gestaltung des muslimischen Freitagsgebets in der Zeit des Ramadans in Räumen des CJW in Zusammenarbeit mit einem ortsansässigen Imam ist als zentrale Säule der religiösen Erziehung der muslimischen Jugendlichen zu sehen. Zudem ist aktuell ein Angebot des islamischen Ethikunterrichts auf freiwilliger Basis im schulischen Rahmen in der Erprobungsphase. Ziel ist es, der gewachsenen Gruppe der islamisch-sozialisierten Jugendlichen religiöse Bildung und Begleitung zugute kommen zu lassen.

---

406 www.black-dog-ev.de

5.1 Unbegleitete minderjährige Flüchtlinge in Freiburg

Nicht zuletzt beteiligt sich das CJW an einem Forschungsprojekt des Bundesverbands katholischer Einrichtungen und Dienste der Erziehungshilfen e. V. (BVkE) und des Instituts für Kinder- und Jugendhilfe (IKJ) in Mainz zur Zielgruppe des umF. Das CJW liefert dafür, neben anderen Einrichtungen in Deutschland und Österreich, anonymisierte Daten zu Hilfeverläufen von untergebrachten umF. Ziel der „umF-Studie" ist es, die Nachhaltigkeit der angebotenen Jugendhilfemaßnahmen zu evaluieren und nachzuweisen.

In der Lehre kooperiert das CJW seit Langem mit der Katholischen Hochschule Freiburg. Im Rahmen der Arbeit mit umF beteiligt sich das CJW an Seminaren im Studiengang Soziale Arbeit und im Weiterbildungsbereich. Ziel ist es hierbei, das Thema umF frühzeitig in der Ausbildung des Fachkräftenachwuchses zu verankern.

5.1.2 Grundprämissen für die Arbeit mit umF im Christophorus Jugendwerk

Wie in der Einleitung beschrieben ist es sinnvoll, für jede Kommune oder Region ein angepasstes umF-Konzept zu erarbeiten. Dabei muss das Rad jedoch nicht jeweils neu erfunden werden. Gerade in Hinblick auf Strukturen ist jedoch je nach Kommune oder Region ein anderes System sinnvoll. Allerdings gibt es Haltungen und Prämissen, die aus Sicht und der Praxiserfahrung des Autors hilfreich sind, um die Arbeit mit umF zielgerichtet und nachhaltig erfolgreich zu gestalten.

Im Folgenden werden also einige Grundprämissen der umF-Arbeit im Christophorus Jugendwerk dargestellt, die für den Aufbau, die Umsetzung und die Weiterentwicklung handlungsleitend waren und sind. Diese beziehen sich sowohl auf die pädagogische Arbeit mit den Jugendlichen als auch auf strukturelle Gegebenheiten, die dafür notwendig oder hilfreich sind oder die sich daraus ergeben. Um den Praxisbezug zu verdeutlichen, ist jedem Unterkapitel ein Beispiel angehängt.

5.1.2.1 Sicherheit herstellen

Zu einem sehr frühen Zeitpunkt in der Entwicklung des umF-Systems in Freiburg wurde das Motto „Sicherheit und Perspektive" als leitend für die Arbeit formuliert. Beide Begriffe sind sehr eng miteinander verbunden. Die Inobhutnahme ist per Definition ein Schutzraum, der Sicherheit bieten soll.[407] Dies gilt in besonderer Weise für umF, die selbst im Asylrecht als „besonders

---

[407] Vgl. § 42 SGB VIII.

schutzbedürftige Gruppe" eingestuft werden.[408] Sicherheit meint in diesem Zusammenhang zum einen die räumliche und körperliche Sicherheit, die der „Schutzraum Jugendhilfe"[409] bietet. Zum anderen ist auch Sicherheit in den Beziehungen und den Bezugspersonen gemeint. Gerade für Menschen nach potentiell traumatischen Erlebnissen sind neben der körperlichen Sicherheit stabile Beziehungen existenziell. Zusätzlich ist mit dem Begriff der Sicherheit der Wunsch nach Planungs- und Handlungssicherheit verbunden. Ein klarer, möglichst unmissverständlicher Rahmen ist daher insbesondere in der Ankommensphase notwendig. Die Frage nach der Vorgeschichte und möglichen Fluchtgründen ist dabei vorerst nachrangig. Um die Jugendlichen in der sensiblen Phase des Ankommens zu stabilisieren, ist eine frühzeitige Perspektivplanung zentral. Insbesondere im Rahmen der Umverteilung gilt es dies zu berücksichtigen. Frühzeitiges Einbeziehen und Informieren des Jugendlichen über die geplante Unterbringung, Betreuung, Beschulung etc. ist dabei pädagogisches Mittel, um die Akzeptanz (und damit die Chance auf Erfolg) der Maßnahme zu erreichen.

Die Perspektivplanung beginnt laut § 42 Abs. 2 S. 1 SGB VIII während der Inobhutnahme: „Das Jugendamt hat während der Inobhutnahme die Situation, die zur Inobhutnahme geführt hat, zusammen mit dem Kind oder dem Jugendlichen zu klären und Möglichkeiten der Hilfe und Unterstützung aufzuzeigen."[410] In der Praxis hat sich der Begriff des Clearingverfahrens durchgesetzt. Grundannahme ist dabei, dass der umF sozusagen als „Blackbox" auf die Mitarbeiter der Jugendhilfe trifft. Neben der Identitätsklärung und der Klärung des rechtlichen Status dient dieser Prozess dazu, die passenden Hilfsmaßnahmen für den Jugendlichen zu finden. Dabei ist es zentral neben der Mitwirkungspflicht des Jugendlichen auch die Vorstellungen des Jugendlichen (Wunsch- und Wahlrecht) so weit möglich zu berücksichtigen.[411]

Beispiel: In Freiburg werden die umF nach Ankunft vorübergehend in Wohngruppen (max. 8–10 Jugendliche) oder bei sogenannten Bereitschaftspflegefamilien (max. 1–2 Jugendliche) untergebracht. Das Clearingverfahren wird vom

---

408 Vgl. Richtlinie 2013/33/EU des Europäischen Parlaments und des Rates vom 26.6.2013 zur Festlegung von Normen für die Aufnahme von Personen, die internationalen Schutz beantragen (Neufassung).
409 Vgl. § 1 SGB VIII.
410 § 42 Abs. 2 S. 1 SGB VIII.
411 Vgl. § 5 SGB VIII (Wunsch- und Wahlrecht) sowie § 36 SGB VIII (Mitwirkung, Hilfeplan).

Jugendamt mit Unterstützung der Inobhutnahmeeinrichtung sofort eingeleitet und ist auf vier Wochen (bei Anmeldung zur Umverteilung) oder ca. drei Monate (bei Anschlussunterbringung in der Region Freiburg) angelegt.

5.1.2.2 Perspektive entwickeln

Die meisten Jugendlichen kommen mit einem Plan oder einer Idee nach Europa. Nicht jeder Idee oder jeder Plan kann so umgesetzt werden. Häufig werden Erwartungen enttäuscht. Die Auseinandersetzung mit den Plänen und Erwartungen der Jugendlichen ist zentraler Auftrag der pädagogischen Arbeit. Im Gegensatz zur klassischen Jugendhilfe muss dabei häufig nicht erst Motivation aufgebaut werden, sondern die Motivation kanalisiert und die entsprechenden Möglichkeiten an die Hand gegeben werden. Es ist daher zentral, dass im Clearingverfahren gezielt nach der Motivation für die Flucht gefragt wird. Hilfen können bekanntermaßen vor allem dann gut funktionieren, wenn sie an der Eigenmotivation des Klienten ansetzen. Die Soziale Arbeit mit jungen Flüchtlingen orientiert sich in erster Linie an den Interessen der Jugendlichen. Soziale Arbeit kann nur zielführend sein, wenn es gelingt, diese Interessen herauszufiltern. Unerlässlich ist dabei eine vertrauensbildende Beziehungsarbeit. Nicht jede Idee oder jeder Plan kann so umgesetzt werden. Häufig kommt es hier zu Missverständnissen mit den Hilfeplanbeteiligten, weil nicht immer alle gegenseitigen Erwartungen offen kommuniziert werden.

UmF müssen federführend über die Kinder- und Jugendhilfe versorgt und betreut werden (Primat der Jugendhilfe). Dabei muss die Prämisse der Förderung des Kindeswohls an oberster Stelle stehen. Junge Flüchtlinge haben Zugang zu den gleichen Rechten wie hier geborene oder aufgewachsene Jugendliche. Grundlage dafür ist die UN-Kinderrechtskonvention, der sich die Bundesrepublik ohne Vorbehalt verpflichtet hat.[412] Der „Kampf" zwischen den Bestimmungen der Kinder- und Jugendhilfe und den aufenthaltsrechtlichen bzw. ordnungspolitischen Bestimmungen wird jedoch weiter geführt werden müssen. Die Jugendhilfe ist hier gefordert, sich klar zu positionieren (s. u.). Die Perspektiventwicklung von und mit umF-Jugendlichen wird stark durch die aufenthaltsrechtlichen und ordnungspolitischen Gegebenheiten geprägt. Dies gilt es in allen Schritten der Hilfeplanung zu berücksichtigen. Gleichwohl ist genau das ein zentrales Dilemma in der Betreuung von umF: eine sichere Perspektive zu bieten, ist im Rahmen der Jugendhilfe kaum möglich, da bis heute ordnungspolitische Vorgaben die pädagogische Arbeit stark beeinflussen.

---

412 Rücknahme des Vorbehalts im Jahr 2010.

Beispiel: Um die Perspektiventwicklung (insbesondere Ziele in Bezug auf die Wohnsituation, die Schul- und Bildungskarriere sowie den aufenthaltsrechtlichen Status) und die Hilfeplanung frühzeitig einzuleiten und nachhaltig zu gestalten, hat das CJW den sogenannten Fachdienst Clearing eingerichtet. Die MitarbeiterInnen sind vom Gruppendienst freigestellt und widmen sich ausschließlich der Begleitung und Beratung der Jugendlichen im Clearingverfahren. Sie sind dabei zentraler Ansprechpartner für alle am Clearingverfahren beteiligten Kooperationspartner.

5.1.2.3 Bildung als Schlüssel verstehen

Als Handlungsansatz für die Soziale Arbeit mit umF empfiehlt sich in der Praxis eine (zumindest gedankliche) Entkopplung der individuellen Perspektivplanung von den aufenthaltsrechtlichen und ordnungspolitischen Rahmenbedingungen. Um den Jugendlichen möglichst schnell Planungssicherheit geben zu können, wäre eine schnelle Klärung des aufenthaltsrechtlichen Status notwendig. Dies ist in der Praxis selten unter einem Jahr der Fall. Um den Jugendlichen dennoch eine Perspektive zu eröffnen, bietet sich die Verschiebung des Fokus auf die Bildungskarriere: Über den Spracherwerb, einen Schulabschluss und den Zugang zu Ausbildung und Studium gelingt es den Jugendlichen meist, eine Lebensperspektive für sich zu entwickeln. In einigen Fällen kann diese Bildungskarriere später zur Aufenthaltssicherung beitragen. Die Wechselwirkungen von aufenthaltsrechtlicher Unsicherheit und Bildungsperspektive sollte jedoch nicht unberücksichtigt bleiben.

Beispiel: Im CJW wird häufig folgender Vierklang verwendet, um den Jugendlichen zu verdeutlichen, wie eine Perspektive erreicht werden könnte: „Spracherwerb, Schulabschluss, Ausbildung, Arbeit." Für viele Jugendliche bietet das eine erste Orientierung, wobei dies natürlich eine sehr verkürzte Darstellung ist. Welche Angebote es dazu im CJW gibt, wurde oben schon ausführlich beschrieben.

5.1.2.4 Handlungsfähigkeit erhalten und weiterentwickeln

UmF werden häufig defizitorientiert als in erster Linie traumatisierte Jugendliche dargestellt. Dies ist grundsätzlich ein sinnvoller Blickwinkel und geschieht meist mit der positiven Absicht, die Hilfsbedürftigkeit der jungen Menschen zu unterstreichen. Traumatisierungspotential ergibt sich massenhaft durch Erlebnisse im Heimatland, auf der Flucht sowie im Aufnahmeland. Wo diese traumatischen Erfahrungen zu Folgestörungen, wie etwa Posttraumatische Belastungsstörungen, Depressionen, Suizidalität etc. führen, steht selbstverständlich die Sicherheit und Behandlung des Betroffenen im Vordergrund.

5.1 Unbegleitete minderjährige Flüchtlinge in Freiburg

In der Überbetonung der (möglichen) Traumatisierungen besteht jedoch auch die Gefahr, dass eine Defizit-Perspektive gestärkt wird, die im Entwicklungsprozess kontraproduktiv ist. Führt man sich z. B. die Fluchtwege der Jugendlichen vor Augen wird deutlich, dass umF oft sehr durchsetzungsstarke junge Menschen sind. Wer die Flucht „übersteht", ist meist sehr robust und durchsetzungsstark. Man findet bei umF häufig „Leader-Typen". Die Jugendlichen haben früh gelernt, auf sich gestellt zu sein und für sich selbst (und häufig auch für die Familie oder für Fluchtgefährten) Verantwortung zu übernehmen. Manche Jugendliche werden teilweise gezielt von der Familie ausgesucht, weil sie über bestimmte Kompetenzen verfügen. Verschiedene Rückschlüsse sind hier möglich:
Die Ressourcenorientierung ist eine Grundhaltung der Sozialen Arbeit, die in der Arbeit mit jungen Flüchtlingen besonders zum Tragen kommt. Bei allen offensichtlichen Defiziten und Hürden gilt es, den „Ressourcen-Blick" gerade in dieser Arbeit zu schärfen. Vorhandene Kompetenzen der jungen Menschen können aufgegriffen und weiterentwickelt werden. Verantwortung muss den Jugendlichen nicht künstlich abgenommen werden, um sie dann im Hilfsverlauf wieder aufzubauen. Das fällt an einigen Stellen schwer. Den Jugendlichen soll die Chance geboten werden, die „verlorene Jugend" nachzuholen. Häufig ist dieser Wunsch jedoch ein Trugschluss. Für die meisten Jugendlichen endet zwar die Flucht in Deutschland, die eigentliche „Arbeit" beginnt aber häufig erst dann. Zeit zum Erholen und Aufarbeiten bleibt dabei meist nicht. Zwar raten Traumatherapeuten dazu, die Aufarbeitung traumatischer Erlebnisse zeitnah zu beginnen und diese nicht unbearbeitet zu lassen, gleichzeitig sollte dafür ein stabiles Umfeld geboten sein. Dies ist häufig erst nach Monaten, wenn nicht sogar Jahren der Fall. Viele umF kommen mit 16 bis 17 Jahren und sind dann häufig schon mit dem Ende der Jugendhilfe konfrontiert. Selbst wenn ein stabiles Umfeld und eine feste Alltagsstruktur aufgebaut sind, fehlen häufig die zeitlichen und gedanklichen Kapazitäten neben Schule und Ausbildung, um sich mit dem Erlebten im therapeutischen Rahmen auseinanderzusetzen.[413] Im Umkehrschluss könnte dies bedeuten, dass eine längere Gewährung von Jugendhilfemaßnahmen sowie eine Verlängerung der (Berufs-)Schulzeit notwendig wäre. Wichtig ist unabhängig davon niederschwellige, schnelle psychologische Hilfe. Dabei sollte beachtet werden, dass viele Jugendliche aus ihrer Sozialisation heraus Vorbehalte gegenüber psychologischen oder psychiatrischen Maßnahmen

---

413 Nichtsdestotrotz bleibt die Frage, wie umF Traumata aufarbeiten können und welche Spätfolgen möglicherweise zu erwarten sind. Für viele umF kommt die Ruhephase/Bearbeitungsphase vermutlich erst, wenn die Berufsausbildung abgeschlossen und der Arbeitsalltag eingekehrt ist. Zudem ist zu erwarten, dass im Rahmen des aufenthaltsrechtlichen Verfahrens bisher unerkannten Traumafolgen oder Re-Traumatisierungen auftreten. Den dann ehemaligen umF muss dann therapeutische Begleitung zur Verfügung stehen.

haben. Ein Heranführen an die hiesigen Möglichkeiten verbunden mit Maßnahmen der Psychoedukation ist daher notwendig. Grundwissen zu Traumapädagogik und Psychotraumatologie lässt sich gut in die pädagogische Arbeit mit umF integrieren. In einigen Fällen ist eine kurzzeitige psychiatrische Unterstützung hilfreich, um die Ankommens-/Erholungsphase in Deutschland zu bewältigen. Hier wird vielfach die Erfahrung gemacht, dass Jugendliche ggf. auch mithilfe von Medikation wieder Kraft schöpfen und zu einem strukturierten Alltag zurückkehren konnten. Darüber hinaus sind die enge Kooperation mit Kinder- und Jugendpsychiatern sowie eine schnelle Diagnostik und Abstimmung über die Behandlungsmöglichkeiten zentral.

Einen zweiten Aspekt bringt der Blick auf den Begriff der Selbstständigkeit. Viele umF-Jugendliche werden als sehr selbstständig beschrieben. Dies liegt zum einen an der zwangsweise eingeforderten Selbstständigkeit auf der Flucht, zum anderen an der früheren Reife im Herkunftsland. Die Jugendlichen haben meist früh gelernt, für sich und andere Verantwortung zu übernehmen. Dies heißt jedoch nicht im Umkehrschluss, dass diese Jugendlichen sich auch im „Normalmodus" in Deutschland ohne Unterstützung und Begleitung zurechtfinden. Es gilt hier, individuell an den vorhandenen Kompetenzen anzusetzen und diese gemeinsam weiterzuentwickeln. Zudem lohnt sich ein differenzierter Blick auf den Begriff der „Selbstständigkeit". Der Begriff wird von den unterschiedlichen Akteuren in der Arbeit mit umF unterschiedlich interpretiert. So haben beispielsweise das Jugendamt und das Bundesamt für Migration und Flüchtlinge (BAMF) unterschiedliche Vorstellungen dieses Begriffes. Bis November 2015 galt beispielsweise für umF die juristische Handlungsfähigkeit im Asylverfahren ab 16 Jahren, wohingegen Hilfen nach dem SGB VIII erst mit 18 Jahren selbst beantragt werden können. Es gilt, differenziert und individuell auf die Ressourcen und Defizite der Jugendlichen zu schauen und entsprechend Hilfemaßnahmen anzubieten.

Ein dritter Aspekt liegt in der Partizipation, politischen Bildung und Selbstorganisation von unbegleiteten Minderjährigen. Diese beginnt am ersten Tag des Aufenthalts in Deutschland mit der Aufklärung und Beteiligung im Clearing- bzw. Hilfeplanverfahren. Darüber hinaus muss es Anliegen der Sozialen Arbeit sein, die Zielgruppe zu unterstützen sich selbst zu organisieren und ihre eigenen Forderungen und Haltungen zu formulieren. Hierbei besteht die Gefahr, aber auch die Chance, dass sich die Jugendhilfe von den Jugendlichen an ihren eigenen Maßstäben messen lassen muss. Der Begründungsdruck kann unangenehm sein, ist aber gleichzeitig eine Grundnotwendigkeit der Sozialen Arbeit. Die Jugendlichen kommen aus unterschiedlichsten Sozialisationen und unterschiedlichsten politischen Systemen. Sie müssen gezielt mit demokratischen Methoden und Prinzipien vertraut gemacht werden. Die deutsche bzw. die europäische Grundordnung ist dabei zentraler Orientierungsrahmen.

Beispiel: Bei vielen umF in Freiburg werden in der Ankommensphase sehr schnell mögliche traumatisierende Erlebnisse deutlich. Viele Jugendlichen haben jedoch nicht das Bedürfnis, diese zu thematisieren, sondern fokussieren sich von selbst vermehrt auf die Bildungskarriere und/oder die Aufenthaltssicherung. Bei Symptomen von Traumafolgestörungen wie etwa Schlaflosigkeit, Albträumen und Antriebslosigkeit usw. hat sich in der Praxis eine medikamentöse Stabilisierung bei gleichzeitiger Psychoedukation als sehr erfolgreich erwiesen. Viele Jugendliche finden so neue Kraft, das eigene Leben selbst zu gestalten. Um die Hilfeanbahnung zu erleichtern wurde der Fachdienst „Psychologie" aufgebaut.

5.1.2.5 Ausdifferenzierung der Angebote vorantreiben
In der Praxis lässt sich feststellen, dass der Wunsch nach (körperlicher und perspektivischer) Sicherheit und einer Lebensperspektive das die Zielgruppe einende Element ist.

Darüber hinaus ist die Zielgruppe sehr heterogen, wie bereits ausgeführt. Eine Ausdifferenzierung der Angebote ist daher unerlässlich. So vielfältig die Herkunftsländer der Jugendlichen sind, so vielfältig sind auch die Sozialisationen, Kulturen, Bildungsniveaus etc. In der Praxis zeigt sich, dass die volle Bandbreite der Angebote der Erziehungshilfen notwendig ist. Thomas Köck, Gesamtleiter des Christophorus Jugendwerk, formulierte sehr passend folgende Aussage: „UmF ist keine Diagnose, sondern in erster Linie eine Situation, in der sich ein Jugendlicher befindet." Das Merkmal „umF" ist also nicht per se mit einem bestimmten Hilfebedarf gleichzusetzen. Es gilt im Rahmen eines strukturierten Clearingverfahrens eine individuelle Bedarfserhebung vorzunehmen und daraus die Hilfeplanung abzuleiten. Erfahrungsgemäß steigen damit auch die Erfolgschancen einer Jugendhilfemaßnahme deutlich.

Je nach individuellem Bedarf eines Jugendlichen sind integrative oder spezialisierte Angebotsformen zielführend. Für die integrative Unterbringung spricht u. a. die Vermeidung von Ghettoisierung sowie die Möglichkeiten für die Jugendlichen, voneinander zu lernen (sprachlich, kulturell, sozial usw.). Für eine spezialisierte Unterbringung spricht u. a., dass es bei einigen Jugendlichen so leichter gelingt, sie an das Leben in der Jugendhilfe und in Deutschland heranzuführen. Zudem konzentrieren sich in diesen Angeboten spezifische Erfahrungen und Kompetenzen der Mitarbeitenden.

Teilweise sind spezialisierte Angebote notwendig, um auf Bedarfe zu reagieren, die in dieser Form in Deutschland nicht, nicht mehr oder nur in sehr überschaubaren Größenordnungen auftreten, z. B. intensivpädagogische traumatherapeutische Angebote für psychisch erkrankte geflüchtete Jugendliche oder intensivpädagogische Angebote für Jugendliche aus dem Straßenmilieu. Zwar gibt es auch für diese Zielgruppen generell Angebote in Deutschland, jedoch finden die Jugendlichen noch zu selten tatsächlich den Weg in diese Einrichtungen. Über die Gründe hierfür ist wenig bekannt. In der Praxis scheitert die Einleitung dieser Maßnahmen häufig an fehlenden Platzkapazitäten bzw. fehlender Aufnahmebereitschaft vonseiten der Einrichtung oder weil der Jugendliche nicht von der Sinnhaftigkeit der Maßnahme überzeugt werden kann. Gleichzeitig gelingt es auch immer wieder, Jugendliche mit besonderen Bedarfslagen in Regelangebote zu integrieren, verbunden mit einem hohen Aufwand aufseiten der Einrichtungen und Mitarbeitenden.

Beispiel: Startschuss für die stationäre Unterbringung von umF in Freiburg war wie beschrieben eine spezialisierte Wohngruppe nach § 34 SGB VIII. Hier wurden umF in der Altersspanne von ca. 14 und (gefühlt) Anfang 20 untergebracht. Indikator für die Unterbringung war dabei in erster Linie das gemeinsame Merkmal „umF". Schnell stellte sich heraus, dass bei den einzelnen jungen Menschen sehr unterschiedliche Bedarfe im Vordergrund standen. Ein junger Mann wurde ins Betreute Wohnen weitergeleitet, wo er seinem Selbstständigkeitsgrad entsprechend Unterstützung erhielt. In der Wohngruppe war er immer wieder mit dem Regelwerk und den Betreuern in Konflikt geraten, im Betreuten Jugendwohnen waren bald Entwicklungsschritte erkennbar. Ein 14-jähriger Junge zeigte deutlichen Erziehungsbedarf. Er wechselte später in eine Regelwohngruppe. Bei einem weiteren Jugendlichen wurde kurz nach Aufnahme deutlich, dass er durch die Sprache von anderen Jugendlichen in der Gruppe an seine Fluchterfahrungen erinnert wurde. Für ihn war das Zusammenleben mit „Leidensgenossen" für seine Entwicklung hinderlich. Im Einzelsetting einer Pflegefamilie konnte er sich sehr gut weiterentwickeln. Ergebnis des beschriebenen Prozesses war die etappenweise Ausdifferenzierung der Angebotspalette. Neben dem Aufbau spezialisierter Angebote war dabei auch die Öffnung der Regelangbote im Sinne der „interkulturellen Öffnung" zentral.

5.1.2.6 UmF als Chance für die interkulturelle Öffnung der Jugendhilfe begreifen

Die umF stoßen in den Regelangeboten zu Beginn häufig auf große Vorbehalte aller Beteiligten. Unbekanntes bringt, wie so häufig, Ungewissheit und Unbehagen mit sich. Bei näheren Kontakten entstehen jedoch meist überaus positive

Erfahrungen. Es kommt zum Abbau von Vorurteilen. Im Zuge der umF-Arbeit werden häufig positive Veränderungen innerhalb der Einrichtung wahrgenommen. Möglicherweise festgefahrene Strukturen werden durch die neue Herausforderung infrage gestellt. Teilweise werden am Thema umF bestehende oder latent vorhandene Probleme der gesamten Sozialen Arbeit deutlich. Auch das kann als Chance begriffen werden, wenn es nicht der Zielgruppe angelastet wird. Deutlich sichtbar wird dies zum Beispiel im Umgang mit Dolmetschern. Diese sind für die Kommunikation mit den Jugendlichen insbesondere in der Anfangsphase unerlässlich. Dennoch fällt es vielen Sozialarbeitern schwer, sich auf dieses Kommunikationsmedium einzustellen bzw. die mit dem Dolmetschern verbundene Filterung der Kommunikation reflektiert in die eigenen Denkstrukturen einzubeziehen. So werden häufig Übersetzungsfehler oder Übersetzungslücken der Dolmetscher dem Jugendlichen angelastet. So entstehen in der Praxis Missverständnisse und Konflikte. Was schon im sozialen Umgang geschulten Sozialarbeitern häufig schwer fällt, wird anderen Berufsgruppen vermutlich noch schwerer fallen. Die Arbeit mit Dolmetschern ist in der Arbeit mit umF jedoch unverzichtbar. Die Jugendhilfe sollte sich davon nicht abschrecken lassen. Die Kosten werden durch die Vermeidung von Missverständnissen und Konflikten in der Kommunikation (und damit zusätzlichem Aufwand) mehrfach aufgewogen.

Analog zur gesamtgesellschaftlichen Stimmungslage gibt es jedoch auch in der Sozialen Arbeit Vorbehalte, Vorurteile, Rassismus und Anfeindungen. Interkulturelle Öffnung bezieht sich daher auf die Gesamtgesellschaft und die Institutionen, jedoch auch immer in erster Linie auf die eigene Einrichtung und die eigenen Mitarbeiter und Kollegen. Eine Bereicherung können Mitarbeiter mit eigenem Migrationshintergrund und speziellem Sprach- und Kulturwissen sein.

Viele Einrichtungen erleben die neue Zielgruppe als Bereicherung für das Einrichtungsklima. Manche Themen des Einrichtungsalltags gewinnen durch das Interesse der Jugendlichen neu an Bedeutung, so beispielsweise das gemeinsame Essen und Kochen oder die Wertevermittlung. UmF-Jugendliche werden in vielen Einrichtungen als positive Vorbilder für die einheimischen Jugendlichen wahrgenommen. So kommt es häufig zu positiven Wechselwirkungen. Einheimische Jugendliche profieren vom Einblick in andere Kulturen und Sozialisationen. Gleichzeitig können umF-Jugendliche von den in Deutschland sozialisierten Jugendlichen lernen. Für die Jugendlichen ist dies jeweils eine Möglichkeit, sich in einer positiven Rolle selbst wahrzunehmen, indem sie von dem jeweiligen Gegenüber als „Experte" wahrgenommen werden.

Einrichtung, Mitarbeiter und Jugendliche werden über diese Zielgruppe mit dem Thema Migration/Fluchterfahrungen/Interkulturalität usw. vertraut und im Umgang kompetent gemacht (z. B. auch durch die Arbeit mit Dolmetschern). Durch die hohe Zahl an Zuzügen von Flüchtlingskindern und Familien wird interkulturelle Kompetenz immer weiter in den Fokus rücken. Die Arbeit mit Flüchtlingskindern wird eine dauerhafte Herausforderung für die Soziale Arbeit sein und insbesondere die Kinder- und Jugendhilfe in den kommenden Jahren weiter verändern. Die Grenzen der Arbeit werden bei dieser Zielgruppe häufig sichtbar und fordern das Professionsverständnis heraus. Die Gefahren von sekundärer Traumatisierung und Burnout usw. sind nicht zu unterschätzen. Gleichzeitig bietet ein konstruktiver Diskurs die Chance für Veränderung und Weiterentwicklung. Die Zielgruppe der umF fordert die Soziale Arbeit und die Jugendhilfe insbesondere heraus, an oder sogar über ihre Grenzen zu gehen.

Beispiel: Der muslimische Fastenmonat Ramadan stellt viele Einrichtungen vor große Herausforderungen. Häufig wird diese Zeit von Mitarbeitern und Jugendlichen als zusätzliche Belastung empfunden. Gelingt es, das Thema aktiv aufzugreifen und die gegenseitigen Erwartungen, Möglichkeiten und Grenzen zu kommunizieren, bietet dieses „Event" viele positive Erfahrungs- und Begegnungsmöglichkeiten für alle Beteiligten. In den letzten beiden Jahren wurde das Freitagsgebet im Monat des Ramadans im CJW gemeinsam mit einem Freiburger Imam abgehalten. Neben den muslimischen Jugendlichen waren dazu auch die Mitarbeiter der Einrichtung eingeladen. Die Ansprache des Imams wurde dabei je nach Besucherinteresse neben Deutsch auch in Arabisch oder Englisch verlesen.

5.1.2.7 Partizipation/politische Bildung/Selbstorganisation von umF fördern

Um den umF in ihrer beschriebenen (teilweisen) Selbstständigkeit gerecht zu werden, ist das frühzeitige, altersgerechte Beteiligen der Jugendlichen in allen Phasen der Hilfeplanung entscheidend. Beteiligung am Hilfeverfahren ist bei umF ebenso wichtig wie bei einheimischen Jugendlichen. Wie bereits beschrieben, haben die meisten umF-Jugendlichen klare Ziele und Vorstellungen und eine hohe Motivation, diese zu erreichen. Bessere Voraussetzungen für eine gelingende Hilfeplanung kann man sich kaum vorstellen.

Die Jugendhilfe spielt als „Übersetzer und Vermittler zwischen den Welten" eine wichtige Rolle für die Perspektiventwicklung der umF. Sie befähigt die Jugendlichen, immer wieder Erwartungen und Wünsche mit der Realität abzugleichen und so die vorhandenen Möglichkeiten auszuschöpfen, anstatt an den eigenen Erwartungen zu scheitern. UmF müssen über die Möglichkeiten und Grenzen aufgeklärt und bei der Entscheidung beraten werden. Häufig kennen sie nicht alle Möglichkeiten, die sich in Deutschland bieten, teilweise sind die Jugendlichen auch falsch oder schlecht informiert. Als Neuankömmlinge müssen sie die verschiedenen Hilfesysteme (z. B. Jugendhilfe, Bildungssystem, Zivilgesellschaft, Justizsystem etc.) in Deutschland erst kennen- und einschätzen lernen. Diese sehr umfangreiche Aufgabe ist nicht zu unterschätzen. Neben den Betreuern/Pädagogen kommt dabei einmal mehr den Dolmetschern eine wichtige Funktion zu. Wer sich nicht in einer gemeinsamen Sprache ausdrücken kann, wird auch nicht zielgerichtet an einer gemeinsamen Hilfeplanung und deren Umsetzung mitarbeiten können.

Gelebte Partizipationskonzepte gibt es mittlerweile in fast allen Einrichtungen der Jugendhilfe. Erfahrungsgemäß greifen diese Konzepte in ihren Grundprinzipien auch bei unbegleiteten Minderjährigen. In der Ankommensphase sind ggf. flankierende Maßnahmen wie z. B. Dolmetscher nötig. Hier beginnt die Vermittlung von Werten und Normen. Ein weitere Aspekt ist nicht außer Acht zu lassen: die meisten umF-Jugendlichen waren (oder sind) in ihrem Leben häufig Ungerechtigkeiten ausgesetzt. Viele Jugendliche reagieren daher sehr sensibel auf tatsächliche oder vermeintliche Ungleichbehandlung. Aus ihrer Sicht wiegen Ungerechtigkeiten gerade in einem Land wie Deutschland, dem ein „demokratischer" bzw. „Menschenrechte achtender" Ruf vorauseilt, besonders schwer. Hier besteht ein hohes Missverständnispotential, das in der Praxis immer wieder zu Konflikten führt. Partizipationsmethoden und die damit verbundenen Mitspracherechte sind daher gerade von dieser Zielgruppe eine in der Regel geschätzte und von den Jugendlichen gern genutzte Möglichkeit.

Geht man den Weg der Partizipation konsequent weiter, gilt es den jungen Menschen Instrumente und Methoden zur Selbstorganisation an die Hand zu geben. In Deutschland gibt es bisher sehr wenige Initiativen, in der sich junge (begleitete und unbegleitete) Flüchtlinge unter Anleitung selbst organisieren (die bekannteste ist „Jugendliche ohne Grenzen").[414] Bei der hohen Zahl an jungen Flüchtlingen in Deutschland erstaunt dies. Es ist zu hoffen, dass die umF sich in den nächsten Jahren mehr und mehr selbst organisieren, um ihre eigenen Rechte und Ideen zu vertreten.

Beispiel: Das Partizipationskonzept „Soziales Lernen in Gruppen" (SOLIG) im Christophorus Jugendwerk ließ sich in den letzten Jahre auch für die Zielgruppe der umF nutzen. Flankierende Maßnahmen wie Dolmetscher sind in der

---

414 www.jogspace.net

Anfangsphase notwendig, die Mitbestimmungsmöglichkeiten werden jedoch von allen Jugendlichen genutzt. Für die Ankommensphase wurde das Konzept heruntergebrochen. So finden auch im Rahmen der Inobhutnahme wöchentlich Gruppengespräche statt, in denen die Jugendlichen gruppenrelevante Themen diskutieren können und so erste Schritte der Beteiligung kennenlernen können.

5.1.2.8 Effizient und auf Augenhöhe kooperieren

Grunddilemma der überwiegenden Mehrheit der umF ist die fehlende Zeit. Führt man sich vor Augen, dass der Großteil der umF im Alter von 16 bis 17 Jahren nach Deutschland kommt[415], wird schnell deutlich, dass im Rahmen des Unterstützungssystems Jugendhilfe wenig Zeit für Entwicklung und Förderung bleibt. In vielen Kommunen werden Hilfen über das 18. Lebensjahr hinaus weiterhin nicht oder nur sehr sporadisch genehmigt. Doch auch da, wo Hilfen bis zum 21. Lebensjahr gewährt werden, ist der Zeitraum im Verhältnis zu den anstehenden Aufgaben und Herausforderungen kurz. Für die jungen Menschen heißt es, sich in kürzester Zeit mit der neuen Umgebung vertraut zu machen, sich einzugewöhnen, sich zu orientieren, Entscheidungen für den weiteren Werdegang zu treffen und diesen dann konsequent weiterzuverfolgen. Selbst für junge Heranwachsende, die in Deutschland geboren und aufgewachsen sind, ist das bereits eine große Herausforderung. Laut Eurostat ziehen deutsche junge Männer im Schnitt mit 24,7 Jahren aus dem elterlichen Haushalt aus, also gute vier Jahre nach jungen Care Leavern der Jugendhilfe[416].

In der Arbeit mit umF ist daher ein effizientes, zielgerichtetes Vorgehen im Clearingverfahren und der Hilfeplanung entscheidend. Hier kann für die jungen Menschen viel wertvolle Zeit verloren gehen, die im Nachhinein häufig nicht mehr aufzuholen ist. Eine enge Vernetzung und Kooperation der beteiligten Institutionen ist daher von zentraler Bedeutung. Dies ist für die Beteiligten häufig eine große Herausforderung und mit einem hohen organisatorischen Aufwand verbunden. In der Praxis hat sich der enge Austausch bewährt. Dabei sind sowohl regelmäßige Kooperationstreffen als auch die Benennung von zentralen Ansprechpartnern der Kooperationspartner hilfreich.

Beispiel: Im Christophorus Jugendwerk wurde aus dieser Überlegung heraus der sogenannte „Fachdienst umF" entwickelt. Die Mitarbeiter dieses Fachdienstes bilden die Schnittstelle zwischen dem Jugendlichen und den Gruppenbetreuern

---

415 2015 im CJW: ca. 75 % aller Neuaufnahmen.
416 Vgl. Durchschnittsalter junger Menschen beim Verlassen des elterlichen Haushalts nach Geschlecht in Ländern Europas im Jahr 2014, unter: www.de.statista.com, 2016.

auf der einen Seite und den Kooperationspartnern auf der anderen Seite. Zwischen den zentralen Kooperationspartnern (Jugendamt, Schule, KJP, Polizei usw.) finden regelmäßige Austausch- und Abstimmungstreffen statt. Diese werden von allen Beteiligten als gewinnbringend und für die alltägliche Arbeit als entlastend empfunden.

5.1.2.9 UmF-Jugendliche mithilfe der Gesellschaft beheimaten
Was in der klassischen Jugendhilfe schon herausfordernd ist, wird bei den jungen Flüchtlingen noch bedeutsamer. Diese Jugendlichen verfügen meist über keine oder wenige Netzwerkstrukturen in Deutschland, von denen sie nach dem Ende der Jugendhilfe aufgefangen werden.

Es gibt in Freiburg viele Bürger, die sich gerne und sehr motiviert ehrenamtlich in die Betreuung und Begleitung der jungen Menschen einbringen. Zudem gibt es eine hohe Bereitschaft von Vereinen und anderen zivilgesellschaftlichen Organisationen, die bestehenden Angebote für Flüchtlinge zu öffnen oder zusätzliche Angebot zu schaffen. Im Zuge der höheren medialen Präsenz des Themas seit Herbst 2015, stiegen das Interesse und die Bereitschaft an ehrenamtlicher Arbeit mit umF noch einmal deutlich. Dieses Engagement ist ein Glücksfall für die Jugendlichen und die Jugendhilfe. Es bietet die Chance, dass Jugendhilfeeinrichtungen nicht als geschlossene „Inseln" in den Kommunen wirken, sondern sich nach außen öffnen. Viele Jugendhilfeeinrichtungen beschäftigen sich mit der Frage nach der dauerhaften Beheimatung der jungen Menschen. Dabei spielt neben der Frage nach dem zukünftigen Wohnort (Stichwort bezahlbarer Wohnraum) die Einbettung in die Zivilgesellschaft eine zentrale Rolle. Um die Entwicklung von umF nachhaltig zu gestalten, ist die frühzeitige Verknüpfung mit der Umgebung ein zentraler Baustein. Zum Leben in Selbstständigkeit gehört auch ein tragfähiges soziales Netzwerk mit der die Jugendhilfe überdauernden stabilen Beziehungen. Dies kann die Jugendhilfe ohne Einbindung der Gesamtgesellschaft nicht erreichen.

Gerade in Bezug auf umF ist häufig ein hohes Engagement der Beteiligten für die Zielgruppe sichtbar. Neben Mitleid aufgrund der Schicksale der Jugendlichen spielt dabei sicherlich auch die von vielen Jugendlichen ausgedrückte Dankbarkeit bzw. die Motivation zur Mitarbeit eine große Rolle. Es fällt leicht, sich für die „Betroffenen" einzusetzen. Die Zielgruppe der umF bietet zudem mancherorts die Chance für eine neue gesellschaftliche Anerkennung. Viele Bürger melden Interesse an ehrenamtlichem Engagement gezielt im Zusammenhang mit der Gruppe der umF an. Dies bietet für Einrichtungen die Möglichkeit für neue Zugänge in die Zivilgesellschaft. Die oben beschriebene interkulturelle Öffnung kann insofern auch eine Öffnung in die Gesamtgesellschaft sein.

Wichtig ist, dass ehrenamtliche die hauptamtliche Arbeit ergänzt und nicht ersetzt. Bei steigendem Kostendruck und fehlenden Fachkräften ist dies natürlich ein verlockender Gedanke. Es gilt vielmehr, das bürgerschaftliche Engagement zu bündeln und zu koordinieren. Hilfreich ist es dabei, wenn Ansprechpartner benannt werden, sodass sich der organisatorische Aufwand für Ehrenamtliche und Einrichtung in Grenzen hält. Die Engagierten sollten in ihrer Tätigkeit begleitet und geschult werden. Zudem gilt es, ihre Arbeit gezielt in die Hilfeplanung miteinzubinden, sodass sie nicht am eigentlichen Ziel vorbei geht: die Jugendlichen auf dem Weg zu selbstständigen Mitgliedern der Gesellschaft zu unterstützen.

Beispiel: Um das ehrenamtliche Engagement zielgerichtet für die Jugendlichen und gewinnbringend für die Ehrenamtlichen zu gestalten, wurde im Christophorus Jugendwerk das Programm „Volunteer Solinet – Heimat bilden" ins Leben gerufen. Zentrales Instrument ist ein Patenschaftsprogramm, das Jugendliche und Engagierte zusammenbringt und auf ihrem gemeinsamen Weg begleitet. Betätigungsfelder sind Schul- und Sprachförderung, Ausbildungsbegleitung, Freizeitbegleitung sowie die Unterstützung bei der Suche nach Wohnraum. Mitte 2016 bestehen ca. 15 Patenschaft-Tandems. Sowohl Jugendliche als auch Ehrenamtliche freuen sich über diese Begegnungsmöglichkeit.

5.1.2.10 UmF als Thema von Forschung und Lehre verankern

In der Betreuung von umF (wie in der Jugendhilfe allgemein) sind Berufseinsteiger sehr präsent. Durch die gestiegene Bedeutung der Zielgruppe gewinnt diese auch für junge Fachkräfte an Attraktivität. Das relativ neue Arbeitsfeld bietet Mitgestaltungsmöglichkeiten und Entwicklungschancen. Dabei kommen die Fachkräfte meist entweder mit einem Ausbildungsschwerpunkt der Kinder- und Jugendhilfe oder der Migration mit ihren jeweiligen Sichtweisen. In der Praxis müssen beiden Themen sehr schnell verknüpft werden. Spezialisierte Seminare oder Vorlesungen, die beide Sichtweisen verknüpfen, gibt es bisher recht wenig. Es gilt daher, das Thema umF mit allen Teilaspekten vermehrt in die Lehre der Hochschulen einzubringen. Dies kann vor allem an der Schnittstelle der Bereiche Kinder- und Jugendhilfe sowie Migration geschehen, betrifft jedoch letztlich fast alle Bereiche des Studiums der Sozialen Arbeit (Psychologie, Recht, Soziologie,

Politikwissenschaft, Pädagogik etc.). Das Thema umF verbindet viele Bereiche der Sozialen Arbeit und ist daher hervorragend für die Lehre geeignet. Dies gilt insbesondere für die Auseinandersetzung mit dem Professionsverständnis.

Mit dem oben erwähnten Kostendruck der Jugendhilfe geht meist auch ein Begründungsdruck einher. Dieser wird auch in den aktuellen politischen Debatten sichtbar. Mit den Zugangszahlen der umF steigen auch die Kosten für Betreuung, Unterbringung und Versorgung. Dies bringt wiederum die Jugendhilfe in Legitimationsdruck. Es gilt daher, das Thema umF wissenschaftlich zu bearbeiten, zu erforschen und die erreichten Erfolge und deren Nachhaltigkeit sichtbar zu machen. Dies ist in der Praxis zwar häufig aufwendig und eine zusätzliche (zeitliche und finanzielle) Belastung, die jedoch zur dauerhaften Sicherung der Arbeit unablässig ist. Bisher gibt es wenige wissenschaftliche Untersuchungen zur Zielgruppe der umF, was vor allem an der bisher überschaubaren Zahl liegt. Dies wird sich durch den erhöhten Zuzug insbesondere im Jahr 2015 sicherlich ändern.

In Lehre und Forschung ist die Trennung von umF und (begleiteten) Flüchtlingskindern und -jugendlichen bzw. jungen Erwachsenen oder Familien nur bedingt hilfreich. Insgesamt ergeben sich zwischen den Zielgruppen große Schnittmengen. Alle genannten Gruppen sind Adressaten sozialarbeiterischen Handelns. Es gilt, die interkulturelle Öffnung der Themengebiete und entsprechenden Einrichtungen voranzutreiben. Flucht und Migration sind Themen der gesamten Sozialen Arbeit geworden. Die Arbeit mit umF wird eine dauerhafte Herausforderung für die Soziale Arbeit sein und wird insbesondere die Kinder- und Jugendhilfe in den kommenden Jahren weiter verändern. Hier können Forschung und Lehre wichtige Impulse setzen, die im meist hektischen Alltag der Jugendhilfe als Orientierung dienen können.

Beispiel: Aktuell untersucht eine Studie des Instituts für Kinder- und Jugendhilfe (IKJ) gemeinsam mit dem Bundesverband katholischer Einrichtungen und Dienste der Erziehungshilfen e.V. (BVKE) Hilfeverläufe von umF in Deutschland. Die Daten dazu liefern diverse Jugendhilfeeinrichtungen. Dies bedeutet für die Einrichtungen zwar zusätzliche Arbeit, gleichzeitig wird es jedoch so gelingen, die Erfolge der umF-Arbeit aufzuzeigen und damit die Legitimation der Sozialen Arbeit mit umF zu stärken. Zudem verbindet die Katholische Hochschule Freiburg und das Christophorus Jugendwerk eine langjährige Kooperation, in deren Rahmen Mitarbeiter des Christophorus Jugendwerks ihre Praxiserfahrung in die Lehre einbringen.

5.1.2.11 Politisch, anwaltschaftlich und ethisch Position beziehen

Die Soziale Arbeit mit umF-Jugendlichen kommt, will sie sich ernsthaft an den Bedürfnissen ihrer Klienten orientieren, nicht an politscher Positionierung vorbei. Besonders im aktuellen Diskurs um den Verbleib der umF im Zuständigkeitsbereich des SGB VIII und der Diskussion um den Umgang mit Flüchtlingen und Einwanderung in Europa sind die Soziale Arbeit und die Jugendhilfe gefordert, sich für den Vorrang des Kindeswohls vor ordnungspolitischen Überlegungen einzusetzen. Die Diskussion um den Verbleib der umF im Zuständigkeitsbereich des SGB VIII zeigt deutlich, dass der Vorrang des Kindeswohls auch fünf Jahre nach der Rücknahme des Vorbehalts zur UN-Kinderrechtskonvention noch nicht flächendeckend handlungsleitend ist. Die rechtlichen Grundlagen dafür sind geschaffen. In der Praxis werden individuelle Ansprüche jedoch häufig nicht umgesetzt. Den Jugendlichen selbst fehlen dabei häufig das Wissen und das Durchsetzungsvermögen, Ansprüche einzufordern. Die Jugendhilfe ist daher umso mehr gefordert, sich anwaltschaftlich für die Interessen diese Zielgruppe einzusetzen und die rechtlichen Möglichkeiten auszuschöpfen. Ziel muss es weiterhin sein, dass jeder junge Mensch ohne Unterscheidung der Herkunft, sondern dem individuellen Hilfebedarf entsprechend, Zugang zu allen notwendigen Maßnahmen der Jugendhilfe erhält.

Jugendhilfe trägt einen zentralen Teil zur Integration der umF in die Gesamtgesellschaft bei. Sie ist dabei Türöffner und Weltenvermittler. Allerdings kann der Erfolg dieser Jugendlichen im großen Stil nur gelingen, wenn ordnungspolitische Interessen in den Hintergrund gestellt werden. Das Primat der Jugendhilfe und die damit verbundene zentrale Stellung des Kindeswohls in allen Entscheidungsprozessen gilt es flächendeckend einzufordern und zu verfestigen. Die Bundesrepublik muss sich dabei an ihrem selbstgegebenen Maßstab nach der Rücknahme des Vorbehalts zur UN-Kinderrechtskonvention messen lassen. Ordnungspolitische Überlegungen dürfen dabei nicht relevant sein. Wo dies nicht geschieht, muss sich Jugendhilfe anwaltschaftlich für die ihr anvertrauten Jugendlichen einsetzen. Es muss ihr ureigenes Interesse sein, für die Weiterentwicklung der Hilfssysteme und die damit verbundene Verbesserung der Durchsetzung der individuellen Rechte der Jugendlichen einzutreten. Ohne Veränderungen der Gesamtstruktur der Einwanderungsgesellschaft wird sich auf Dauer auch nur wenig nachhaltiger „Erfolg" in der umF-Arbeit einstellen. Die Kinder- und Jugendhilfe kann mit den bewährten Methoden, Maßnahmen und Einrichtungen viel erreichen, ist aber auch auf die nachfolgenden und begleitenden Unterstützungssysteme angewiesen. Wie am Begriff der „umF" gezeigt, sollte die Soziale Arbeit ihre professionelle Sichtweise verstärkt definieren und kundtun. Dafür ist Selbstbewusstsein der Profession notwendig. Dies darf sich die

Jugendhilfe aufgrund ihres wichtigen Beitrages zu dieser gesamtgesellschaftlichen Herausforderung anmaßen. Hilfreich ist dabei wieder die enge Kooperation und dauerhafte Vernetzung der beteiligten Akteure. Darüber hinaus ist es von zentraler Bedeutung, über die Zielgruppe aufzuklären, Daten und Fakten darzustellen und das Erreichte in der Öffentlichkeit offenzulegen.

Beispiel: Im Frühjahr 2014 kam es in Freiburg zu einer Serie von Raubüberfällen, die schnell der (besonders schutzwürdigen) Gruppe der umF zugeschrieben wurde. Faktisch waren nur einzelne umF tatsächlich beteiligt. In der medialen Berichterstattung wurde jedoch an vielen Stellen die Gesamtgruppe der umF mit den Straftaten in Verbindung gebracht, was massive negative Auswirkungen auf die Jugendlichen und die Arbeit der Beteiligten hatte. Es war aus Einrichtungssicht für den Fortgang der Arbeit entscheidend, positive bzw. differenziertere Berichterstattung zu ermöglichen. Teilweise sind die negativen Auswirkungen der Berichterstattung noch heute zu spüren. Ohne die klare anwaltschaftliche Positionierung nicht nur der Einrichtung für die Zielgruppe und der gleichzeitigen gezielten Kooperation mit der Polizei, wäre die weitere positive Entwicklung der Arbeit mit umF in Freiburg nicht möglich gewesen.

5.1.2.12 Personenunabhängige Qualitätsstandards und Strukturen schaffen

Eigentlich ist die Frage nach Qualitätsstandards nicht relevant, da es schon ausreichend formulierte Standards der Kinder- und Jugendhilfe gibt. Zentraler Baustein dabei ist das SGB VIII. Allerdings wird in der Praxis immer wieder deutlich, dass diese Standards aus sachlichen Zwängen (fehlende Immobilien, fehlendes Fachpersonal etc.) oder aus Kostengründen im Bereich der umF oft (zumindest zeitweise) unterlaufen werden. Es besteht die Gefahr, dass diese temporäre Absenkung der Standards zu einer dauerhaften Absenkung führt. Wo Standards aus sachlichen Zwängen temporär unterlaufen werden, ist ein deutliches Bekenntnis zu den Qualitätsstandards der Jugendhilfe sowie ein Plan zur Wiederherstellung der Standards zwingend erforderlich. Die Jugendhilfe ist darüber gefragt, zu begründen, warum und wie umF in der Jugendhilfe adäquat und zielführend versorgt und betreut werden. Es gilt, über die allgemeinen Standards hinausgehende Notwendigkeiten zu identifizieren und zu begründen (z. B. Dolmetscherarbeit, interkulturelle Bildungsarbeit usw.). Ein Schritt in Richtung einheitliche Standards könnte es sein, auf lokaler Ebene gemeinsame Konzepte für die Versorgung und Betreuung von umF zu entwickeln. So kann es gelingen, zumindest regional eine gewisse Verbindlichkeit für alle Beteiligten herzustellen

Es ist klar, dass Qualitätsstandards immer auch mit Kosten verbunden sind. Der Soziologe Martin Baethge wird in einem Beitrag zum Bildungsbericht 2016 auf Spiegel Online.de mit folgender Aussage zitiert: „So preiswert ist die Integration Hunderttausender Kinder und Jugendlicher nie wieder zu haben."[417] Und, so der Artikel weiter, wenn die Integration jetzt nicht gelinge, würden die Folgekosten in einigen Jahren um „ein Zigfaches" höher sein.[418] Was hier vornehmlich auf den Bildungsbereich bezogen wird, lässt sich auf die Kinder- und Jugendhilfe übertragen. Junge Flüchtlinge, die nicht sofort nach der Ankunft adäquat versorgt und betreut werden, werden häufig zu Schul- und Ausbildungsabbrechern, Integrationsverweigerern, Straftätern usw. Die Mechanismen sind bekannt.

Thomas Berthold, damals Referent beim Bundesfachverband umF e. V., konstatierte 2014 anlässlich eines Vortrags in Freiburg, dass der Erfolg einer Hilfe bei umF weiterhin maßgeblich vom persönlichen Engagement Einzelner abhänge.[419] Dies ist einerseits ein Auftrag an die Politik und die Jugendhilfe, personenunabhängige Strukturen und Hilfen zu gewährleisten. Gleichzeitig beschreibt es auch eine zentrale Erfahrung der Praxis: umF-Arbeit geht nicht ohne Beziehungsarbeit. Dafür müssen einzelne Menschen zusammengebracht werden. Wo es gelingt vertrauensvoll, auf Augenhöhe, an den Plänen des Jugendlichen ansetzend, Perspektiven zu entwickeln und umzusetzen, stehen die Chancen gut, dass Jugendliche aus dieser sehr sensiblen Lebensphase gestärkt hervorgehen und langfristig nicht auf Hilfe von außen angewiesen sein werden.

Beispiel: In der Kooperation mit dem Jugendamt der Stadt Freiburg (und den anderen Kooperationspartnern) ist es in den vielen Gesprächen und Diskussionen der letzten Jahre gelungen, eine gemeinsame Linie und damit Verbindlichkeit in der Arbeit mit den umF zu entwickeln. So ist es möglich, die Hilfen für die Jugendlichen effizient und effektiv zu gestalten.

---

417 Himmelrath (2016).
418 Vgl. ebd.
419 Berthold (2014).

5.1.3 Fazit und Ausblick

Das Thema umF ist ebenso komplex wie die Zielgruppe selbst.

Für das Christophorus Jugendwerk ist die Zielgruppe der umF ein Glücksfall. Gemäß dem Einrichtungsmotto „Wir bilden Zukunft" lässt sich kaum eine passendere Zielgruppe finden als diese jungen Flüchtlinge, die nach Deutschland kommen, um sich eine bessere Zukunft aufzubauen. Dabei gibt es selten Jugendliche, denen die Bedeutung von Bildung für die Perspektiventwicklung erst noch näher gebracht werden muss.

Als kirchliche Einrichtung ist das Christophorus Jugendwerk gefragt, sich auch den ethischen Fragen der Arbeit mit umF zu stellen. Beispiele hierfür sind der Umgang mit den Jugendlichen, die sich der Umverteilung verweigern oder der Umgang mit Abschiebungen. Auch hier ist die Jugendhilfe aufgefordert, sich zu positionieren. Die Einrichtungen und Verbände sind aufgerufen, die Erfolge der Arbeit und vor allem die Erfolge der jungen Flüchtlinge sichtbar zu machen und zu honorieren.

Die Effekte der Umverteilung bleiben abzuwarten. Allerdings zeigt sich jetzt schon deutlicher Optimierungsbedarf in der praktischen Umsetzung. Zudem gilt es zu eruieren, welche Auswirkungen die Umverteilung auf die Jugendlichen sowie den weiteren Hilfeverlauf haben. Die Kapazitätenplanung wird weiterhin für alle Beteiligten schwierig sein. Dies sollte jedoch nicht davon abhalten, die Konzepte und Qualitätsstandards der Arbeit mit umF stetig weiterzuentwickeln und zu verfestigen. Die Zielgruppe wird die Soziale Arbeit in vielen Facetten über Jahre hinweg beschäftigen.

Bei alldem ist viel Geduld und Durchhaltevermögen gefragt. Auch bei umF gibt es Rückschläge, Rückschritte und Fehltritte. Diese gilt es nach allen Regeln der Kunst der Sozialen Arbeit zu bearbeiten. Das gemeinsame Ziel der Jugendhilfe muss es weiterhin sein, allen Jugendlichen unabhängig von ihrer Herkunft die gleichen Chancen in Deutschland zu ermöglichen.

5.2 Evaluation der pädagogischen Arbeit mit unbegleiteten minderjährigen Flüchtlingen

Timo Herrmann, Michael Macsenaere, Stephan Hiller

Die Frage nach dem Umgang mit Flüchtlingen ist in den letzten Jahren das bestimmende Thema in unserer Gesellschaft und Politik. Umso mehr erstaunt es, dass nahezu keine wissenschaftlich abgesicherten Daten zur Entwicklung von Flüchtlingen in unserer Gesellschaft vorliegen. Dies betrifft auch die unbegleiteten minderjährigen Flüchtlinge. Vor diesem Hintergrund führt der Bundesverband katholischer Einrichtungen und Dienste der Erziehungshilfen e. V. (BVkE) in Kooperation mit dem Institut für Kinder- und Jugendhilfe (IKJ) seit Mai 2014 eine Evaluation stationärer Jugendhilfemaßnahmen für unbegleitete minderjährige Flüchtlinge/Ausländer durch. Damit werden zum ersten Mal wissenschaftlich abgesicherte Aussagen zur Effektivität pädagogischer Arbeit mit diesen besonders belasteten Jugendlichen gewonnen. Auf dieser Basis sollen die Hilfen einerseits weiter optimiert und andererseits deren Wirksamkeit überprüft werden. An dem Projekt beteiligen sich 36 Kinder- und Jugendhilfeeinrichtungen aus Deutschland und Österreich. Dieses Vorhaben wird mit Mitteln der Glücksspirale über drei Jahre gefördert.

Seit Frühjahr 2016 liegen *Zwischenergebnisse* vor, die auf folgenden Stichprobenumfängen basieren:
- 397 Hilfen, die in der Aufnahme-Einrichtung zu Hilfebeginn dokumentiert wurden
- 99 Hilfen, für die Informationen zum Beginn der Jugendhilfe und nach einem halben Jahr vorlagen

Trotz dieser relativ großen Umfänge sind diese Ergebnisse noch als vorläufig anzusehen, da bis zum Ende der Evaluation die Stichprobe noch merklich anwachsen wird. Die vorliegenden Zwischenergebnisse betreffen folgende, chronologisch angeordneten Themenbereiche:
- Person, Heimatland, Flucht
- Inobhutnahme
- Ende Inobhutnahme/Beginn Jugendhilfe
- Veränderungen in den ersten sechs Monaten der Jugendhilfe

5.2 Evaluation der pädagogischen Arbeit mit unbegleiteten minderjährigen Flüchtlingen

5.2.1 Person, Heimatland, Flucht

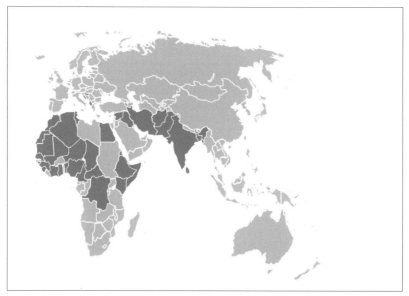

Abbildung: Herkunftsländer der minderjährigen Unbegleiteten

Die Jugendlichen kommen aus 36 verschiedenen Ländern Asiens, Afrikas und Europas, davon etwas weniger als ein Drittel (30,8 %) aus Afghanistan, 15,2 Prozent aus Syrien, 11,6 Prozent aus Eritrea, 10,4 Prozent aus Somalia und 6,3 Prozent aus Ghana, alle anderen Länder sind mit einer relativen Häufigkeit < 5,0 Prozent vertreten. Der Anteil männlicher Jugendlicher liegt bei 96,2 Prozent, die Bundesstatistik weist zum Vergleich für 2015 einen Wert von 91,4 Prozent auf (allerdings bezieht sich dieser auf den Zeitpunkt der Inobhutnahme).

Während der Inobhutnahme und des damit verbundenen Clearings konnten in 24,0 Prozent der Fälle keine Angaben zu belastenden Erlebnissen im Heimatland gemacht werden, offenbar waren die jungen Menschen noch nicht bereit, über diese traumatisierenden Erfahrungen zu berichten. Diejenigen, die Angaben machten, nannten vor allem (Bürger-)Krieg, Verfolgung, Armut/Schulden der Familie, Gewalt außerhalb der Familie und familiäre Gewalt als besonders belastende Erlebnisse in ihrer Heimat. Zu den Erlebnissen während der Flucht liegen sogar von mehr als einem Drittel (36,7 %) keine Angaben vor. Hier waren die häufigsten Nennungen: Gewalterfahrung, Fluchttrauma, Inhaftierung, (Bürger-)Krieg und gefährliche/lebensbedrohende Bootsfahrt. Die wichtigsten

Fortbewegungsmittel während der Flucht waren Schiff/Boot, LKW/Bus und PKW (jeweils im Bereich zwischen 60,1 und 49,4 %), etwas mehr als ein Drittel nutzte auch Züge (37,3 %) und 13,3 Prozent das Flugzeug. Zusätzlich zu den vorgegebenen Kategorien wurde in 13,6 Prozent benannt, dass die Flucht zu Fuß erfolgte.

5.2.2 Inobhutnahme

An speziellen Leistungen, die während der Inobhutnahme für die unbegleiteten Minderjährigen durchgeführt wurden, gab es teilweise überraschende Werte: In 96,7 Prozent fand Begleitung zu ärztlichen Untersuchungen statt, in 80,5 Prozent Begleitung zu Ämtern, in 72,2 Prozent wurden Dolmetscher hinzugezogen, bei 60,0 Prozent erfolgte eine Abklärung des Entwicklungs- und Bildungsstandes, in 50,6 Prozent wurden außerschulische Sprachkurse angeboten und nur bei 32,6 Prozent gab es eine Diagnostik des therapeutischen Hilfebedarfs. Hier wurden insbesondere für die beiden Aspekte „Abklärung des Entwicklungs- und Bildungsstandes" und „Diagnostik des therapeutischen Hilfebedarfs" höhere Anteile erwartet, da sie einen originären Auftrag des Clearings darstellen. Dies wird vor allem auf Unklarheiten bezüglich der Kostenübernahme der psychiatrischen Abklärung und auf lange Wartezeiten für Termine bei geeigneten Diagnostikern und Therapeuten zurückgeführt. Weiterhin erfolgt in etlichen Fällen kein Informationsfluss zwischen Inobhutnahmestelle und Folgeeinrichtung zu den während des Clearings erbrachten Leistungen.

5.2.3 Ende Inobhutnahme/Beginn Jugendhilfe

Das Durchschnittsalter bei Beginn der Jugendhilfe beträgt 16,3 Jahre (die Altersspanne reicht dabei von 11 Jahren bis hin zu jungen Volljährigen im Alter von 19 Jahren). Etwa drei Viertel der Hilfen (77,2 %) werden als Hilfe zur Erziehung nach § 27 SGB VIII gewährt, 9,6 Prozent nach § 41 SGB VIII (Hilfe für junge Volljährige). Die Unterbringung erfolgt in 78,8 Prozent der Fälle in Wohngruppen, die ausschließlich mit umF belegt werden, 18,9 Prozent der jungen Menschen werden gemischt mit anderer Jugendhilfeklientel untergebracht. Bei den fehlenden 2,3 Prozent handelt es sich um teilbetreute Angebote bzw. Unterbringung in Pflegefamilien.

Zu Beginn der Jugendhilfe wird der Aufenthalt noch bei 30,5 Prozent der umF nur geduldet, bei 45,7 Prozent liegt eine Gestattung vor und bei lediglich 3,1 Prozent eine Erlaubnis, in 20,7 Prozent ist der Aufenthaltsstatus zum Beginn der Jugendhilfe unbekannt.

5.2 Evaluation der pädagogischen Arbeit mit unbegleiteten minderjährigen Flüchtlingen

Bei der Schulform zeigt sich, dass sich der allergrößte Anteil in besonderen Angeboten zum Spracherwerb oder in sogenannten Integrations-, Förder- oder Intensivklassen befindet.

5.2.4 Veränderungen in den ersten sechs Monaten der Jugendhilfe

Die Ergebnisse für die Veränderungen beziehen sich auf die 99 Hilfen, für die Informationen zum Beginn der Jugendhilfe und nach einem halben Jahr vorliegen.

Ein erster Bereich, der sich in den ersten sechs Monaten der Hilfe ändert, sind die Deutschkenntnisse, was bei einer so intensiven Beschulung in speziellen Sprachklassen auch zu erwarten war. Waren es zu Hilfebeginn noch fast ein Viertel (24,0 %) der umF, die während der Inobhutnahme noch gar keine Deutschkenntnisse erworben hatten, sank dieser Anteil auf 1,0 Prozent nach einem halben Jahr. Gleichzeitig stieg der Anteil derjenigen mit Grundkenntnissen von 57,3 Prozent auf 72,2 Prozent sowie der Anteil derjenigen mit guten/sehr guten Kenntnissen von 17,7 Prozent auf 25,8 Prozent an.

In den Dokumentationsbögen werden auf verschiedenen Dimensionen Ressourcen der jungen Menschen erfasst, diese Dimensionen wurden aus dem Dokumentationsverfahren EVAS übernommen, mit dem seit 1999 bundesweit mehr als 40.000 Erziehungshilfen evaluiert wurden. Daher können die Ergebnisse aus dem Projekt mit den Werten aus EVAS in Beziehung gesetzt werden. Dies geschieht auf der Grundlage eines Ressourcen- und eines Symptomindex, die theoretisch jeweils Werte zwischen 0 (= minimale Ressourcen/Symptome) und 100 (maximale Ressourcen/Symptome) annehmen können. Da sich diese Ergebnisse aufgrund der relativ kleinen Fallzahl und der eher heterogenen Stichprobe noch im Stadium der Vorläufigkeit befinden und sich durch weitere hinzukommende Daten deutlich verändern können, sollen die Befunde nur beschreibend und als Tendenz ohne konkrete Zahlen hier widergegeben werden.

Demnach verfügen die umF zu Beginn der Hilfe über deutlich mehr Ressourcen und eine geringere Symptomatik als die Jugendhilfeklientel in Deutschland, die sich in stationären Maßnahmen und in einem vergleichbaren Alter befindet. Interessanterweise weist eine Teilmenge der umF, deren Hilfe nach § 41 SGB VIII für junge Volljährige gewährt wurde, nochmals bessere Werte auf.

In den ersten sechs Monaten der Jugendhilfe zeigen sich auch jenseits des Spracherwerbs eine Reihe positiver Effekte. So gelingt es, die vorhandenen persönlichen Ressourcen der unbegleiteten minderjährigen Flüchtlinge weiter zu stärken. Interessanterweise fällt der Anstieg dieser Ressourcen im Vergleich mit anderen Jugendlichen in vollstationären Maßnahmen erheblich stärker aus. Betrachtet man eine Teilmenge der jungen Flüchtlinge in der Studie, nämlich diejenigen, die auch über ihre Volljährigkeit hinaus eine Jugendhilfe in Anspruch nehmen, so fallen die beobachteten positiven Effekte nochmals stärker aus: Junge volljährige Flüchtlinge profitieren in besonderem Maße von den angebotenen Hilfen und sind somit auf einem sehr guten Weg, die Kompetenzen und Fertigkeiten zu erwerben, die für eine nachhaltige Integration förderlich sind.

Insgesamt zeichnen die vorliegenden Zwischenergebnisse trotz z.T. schwieriger und sehr differierender Ausgangslagen ein ermutigendes Bild. Die Abschlussergebnisse der Studie mit einer voraussichtlichen Stichprobengröße von ca. 1.000 untersuchten Hilfen werden Längsschnitt-Aussagen über einen erheblich längeren Zeitraum treffen können. Darüber hinaus werden dann auch Befunde zu den erfolgsfördernden und -hemmenden Einflussfaktoren der Hilfen vorliegen.

5.3 Unbegleitete minderjährige Flüchtlinge in der Praxis der Jugendjustiz

Birgitta Stückrath, Ulrich Riesterer

Wer sich mit unbegleiteten minderjährigen Ausländern in der strafrechtlichen Praxis der Jugendgerichte beschäftigen möchte, benötigt ein kombiniertes Fachwissen.[420] Dazu gehört:
- nationales Strafrecht, das (gelockert) akzessorisch zum nationalen Aufenthalts- und Asylgesetz ist (dazu unter 5.3.1)[421],
- Kenntnis der Rechtsfolgen einer strafrechtlichen Verurteilung (5.3.2),
- Strafprozessrecht, das von der Umsetzung einer EU-Richtlinie über Verfahrensgarantien im Strafverfahren für verdächtige oder beschuldigte Kinder (gemeint sind Minderjährige bis 18 Jahre) „bedroht" ist (dazu unter 5.3.3) und
- Recht der Jugendhilfemöglichkeiten nach den Neuregelungen des SGB VIII (dazu unter 5.3.4).

Schließlich wird in einem Praxisüberblick aus jugendrichterlicher Sicht (dazu unter 5.3.5) dargestellt, mit welchen Tätertypen und welchen spezifischen Delikten wir es an den Jugendgerichten zu tun haben.

Dieser Überblick erhebt weder einen Anspruch auf Vollständigkeit, noch auf statistische Repräsentanz, sondern möchte in erster Linie einen Einblick in die momentanen Fragestellungen gewähren. Schließlich soll die aktuell wenig gelungene Verzahnung von Rechtsunsicherheit bei der Anwendung materiellen Strafrechts und einer EU-Richtlinie, die künftig eine anwaltliche Beistandschaft von Minderjährigen weit über das hinaus vorsieht, was Minderjährigen bislang gewährt wird, mit den faktisch an die Grenzen des Machbaren stoßenden Jugendhilfemöglichkeiten aufgezeigt werden. Im Ergebnis führt diese von Unsicherheiten belastete fehlende Verzahnung dazu, dass eine konsequente und schnelle Bestrafung straffällig gewordener minderjähriger unbegleiteter Flüchtlinge erheblich erschwert ist.

---

[420] Die Teile 5.3.1 und 5.3.2 wurden vom Ersten Oberamtsanwalt Ulrich Riesterer, Staatsanwaltschaft Freiburg, bearbeitet.
[421] Das am 31.7.2016 in Kraft getretene Integrationsgesetz hat weitere Neuerungen insb. für einen erleichterten Zugang zum Arbeitsmarkt geschaffen.

5.3.1 Strafvorschriften im Aufenthalts- und Asylgesetz

Das nationale Strafrecht, mit dem unbegleitete minderjährige Flüchtlinge in Konflikt treten können, besteht neben der Anwendung der für alle geltenden Strafbestimmungen (z. B. Diebstahl, Raub, Körperverletzung) in einem speziellen Ausländerstrafrecht, also in Vorschriften, nach denen sich nur Ausländer strafbar machen können. Die wesentlichen Straftatbestände sind dabei im Aufenthaltsgesetz (AufenthG) geregelt.

Die Strafbarkeit von Ausländern nach dem Aufenthaltsgesetz
Die Strafbarkeit von jungen Ausländern, die in Deutschland ab 14 Jahren strafmündig sind, ist im Zusammenhang mit ihrer Ausländereigenschaft in § 95 AufenthG geregelt. Weitere Tatbestände sind in § 98 AufenthG aufgelistet, die jedoch lediglich als Bußgeldtatbestände eingestuft sind. Als ein solcher wird z. B. das Nichtmitführen eines (vorhandenen) Passes bei der Einreise eingestuft. Asylbewerber betreffende Straftatbestände finden sich ergänzend im Asylgesetz (AsylG). Das AufenthG gilt für EU-Bürger nur, soweit das Freizügigkeitsgesetz für EU-Bürger dies ausdrücklich bestimmt.

Die wesentlichen Straftaten sind:
a) Die unerlaubte Einreise – § 95 Abs. 1 Nr. 3 AufenthG
Grundsätzlich benötigen Ausländer stets einen gültigen Reisepass und ein Visum (oder einen Aufenthaltstitel) für die Einreise, anderenfalls läge eine unerlaubte Einreise vor. Ein zum Grenzübertritt berechtigender Aufenthaltstitel wäre z. B. eine Aufenthaltserlaubnis zu Studienzwecken o. ä. Ein Personalausweis genügt nur bei EU-Bürgern als Ausweis.

Bei einigen Staatsangehörigen ist die Einreise grundsätzlich für die Dauer von bis zu drei Monaten zum vorübergehenden Aufenthalt, z. B. als Touristen, erlaubt, sofern ein gültiger Reisepass vorhanden ist. Welche Staaten zu diesem Kreis zählen, regelt die EU-Verordnung VO (EG) 539/2001. Ein Visum oder ein Aufenthaltstitel ist für diesen Personenkreis und für den Fall des befristeten Aufenthalts nicht erforderlich. Dieses Aufenthaltsrecht würde aber mit einer Arbeitsaufnahme erlöschen. Sie hätte zur Folge, dass der erlaubte Aufenthalt zu einem unerlaubten Aufenthalt wird und damit eine Straftat nach § 95 Abs. 1 Nr. 1 AufenthG begangen wird. Die Befreiung gilt auch dann nicht, wenn Staatsangehörige dieser Länder in die Bundesrepublik einreisen mit dem Ziel, hier länger als die erlaubten drei Monate zu verbleiben, z. B. zum Zweck der Arbeitsaufnahme.

Ist ein Visum mit falschen Angaben erschlichen oder durch Drohung oder Bestechung erlangt worden, kann es auch mit Wirkung für die Vergangenheit annulliert werden mit der Folge, dass die damit erfolgte Einreise unerlaubt war.

b) Der unerlaubte Aufenthalt ohne Aufenthaltstitel,
§ 95 Abs. 1 Nr. 2 AufenthG
Der (in aller Regel nur zeitlich begrenzte) Aufenthalt ist erlaubt, wenn ein Aufenthaltstitel vorhanden ist oder Befreiung von der Notwendigkeit eines solchen besteht und wenn ein Pass mitgeführt wird (s. o.).

Wer diese Voraussetzungen nicht erfüllt, ist von Gesetzes wegen vollziehbar ausreisepflichtig und hält sich damit illegal in der Bundesrepublik auf. Der Betreffende kann dann auch zwangsweise aus der Bundesrepublik verbracht werden, wenn er trotz dieser Ausreisepflicht nicht ausreist. Das ist die sogenannte Abschiebung.

Die Abschiebung kann jedoch oft aus tatsächlichen Gründen nicht erfolgen. In aller Regel handelt es sich dabei um die Fälle, in denen die Betreffenden ohne Pass sind. Denn nach § 60a Abs. 2 AufenthG ist die gesetzlich vorgegebene Abschiebung auszusetzen, wenn tatsächliche Hindernisse bestehen, d.h. in der Mehrzahl aller dieser Fälle, dass kein Pass vorhanden ist. Auch wenn sich die Antragsteller vorsätzlich durch Vernichtung der Dokumente „passlos gemacht" haben, gilt prinzipiell das Gleiche.

Personen, bei denen die Abschiebung nicht sofort möglich ist, erhalten eine Duldung (§ 60a AufenthG). Diese ist kein Aufenthaltstitel, sondern eine Bescheinigung über die Aussetzung der Abschiebung. Die Verpflichtung zur Ausreise bleibt bestehen. Die Duldung wird üblicherweise für die Dauer von drei Monaten erteilt und wird jeweils auf Antrag verlängert. Sie schafft auch bei längerem Aufenthalt keinen Anspruch auf Erteilung eines Aufenthaltstitels.

c) Der unerlaubte Aufenthalt ohne Pass – § 95 Abs. 1 Nr. 1 AufenthG
Zur Passpflicht siehe schon oben a). Selbst wenn die Voraussetzungen für die Erteilung einer Duldung vorliegen, ist eine Strafbarkeit wegen passlosen Aufenthalts gegeben, wenn der Pass nicht vorgelegt wird.

Ausländer, die sich ohne Pass im Bundesgebiet aufhalten, sind verpflichtet, sich einen Pass zu beschaffen und an der Passbeschaffung aktiv mitzuwirken (§ 48 AufenthG).[422]

d) Asyl

Auch für Asylantragsteller gilt grundsätzlich zunächst das Aufenthaltsgesetz. Erst mit der Äußerung, Asyl zu suchen, beginnt das Asylverfahren und es ist das Asylgesetz (AsylG) anzuwenden.

Die wichtigsten gesetzlichen Grundlagen sind:
- Art. 16a Grundgesetz (GG), der das Asylrecht ohne zahlenmäßige Obergrenze garantiert,
- das AsylG und

ergänzend Art. 31 Nr. 1 der Genfer Flüchtlingskonvention (GFK).
Dieser lautet:

Flüchtlinge, die sich nicht rechtmäßig im Aufnahmeland aufhalten
Die vertragschließenden Staaten werden wegen unrechtmäßiger Einreise oder Aufenthalts keine Strafen gegen Flüchtlinge verhängen, die unmittelbar aus einem Gebiet kommen, in dem ihr Leben oder ihre Freiheit im Sinne von Artikel 1 bedroht waren und die ohne Erlaubnis in das Gebiet der vertragschließenden Staaten einreisen oder sich dort aufhalten, vorausgesetzt, dass sie sich unverzüglich bei den Behörden melden und Gründe darlegen, die ihre unrechtmäßige Einreise oder ihren unrechtmäßigen Aufenthalt rechtfertigen.

Hierbei handelt es sich nach überwiegender Meinung der Kommentatoren und der Rechtsprechung um einen Strafaufhebungsgrund.

Das bedeutet, dass auch Asylbewerber, die ohne Pass und Aufenthaltstitel einreisen, sich ausnahmslos strafbar machen. Im deutschen Strafrecht wird zunächst geprüft, ob sich ein Beschuldigter strafbar gemacht hat. Wird dies bejaht, kann er bestraft werden. Die Strafe ist die Folge einer verwirklichten Straftat. Nach dieser Systematik entfällt bei Anwendung der Genfer Flüchtlingskonvention allein die Bestrafung, nicht die Strafbarkeit!

---

[422] Bundesverfassungsgericht, Entscheidung vom 12.9.2005, Aktenzeichen: 2 BvR 1361/05, durch Nichtannahmebeschluss zum damals geltenden § 92 Abs. 1 Nr. 2 AuslG 1990.

5.3 Unbegleitete minderjährige Flüchtlinge in der Praxis der Jugendjustiz

Voraussetzung für die Straffreiheit ist allerdings, dass der Asylantragsteller unmittelbar aus dem Gebiet, in dem sein Leben bedroht war, eingereist ist und sich unverzüglich bei den Behörden gemeldet hat. Soweit die Einreise über einen sicheren Drittstaat erfolgt ist, findet Art. 31 GFK dennoch Anwendung, wenn der Flüchtling diesen Staat nur durchquert hat und dort kein schuldhaft verzögerter Aufenthalt vorlag.[423] Sichere Drittstaaten sind die EU-Länder sowie andere Staaten, die in der Anlage I im AsylG aufgelistet sind (§ 26a AsylG).

Das bedeutet, dass Personen, die nach einem Aufenthalt von mehreren Wochen oder gar Monaten in einem sicheren Drittstaat in das Bundesgebiet einreisen und hier Asyl beantragen, sich nicht mehr auf den Schutz von Art. 31 GFK berufen können, ebenso natürlich Staatsangehörige des sicheren Drittstaates. Für diesen Personenkreis gilt § 26a AsylG, wonach sich solche Antragsteller nicht auf Artikel 16a GG berufen können.

Dies gilt prinzipiell in gleicher Weise für Antragsteller aus sicheren Herkunftsstaaten (§ 29a AsylG). Die sicheren Herkunftsstaaten sind in der Anlage II zum AsylG aufgelistet, z. B. einige Länder des Balkans wie Albanien, Bosnien-Herzegowina, Montenegro oder Serbien. Aus diesen Balkanländern stammen die Asylantragsteller mit geringsten Erfolgsaussichten auf Asyl. Die genannten Länder sind auch von der Visumspflicht befreit, sodass eine Einreise ohne Visum möglich ist (s. o. unter 5.3.1a). Der Unterschied zur Verfahrensweise bei Antragstellern aus den sicheren Drittstaaten liegt darin, dass zwar nach dem Gesetz regelmäßig eine Ablehnung der Asylanträge als offensichtlich unbegründet erfolgen muss, dass allerdings bei im Einzelfall nachgewiesener Bedrohungslage ausnahmsweise Asyl gewährt werden kann.

Zur Strafbarkeit in diesem Zusammenhang hat das Bundesverfassungsgericht in den Gründen des oben zitierten Nichtannahmebeschlusses vom 8.12.2014 klargestellt, dass unter die Straffreiheit auch Asylbewerber fallen. Dies klingt selbstverständlich, war es aber bis dahin nicht. Es wurde in Literatur und Rechtsprechung vielfach die Meinung vertreten, dass zunächst feststehen muss, ob der Asylantragsteller tatsächlich als Flüchtling anzusehen ist, um dann unter den Schutzbereich der Genfer Flüchtlingskonvention zu fallen. Das Bundesverfassungsgericht hat zur Begründung ausgeführt, dass diese Ansicht dem Sinn und Zweck der Genfer Flüchtlingskonvention zuwiderliefe. Dies bedeutet im

---

[423] OLG Stuttgart, Urteil vom 2.3.2010, Az.: 4 Ss 1558/09, bestätigt in einem anderen Verfahren durch einen Nichtannahmebeschluss des Bundesverfassungsgerichts vom 8.12.2014, Az.: 2 BvR 450/11, dort Randnummern 31 u. 32.

Ergebnis, dass auch Asylantragsteller, deren Anträge von vornherein unzulässig oder unbegründet sind, bei denen aber die o.a. Kriterien zur unmittelbaren Einreise vorliegen, diesem Schutz unterfallen und nicht bestraft werden können. Ihr Anliegen soll in dem vorgegebenen rechtsstaatlichen Verfahren geprüft und entschieden werden.

Asylantragsteller erhalten eine Aufenthaltsgestattung (§ 55 AsylG). Diese gestattet den Aufenthalt im Bundesgebiet für die Dauer des Asylverfahrens. Sie ist kein Aufenthaltstitel im Sinne des Aufenthaltsgesetzes. Die Aufenthaltsgestattung ist für die Dauer von drei Monaten mit einer räumlichen Beschränkung versehen. Der Antragsteller muss sich während dieser Zeit im Bereich der Ausländerbehörde aufhalten, in deren Bezirk die zuständige Aufnahmestelle für Asylbewerber befindet. Nach Ablauf von drei Monaten erlischt diese Beschränkung (§§ 56, 59a AsylG). Unter bestimmten Voraussetzungen kann die Beschränkung wieder angeordnet werden (z. B. bei Verstößen gegen das Betäubungsmittelgesetz). Ein Verstoß hiergegen ist eine Straftat nach § 85 Nr. 2 AsylG.

Wird die Asylberechtigung oder die Flüchtlingseigenschaft anerkannt, ist eine Aufenthaltserlaubnis zu erteilen (§ 25 AufenthG).

e) Sonstiges
Eine Erwerbstätigkeit ist Inhabern von Aufenthaltstiteln nur dann gestattet, wenn dies im Gesetz oder im Einzelfall durch die Ausländerbehörde gestattet wird.

- Für die Zeit der Verpflichtung der Asylbewerber, in einer Aufnahmeeinrichtung zu wohnen, besteht ein gesetzliches Arbeitsverbot (§§ 61 Abs. 1, 71a Abs. 3 AsylG). Ein Verstoß hiergegen ist eine Straftat nach § 85 Nr. 4 AsylG. Nach Ablauf von drei Monaten gestattetem Aufenthalt in der Bundesrepublik kann einem Asylbewerber die Arbeitsaufnahme mit Zustimmung der Bundesagentur für Arbeit oder aufgrund einer Rechtsverordnung erlaubt werden.
- Wer einen Aufenthaltstitel besitzt (einen solchen erhält ein anerkannter Asylbewerber), der die Arbeitsaufnahme nicht gestattet, begeht eine Ordnungswidrigkeit gemäß § 404 Abs. 2 Nr. 4 SGB III mit Bußgelddrohung bis zu 5.000 Euro, wenn er dennoch eine Arbeit aufnimmt.
- Im Asylverfahren sind falsche Angaben zu Person und Herkunft nicht unter Strafe gestellt. Allerdings bliebe eine Strafbarkeit bei Vorlage gefälschter Dokumente (Geburtsurkunde, Pass) bestehen. Auch Erschleichen von Leistungen (sogenannte Schwarzfahrt) bei der Einreise kann bestraft werden. Solche Taten fallen nicht unter die Straffreiheit nach Art. 31 GFK.

- Strafbar sind falsche Angaben allerdings in Verfahren nach dem AufenthG (§ 95 Abs. 2 Nr. 2 AufenthG). Wichtig wird dies für Asylbewerber dann, wenn sie nach Ablehnung des Asylantrags eine Duldung bekommen (s. o. b). Hier gilt die Wahrheitspflicht, sodass sich der Antragsteller bei jedem Antrag auf Verlängerung der Duldung strafbar macht, wenn er die falschen Angaben zur Person wiederholt oder die vorher erteilte Duldung der Behörde vorlegt. Auch die sonstige Verwendung dieser Duldung im Rechtsverkehr (z. B. bei der Wohnsitzanmeldung, Anmeldung bei der Krankenkasse, Vorlage bei einem Arbeitgeber) verwirklicht den Straftatbestand. Dass dem Ausländer unbeschadet der falschen Angaben aufgrund anderer Umstände ein Aufenthaltstitel zu erteilen ist, ist für den Tatbestand unerheblich, desgleichen, ob die Behörde Kenntnis von der Unrichtigkeit der Angaben hat.

5.3.2 Rechtsfolgen einer strafrechtlichen Verurteilung (und falscher Angaben im Asyl- und Aufenthaltsverfahren)

a) Rechtslage vor Inkrafttreten des Asylverfahrensbeschleunigungsgesetzes vom 20.10.2015 (BGBl. II S. 1722), sogenanntes Asylpaket I

aa) Falsche Angaben im Asyl- und Aufenthaltsverfahren

Nach dem Gesetz zur Umsetzung aufenthalts- und asylrechtlicher Richtlinien der Europäischen Union vom 19.8.2007 (BGBl. I S. 1970, 1988) wurde § 95 Abs. 6 AufenthG eingeführt. Er sieht vor, dass einem Handeln ohne erforderliche Aufenthaltstitel ein Handeln aufgrund eines durch falsche Angaben erschlichenen Aufenthaltstitels gleichsteht. Diese Vorschrift stellt eine Durchbrechung der Akzessorietät von Verwaltungs- und Strafrecht dar.[424]

Auch konnte nach § 55 Abs. 2 Nr. 1a AufenthG alte Fassung (a. F.) ein Ausländer ausgewiesen werden (Ermessensausweisung), wenn er im In- oder Ausland falsche oder unvollständige Angaben zur Erlangung eines deutschen Aufenthaltstitels gemacht hat. Eine Ausweisung konnte nach § 55 Abs. 2 Nr. 2 AufenthG (a. F.) auch bereits dann erfolgen, wenn Verstöße gegen Rechtsvorschriften, gerichtliche oder behördliche Entscheidungen oder Verfügungen ergangen sind, die sich nicht als vereinzelt oder geringfügig darstellen.

---

[424] Vgl. dazu BGH 5 StR 567/11 – Beschluss vom 24.5.2012 (zuvor: LG Berlin).

Zudem war ein Asylantrag nach § 30 AsylG (a. F.) als offensichtlich unbegründet abzulehnen, wenn
1. in wesentlichen Punkten das Vorbringen des Ausländers nicht substantiiert oder in sich widersprüchlich ist, offenkundig den Tatsachen nicht entspricht oder auf gefälschte oder verfälschte Beweismittel gestützt wird,
2. der Ausländer im Asylverfahren über seine Identität oder Staatsangehörigkeit täuscht oder diese Angaben verweigert.

bb) Sonstige Rechtsfolgen einer strafrechtlichen Entscheidung: Zwingende Ausweisung, Regelausweisung, Ermessensausweisung nach §§ 53 Abs. 1 Nr. 1, 54 Abs. 1 Nr. 1, 55 Abs. 2 Nr. 2 AufenthG (a. F.)
Ein Ausländer ohne besonderen Ausweisungsschutz wurde zwingend nach § 53 Abs. Nr. 1 AufenthG (a. F.) ausgewiesen (zwingende Ausweisung), wenn er wegen einer oder mehrerer vorsätzlicher Straftaten rechtskräftig zu einer Jugend- oder Freiheitsstrafe von mindestens drei Jahren oder wegen vorsätzlicher Straftaten innerhalb von fünf Jahren zu mehreren Jugend- oder Freiheitsstrafen von zusammen mindestens drei Jahren rechtskräftig verurteilt worden war.

Ein Ausländer ohne besonderen Ausweisungsschutz wurde bereits in der Regel nach § 54 Abs. 1 Nr. 1 AufenthG (a. F.) durch Regelausweisung ausgewiesen, wenn er wegen einer oder mehrerer vorsätzlicher Straftaten rechtskräftig zu einer Jugendstrafe von mindestens zwei Jahren oder zu einer Freiheitsstrafe verurteilt und die Vollstreckung der Strafe nicht zur Bewährung ausgesetzt worden war.

Wenn ein Ausländer nach § 56 AufenthG (a. F.) besonderen Ausweisungsschutz besaß (z. B. Status als Asylberechtigter oder anerkannter Flüchtling), wurde aus der zwingenden Ausweisung nach § 53 AufenthG eine abgeschwächte Regelausweisung und aus der Regelausweisung eine abgeschwächte Ermessenausweisung.

Bislang wurde trotz vollziehbarer Ausreisepflicht in vielen Fällen jedoch von § 60a AufenthG Gebrauch gemacht und aus völkerrechtlichen oder humanitären Gründen eine Duldung (vorübergehende Aussetzung der Abschiebung) erteilt.

Nach § 58 Abs. 1b AufenthG (a. F.) musste sich die Behörde vor der Abschiebung eines unbegleiteten minderjährigen Ausländers vergewissern, dass er im Rückkehrstaat einer zur Personensorge berechtigten Person oder geeigneten Aufnahmeeinrichtung übergeben wird.

Auch konnte (und kann zunächst immer noch) nach § 60 Abs. 7 AufenthG von einer Abschiebung abgesehen werden, wenn im Rückkehrstaat eine erhebliche Gefahr für Leib oder Leben des Ausländers bestand.

**b) Änderungen durch das sogenannte Asylpaket I:
Inkrafttreten des Asylverfahrensbeschleunigungsgesetzes vom
20.10.2015 (BGBl. II S. 1722)**
Die Ausweisungssystematik wurde geändert. Nach § 53 Abs. 1 AufenthG ist nun eine Einzelfallabwägung zu treffen und es erfolgt eine Ausweisung, wenn das öffentliche Interesse an der Ausreise das Interesse des Ausländers am Verbleib überwiegt.

Als besonders schwer wurde das in § 53 Abs. 1 AufenthG genannte Ausweisungsinteresse in § 54 Abs. 1 Nr. 1 AufenthG dahingehend konkretisiert, dass es dann vorliegt, wenn zu einer Jugendstrafe oder Freiheitsstrafe von mehr als zwei Jahren verurteilt wurde.

In § 54 Abs. 2 AufenthG wurde das Ausweisungsinteresse als schwer, nicht jedoch besonders schwer bestimmt, wenn zu einer Freiheitsstrafe von einem Jahr verurteilt wurde (Nr. 1), zu einer Jugendstrafe von mindestens einem Jahr ohne Bewährung verurteilt wurde (Nr. 2) oder in einem Verwaltungsverfahren im In- oder Ausland falsche oder unvollständige Angaben zur Erlangung eines deutschen Aufenthaltstitels gemacht wurden (Nr. 8 a).

**c) Die Neuregelungen nach Inkrafttreten des sogenannten
Asylpakets II
aa) Gesetz vom 11.3.2016 (in Kraft seit 17.3.2016) zur erleichterten
Ausweisung von straffälligen Ausländern und zum erweiterten
Ausschluss der Flüchtlingsanerkennung bei straffälligen
Asylbewerbern (Deutscher Bundestag Drucksache 18/7537)**
In diesem im beschleunigten Gesetzgebungsverfahren beschlossenen Gesetz werden insbesondere folgende maßgeblichen Änderungen des Aufenthaltsgesetzes vorgenommen:

Artikel 1 Änderung des Aufenthaltsgesetzes
Artikel 1 wird in 1 Vorschrift zitiert und ändert mWv. 17. März 2016 AufenthG § 53, § 54, § 60
Das Aufenthaltsgesetz in der Fassung der Bekanntmachung vom 25. Februar 2008 (BGBl. I S. 162), das zuletzt durch Artikel 2 des Gesetzes vom 11. März 2016 (BGBl. I S. 390) geändert worden ist, wird wie folgt geändert:

1.

In § 53 Absatz 2 wird das Wort „sowie" durch ein Komma ersetzt und werden nach dem Wort „Lebenspartner" die Wörter „sowie die Tatsache, ob sich der Ausländer rechtstreu verhalten hat," eingefügt.

2.

§ 54 wird wie folgt geändert:
a) Absatz 1 wird wie folgt geändert:
aa) In Nummer 1 werden die Wörter „mehr als" durch das Wort „mindestens" ersetzt.
bb) Nach Nummer 1 wird folgende Nummer 1a eingefügt:
„1a. wegen einer oder mehrerer vorsätzlicher Straftaten gegen das Leben, die körperliche Unversehrtheit, die sexuelle Selbstbestimmung, das Eigentum oder wegen Widerstands gegen Vollstreckungsbeamte rechtskräftig zu einer Freiheits- oder Jugendstrafe von mindestens einem Jahr verurteilt worden ist, sofern die Straftat mit Gewalt, unter Anwendung von Drohung mit Gefahr für Leib oder Leben oder mit List begangen worden ist; bei serienmäßiger Begehung von Straftaten gegen das Eigentum wiegt das Ausweisungsinteresse auch dann besonders schwer, wenn der Täter keine Gewalt, Drohung oder List angewendet hat,".
b) Nach Absatz 2 Nummer 1 wird folgende Nummer 1a eingefügt:
„1a. wegen einer oder mehrerer vorsätzlicher Straftaten gegen das Leben, die körperliche Unversehrtheit, die sexuelle Selbstbestimmung, das Eigentum oder wegen Widerstands gegen Vollstreckungsbeamte rechtskräftig zu einer Freiheits- oder Jugendstrafe verurteilt worden ist, sofern die Straftat mit Gewalt, unter Anwendung von Drohung mit Gefahr für Leib oder Leben oder mit List begangen worden ist; bei serienmäßiger Begehung von Straftaten gegen das Eigentum wiegt das Ausweisungsinteresse auch dann schwer, wenn der Täter keine Gewalt, Drohung oder List angewendet hat,".

3.

Dem § 60 Absatz 8 wird folgender Satz angefügt:
„Von der Anwendung des Absatzes 1 kann abgesehen werden, wenn der Ausländer eine Gefahr für die Allgemeinheit bedeutet, weil er wegen einer oder mehrerer vorsätzlicher Straftaten gegen das Leben, die körperliche Unversehrtheit, die sexuelle Selbstbestimmung, das Eigentum oder wegen Widerstands gegen Vollstreckungs-

beamte rechtskräftig zu einer Freiheits- oder Jugendstrafe von mindestens einem Jahr verurteilt worden ist, sofern die Straftat mit Gewalt, unter Anwendung von Drohung mit Gefahr für Leib oder Leben oder mit List begangen worden ist."

Dazu wird in der Gesetzesbegründung wie folgt ausgeführt:
A. Problem und Ziel
Wenn Ausländer, die in Deutschland im Rahmen eines Asylverfahrens Schutz suchen oder sich aus anderen Gründen in Deutschland aufhalten, Straftaten von erheblichem Ausmaß begehen, kann dies den gesellschaftlichen Frieden in Deutschland und die Akzeptanz für die Aufnahme von Schutzbedürftigen sowie für die legale Zuwanderung durch die einheimische Bevölkerung gefährden. Zudem befördern Ereignisse wie die in der Silvesternacht 2015/2016 Ressentiments gegenüber Ausländern und Asylsuchenden, die sich hier rechtstreu verhalten. Ziel der Regelungen ist es daher, die Ausweisung krimineller Ausländer zu erleichtern und Asylsuchenden, die Straftaten begehen, die rechtliche Anerkennung als Flüchtling konsequenter als bisher zu versagen.

B. Lösung
Das Ausweisungsrecht wird verschärft, um die Ausweisung krimineller Ausländer zu erleichtern. Wenn ein Asylbewerber hier Straftaten begeht, soll zudem konsequenter als bisher die Anerkennung als Flüchtling versagt werden können. Künftig wird ein schwerwiegendes Ausweisungsinteresse bereits dann vorliegen, wenn ein Ausländer wegen einer oder mehrerer vorsätzlicher Straftaten gegen das Leben, die körperliche Unversehrtheit, die sexuelle Selbstbestimmung, das Eigentum oder wegen Widerstands gegen Vollstreckungsbeamte, sofern diese Straftaten mit Gewalt oder unter Anwendung von Drohung mit Gefahr für Leib oder Leben oder mit List begangen sind, **rechtskräftig zu einer Freiheits- oder Jugendstrafe verurteilt worden ist, unabhängig davon, ob die Strafe zur Bewährung ausgesetzt ist.** *(Hervorhebung vom Verfasser).*

Ein besonders schwerwiegendes Ausweisungsinteresse wird künftig bereits dann gegeben sein, wenn ein Ausländer wegen einer der vorgenannten Straftaten und Tatmodalitäten rechtskräftig zu einer Freiheits- oder Jugendstrafe von mindestens einem Jahr verurteilt wird. *Auch dies gilt künftig unabhängig davon, ob die Freiheits- oder Jugendstrafe zur Bewährung ausgesetzt ist.*

Asylsuchenden, die eine Gefahr für die Allgemeinheit bedeuten, weil sie wegen einer der genannten Straftaten rechtskräftig zu einer Freiheits- oder Jugendstrafe von mindestens einem Jahr verurteilt worden sind, kann künftig konsequenter als bisher die Rechtsstellung als anerkannter Flüchtling versagt werden.

Zusammenfassend kann gesagt werden, dass nun ein besonders schweres Ausweisungsinteresse, dem in der Regel kein abzuwägendes persönliches Interesse des Ausländers am Verbleib entgegensteht, festgelegt wird, sobald eine Verurteilung wegen bestimmter (regelmäßig Gewalt beinhaltenden) Delikte zu mindestens einem Jahr Jugend- oder Freiheitsstrafe unabhängig von einer Bewährungsaussetzung vorliegt.

bb) Gesetz vom 11.3.2016 (in Kraft seit 17.3.2016)
zur Einführung beschleunigter Asylverfahren
(Deutscher Bundestag Drucksache 18/7538)
Dazu wird in der Gesetzesbegründung wie folgt ausgeführt:

A. Problem und Ziel
Die Bundesrepublik Deutschland sieht sich der seit ihrem Bestehen bei weitem größten Zahl von Menschen gegenüber, die hier um Asyl nachsuchen. Täglich sind es mehrere Tausend, allein im Oktober 2015 wurden über 180 000 Asylsuchende registriert. Darunter sind immer noch viele, deren Asylanträge von vornherein sehr geringe Erfolgsaussichten haben. Diese Anträge sollen daher zügiger bearbeitet und entschieden werden, sodass im Falle einer Ablehnung auch die Rückführung schneller erfolgen kann. Zugleich hat sich in den Zeiten der enorm hohen Zugangszahlen im Asylbereich gezeigt, dass staatliche Verteilentscheidungen nur zum Teil oder gar nicht von Asylbewerbern beachtet werden. Damit wird die Verteilung entsprechend dem Königsteiner Schlüssel, der vor allem die wirtschaftliche Stärke der Länder berücksichtigt, unterlaufen. Eine bessere Steuerung und Reduzierung des Zuzugs sind unerlässlich.

Die hohe Zahl der Asylsuchenden lässt zudem eine hohe Zahl von Anträgen auf Familiennachzug erwarten. Der Familiennachzug zu subsidiär Schutzberechtigten soll im Interesse der Aufnahme- und Integrationssysteme in Staat und Gesellschaft für zwei Jahre ausgesetzt werden.

Vielfach scheitern Rückführungsversuche daran, dass medizinische Gründe einer Abschiebung entgegengehalten werden. Diese können jedoch oftmals nicht nachvollzogen werden, da keine einheitlichen Vorgaben für die zu erbringenden Atteste bestehen. Um Verzögerungen von Rückführungen und Missbrauch entgegenzuwirken, bedarf es der Präzisierung der Rahmenbedingungen für die Erstellung ärztlicher Atteste im Zusammenhang mit Abschiebungen.

5.3 Unbegleitete minderjährige Flüchtlinge in der Praxis der Jugendjustiz

Zudem fehlen in vielen Fällen die für eine Rückführung notwendigen Dokumente. Hier wird sich der Bund stärker bei der Beschaffung der notwendigen Papiere engagieren.

Um Verzögerungen von Rückführungen und Missbrauch entgegenzuwirken, werden die Rahmenbedingungen für die Erstellung ärztlicher Atteste im Zusammenhang mit Abschiebungen präzisiert und klargestellt. Zudem wird sich der Bund stärker bei der Beschaffung der nötigen Papiere für Personen, die Deutschland wieder verlassen müssen, engagieren.

Zum besseren Schutz von Minderjährigen, die in Aufnahmeeinrichtungen und Gemeinschaftsunterkünften untergebracht sind, wird eine Regelung zur Vorlage von erweiterten Führungszeugnissen durch in diesen Einrichtungen und Unterkünften in der Beaufsichtigung, Betreuung, Erziehung oder Ausbildung Minderjähriger tätige Personen getroffen.

Konkret wird das Aufenthaltsgesetz wie folgt geändert:
Nach § 60 Absatz 7 Satz 1 AufenthG werden die folgenden Sätze eingefügt:

„Eine erhebliche konkrete Gefahr aus gesundheitlichen Gründen liegt nur vor bei lebensbedrohlichen oder schwerwiegenden Erkrankungen, die sich durch die Abschiebung wesentlich verschlechtern würden. Es ist nicht erforderlich, dass die medizinische Versorgung im Zielstaat mit der Versorgung in der Bundesrepublik Deutschland gleichwertig ist. Eine ausreichende medizinische Versorgung liegt in der Regel auch vor, wenn diese nur in einem Teil des Zielstaats gewährleistet ist."

2. Nach § 60a Absatz 2b werden die folgenden Absätze 2c und 2d eingefügt:
„(2c) Es wird vermutet, dass der Abschiebung gesundheitliche Gründe nicht entgegenstehen. Der Ausländer muss eine Erkrankung, die die Abschiebung beeinträchtigen kann, durch eine qualifizierte ärztliche Bescheinigung glaubhaft machen. Diese ärztliche Bescheinigung soll insbesondere die tatsächlichen Umstände, auf deren Grundlage eine fachliche Beurteilung erfolgt ist, die Methode der Tatsachenerhebung, die fachlich-medizinische Beurteilung des Krankheitsbildes (Diagnose), den Schweregrad der Erkrankung sowie die Folgen, die sich nach ärztlicher Beurteilung aus der krankheitsbedingten Situation voraussichtlich ergeben, enthalten.

(2d) Der Ausländer ist verpflichtet, der zuständigen Behörde die ärztliche Bescheinigung nach Absatz 2c unverzüglich vorzulegen. Verletzt der Ausländer die Pflicht zur unverzüglichen Vorlage einer solchen ärztlichen Bescheinigung, darf die zuständige Behörde das Vorbringen des Ausländers zu seiner Erkrankung nicht berücksichtigen,

*es sei denn, der Ausländer war unverschuldet an der Einholung einer solchen Bescheinigung gehindert **oder es liegen anderweitig tatsächliche Anhaltspunkte für das Vorliegen einer lebensbedrohlichen oder schwerwiegenden Erkrankung, die sich durch die Abschiebung wesentlich verschlechtern würde,** vor (Hervorhebung vom Verfasser). Legt der Ausländer eine Bescheinigung vor und ordnet die Behörde daraufhin eine ärztliche Untersuchung an, ist die Behörde berechtigt, die vorgetragene Erkrankung nicht zu berücksichtigen, wenn der Ausländer der Anordnung ohne zureichenden Grund nicht Folge leistet. Der Ausländer ist auf die Verpflichtungen und auf die Rechtsfolgen einer Verletzung dieser Verpflichtungen nach diesem Absatz hinzuweisen.*"

Konkret bedeutet dies, dass nicht nur die einer Abschiebung entgegenstehende gesundheitliche Gefahr aus § 60 Abs. 7 AufenthG zu einer lebensbedrohlichen Gefahr erhoben wird, sondern auch eine Beweislastumkehr eingeführt wird, dergestalt, dass vermutet wird, dass eine solche Gefahr nicht besteht, und der Vortrag, dass eine solche besteht, nur unverzüglich geführt werden kann.

Es bleibt abzuwarten, ob die Kombination von erleichterter Ausweisung und Abschiebung in der Praxis greifen wird. Für die jugendgerichtliche Praxis müsste als Konsequenz darauf geachtet werden, dass bereits die Verhängung einer Jugendstrafe von einem Jahr wegen bestimmter Delikte zu erheblichen ausländerrechtlichen Konsequenzen führen könnte.

5.3.3 Strafverfahrensrecht: EU-Richtlinie über Verfahrensgarantien im Strafverfahren für verdächtige oder beschuldigte Kinder

Das Europäische Parlament und der Rat haben die Richtlinie 2016/800 vom 11.5.2016 über Verfahrensgarantien in Strafverfahren für Kinder, die Verdächtige oder beschuldigte Personen in Strafverfahren sind, erlassen. Die Richtlinie ist bis zum 11.6.2019 in nationales Recht umzusetzen und sieht eine praktisch lückenlose anwaltliche Vertretung von Minderjährigen im Strafverfahren vor. Bereits vor Ablauf der Umsetzungsfrist entfaltet die Richtlinie bereits Rechtswirkungen, weil die nationalen Rechtsnormen im Wege einer europakonformen Auslegung soweit möglich unter Beachtung der Vorgaben der Richtlinie zu interpretieren sind, um Kollisionen zwischen europarechtlichen Vorgaben und innerstaatlichem Recht zu vermeiden.[425]

---

425 Dazu: Drenkhahn (2015), S. 288 ff.; Franzen (2015), 293 ff.; Pieplow/Gebauer/Höynck (2015), S. 296 ff.

5.3 Unbegleitete minderjährige Flüchtlinge in der Praxis der Jugendjustiz

Wie konkret die Umsetzung in Deutschland aussehen wird, ist noch offen. Von der Deutschen Vereinigung für Jugendgerichte und Jugendgerichtshilfen (DVJJ), aber auch von den angehörten Bundesländern, werden insbesondere Bedenken zu der in Art. 6 der Richtlinie vorgesehenen Regelung, dass „Kinder" in jeder Phase des Strafverfahrens von einem Rechtsbeistand unterstützt werden müssen, vorgetragen. Dabei wird auch kritisiert, dass dieses Recht nicht verzichtbar sein solle, was sich aus einem Verweis auf eine vorhergehende Opferschutzrichtlinie aus dem Jahr 2013 ergeben solle. Die gebotene Pflichtverteidigung solle zudem nach Art. 6 Abs. 5 der Richtlinie zwar dann ausscheiden, wenn diese nach den Umständen des Einzelfalles nicht verhältnismäßig sei. Diese Ausnahme solle jedoch dann wiederum nicht gelten, wenn es um freiheitsentziehende Maßnahmen wie Arrest als Zuchtmittel und Arrest als Ungehorsamsarrest nach § 11 Abs. 3 Jugendgerichtsgesetz (JGG) gehe.

Außerdem sieht die Richtlinie vor, dass in allen Fällen, in denen kein Pflichtverteidiger beigeordnet ist, Vernehmungen in jedem Verfahrensstadium durch audio-visuelle Vernehmungen gesichert werden müssen.

Konkret würde eine Umsetzung dieser Richtlinie in nationales Recht in Deutschland dazu führen, dass in allen Fällen, in denen die Verhängung eines Arrestes im Erkenntnisverfahren respektive eines Ungehorsamsarrests im Vollstreckungsverfahren möglich erscheint, (nicht verzichtbar) die Beiordnung eines Pflichtverteidigers erfolgen müsste. In allen anderen Fällen müsste, ebenfalls nicht verzichtbar, mit audio-visuellen Vernehmungen gearbeitet werden.

Die Verfahrensdauer von jugendgerichtlichen Verfahren würde sich bei einer Umsetzung der Richtlinie nicht nur erheblich verzögern, sondern scheint auch mit dem derzeitigen Personalbestand nicht umsetzbar zu sein. Eine erhebliche Verfahrensverzögerung ist aber mit dem Anspruch, auf jugenddelinquentes Verhalten schnell und konsequent zu reagieren, nicht vereinbar.

5.3.4 Tätigwerden der Jugendämter bei Inobhutnahme, Altersfeststellung und als Träger der Jugendhilfe[426]

Neuregelungen im Jugendhilferecht gibt es insbesondere zu Folgendem:
- §§ 42a ff. SGB VIII: Vorläufige Inobhutnahme von ausländischen Kindern und Jugendlichen nach unbegleiteter Einreise, neues Zuweisungsverfahren, behördliches Verfahren zur Altersfeststellung

---

426 Dazu: Kurz-Adam (2015), 272 ff.; Espenhorst/Noske (2015), 276 ff.; Brinks/Dittmann/Müller (2015), 288 ff; Smessaert (2015), 288 ff.; Ujkasevic (2015), 368 ff.; Schulz (2015), 390 ff.

- Die Bestellung eines Amtsvormunds bei Minderjährigkeit entsprechend des Heimatrechts des unbegleiteten minderjährigen Flüchtlings
- Hilfe für volljährig gewordene junge Ausländer als freiwillige Aufgabe

Ein erhebliches Problem in der Praxis stellt dar, dass die Aufgaben der Ausländerbehörde, der Jugendgerichtshilfe und des Jugendamtes als Träger der Jugendhilfe nicht in einer Hand liegen. Dies wird noch zusätzlich erschwert durch einen Zuständigkeitswechsel bei vollzogener Untersuchungs- bzw. Strafhaft von über einer Woche. Inwieweit sich die neuen Clearingverfahren als praxistauglich erweisen, bleibt abzuwarten.

5.3.5 Praxisüberblick aus jugendrichterlicher Sicht[427]

Die Praxis an den Jugendgerichten zeigt, dass die sozialen Bedingungen, unter denen die unbegleiteten minderjährigen Flüchtlinge zu uns gekommen sind und bei uns Aufnahme finden, maßgebliche Bedeutung für ihre mögliche spätere Straffälligkeit entfalten.

Es kann nicht oft genug darauf hingewiesen werden, dass diese jungen Menschen, die zu uns kommen, nicht von sich aus straffälliger sind als vergleichbare deutsche Minderjährige. Auch die Tatsache, dass wir feststellen mussten, dass insbesondere aus den sogenannten Maghreb-Staaten viele Einwanderer straffällig werden, bedeutet nicht, dass diese jungen, in der Regel männlichen Algerier, Marokkaner oder Tunesier grundsätzlich krimineller wären als andere junge Einwanderer aus dem Nahen Osten. Es zeigt aber, dass es Einwanderungsprofile und Tätertypen gibt, die nach Fluchtdauer, gebrochener Lebensgeschichte, traumatischen Erfahrungen und Integrationserwartung differieren und im Folgenden aufgefächert werden sollen.

M.: Der Flüchtling aus dem Nahen Osten mit Bleibeperspektive und zunächst guten Integrationsbemühungen, den die Traumata seiner Gewalterfahrungen einholen

M. flüchtete vor Verfolgung aus Afghanistan. Nach einer langen Fluchtgeschichte kam er über Griechenland mit dortigen Gefängniserfahrungen und berichtetem Druck vonseiten der Taliban schließlich noch minderjährig in Freiburg an. Er erhielt hier viel Unterstützung, Betreuung, Schulbesuch und schließlich das Zur-Verfügung-Stellen eines Einzimmerappartements im

---

427 Dieser Teil ist aus der Perspektive einer Jugendrichterin geschrieben, die nur mit straffällig gewordenen umF konfrontiert ist. Er sagt nichts grundsätzlich über die Mehrheit der umF aus, sondern illustriert anhand von Beispielen den Ernstfall eines drohenden traurigen Flüchtlingsschicksals, in dem Integration und gebotene Traumabewältigung nicht gelingen respektive stattfinden.

5.3 Unbegleitete minderjährige Flüchtlinge in der Praxis der Jugendjustiz

Rahmen eines betreuten Wohnens, das M. zum Mittelpunkt einer Clique machte, weil man sich bei ihm treffen und chillen konnte. Auch bei jungen Mädchen kam er zunächst sehr gut an. M. konnte jedoch nicht vergessen, welche Gewalterfahrungen er selbst und seine Mutter erlitten haben. M. wird der klassische „Opfertäter", der seine Gewalterfahrungen nicht reflektieren kann, sondern stattdessen ungefiltert weitergibt.

So begann er bald, auf Partys bei sich oder anderen in alkoholisiertem Zustand wiederholt verschiedene Mädchen zu küssen, zu begrabschen und zu schlagen. Er fand eine Freundin, die er wie eine Sklavin hielt, eifersüchtig bewachte und nach Beendigung der Beziehung stalkte und bedrohte. Er wurde wegen sexueller Nötigung in wiederholten Fällen u. a. vom Jugendschöffengericht zu einer Jugendstrafe verurteilt, deren Vollstreckung zur Bewährung ausgesetzt wurde. In der mündlichen Hauptverhandlung hatte er noch die Opferzeugen durch abfälliges Grinsen verhöhnt. Er legte Berufung ein und konnte das Unrecht seiner sexuellen Übergriffe weder nachträglich wahrnehmen noch verstehen. Während des laufenden Berufungsverfahrens vergewaltigte er sodann auf brutalste Weise auf offener Straße eine finnische Austauschstudentin. M. wurde rechtskräftig zu viereinhalb Jahren Jugendstrafe verurteilt, die er aktuell verbüßt. Nach Beendigung der Tat äußerte M. noch am Tatort zu dem jungen Mädchen, dass es ihm leid tue, aber er selbst habe auch Schlimmstes erlebt.

Wie M.s Fall zeigt, wird es für die Prognose der Straffälligkeit traumatisierter Flüchtlinge darauf ankommen, ob diese in der Lage sind, ihre Gewalterfahrungen hinter sich zu lassen. Aus der psychologischen und kriminologischen Forschung wissen wir, dass Opfer von Straftaten und Gewalterfahrungen von den Schatten dieser Taten oft ein Leben lang eingeholt werden. Dennoch schaffen es viele, ein straffreies Leben zu führen, ohne diese Gewalterfahrungen weiter zu geben. Allerdings wissen wir auch, dass gewalttätige Straftäter in der Regel selbst früher Opfer von Gewalt waren, wohingegen diejenigen, die keine Gewalterfahrungen machen mussten, in der Regel nicht durch Gewaltstraftaten auffallen. In die gleiche Richtung geht die pädagogische Erkenntnis, dass diejenigen Eltern, die ihre Kinder nicht schlagen, zum überwiegenden Teil auch früher als Kinder selbst nicht geschlagen wurden. Eltern, die ihre Kinder heute noch schlagen, erhielten früher oft selbst Schläge von den Eltern und tun es selbst dennoch immer wieder in Überforderungssituationen, obwohl sie es eigentlich ablehnen und sich dafür schämen. So wie M., der sich noch am Tatort schämte, aber (anscheinend) nicht anders konnte.

5 Praxisbeispiele

Mit anderen Worten: Je friedlicher und gewaltfreier junge Menschen in einer Gesellschaft aufwachsen dürfen, umso friedlicher und gewaltfreier werden sie auch ihren eigenen Platz in der Gesellschaft finden und diese Werte an ihre Kinder weitergeben.

Während diese Erkenntnis als Allgemeingut weitgehend bekannt ist und auch nicht bestritten wird, muss man aber bei aller Vorsicht umgekehrt genauso formulieren: Je mehr Gewalterfahrungen und Traumata ein junger Mensch erlebt hat und mit sich bringt, desto schwieriger wird es für ihn sein, nicht als Opfertäter in Verarbeitung des erlebten Unrechts die erlebten Gewalterfahrungen weiter zu geben.

Was nun tun, wenn man mit einem solchen Opfertäter beim Jugendgericht konfrontiert wird? Die schwere Lebensgeschichte des jungen Flüchtlings ist strafmildernd zu berücksichtigen, das ist keine Frage. Wie kann man ihn aber erzieherisch erreichen? Und wie ist vorzugehen, wenn er die deutsche Sprache nicht versteht, die aber Voraussetzung für die Teilnahme an sozialen Kompetenzkursen, Anti-Aggressionstrainings und der Aufnahme in einer Sozialtherapeutischen Abteilung in einer Jugendhaftanstalt ist? Die so gestellten Fragen legen die Antwort nahe: Ohne deutsche Sprachkenntnisse ist eine erzieherische Wirkung durch unsere klassischen Instrumente nicht erzielbar. Und ohne gezielte umfassende Therapieangebote sind die jungen traumatisierten Menschen weiterhin gefährdet, ohne dass man ihnen für diese Gefährdung allein einen Vorwurf machen könnte. Aber eine positive Prognose ist dennoch ungleich schwerer zu bejahen als bei einem jungen Menschen, den man mit passgenauen Hilfsangeboten erreichen kann.

N.: Der illegale Einwanderer aus Tunesien ohne Bleiberecht und Integrationswillen
N. kommt aus Tunesien. Er flüchtete mit seinem älteren Bruder zunächst nach Italien, wo sich ein längerer Aufenthalt anschloss. Die Eltern hatten die Söhne nach Europa geschickt, um Geld zu verdienen und nach Hause zu schicken. N. aber fühlte sich entwurzelt und überfordert und erfüllte nicht die Erwartungen der Familie und des Bruders. Er hielt sich mit Diebstählen als Straßenkind über Wasser. Schließlich reiste N. alleine über die Schweiz nach Deutschland weiter. N.s Bedürftigkeit ist offensichtlich. Er fühlte sich vom Leben betrogen, sah in Deutschland, wie Gleichaltrige leben, und begann direkt nach seiner Ankunft hier, Forderungen zu stellen. Dem Wunsch nach Teilhabe am Konsumleben stand aber entgegen, dass N. nicht einsah, sich an Regeln von Pflegefamilien oder Einrichtungen zu halten. Die Frauen, die ihm helfend zur Seite gestellt

wurden, konnte er nicht akzeptieren. Für den Sprachkurs war er zu müde. Am Ende gab es für N. keine Möglichkeit mehr, in einer Unterkunft unterzukommen. Das Straßenkind aus Tunesien wurde zum Straßenkind in Freiburg und beging gewerbsmäßig Eigentumsdelikte. Obwohl erstmalig vor dem Jugendgericht stehend, wurde er zu einer Jugendstrafe ohne Bewährung verurteilt, die er vollständig in der Jugendvollzugsanstalt verbüßte.

Der Verteidiger empörte sich (zunächst) darüber, dass kein deutscher Jugendlicher aus dem Stand zu einer Jugendstrafe ohne Bewährung verurteilt worden wäre. Hatte er Recht? Vielleicht ja, aber er übersah, dass es keine vergleichbaren deutschen Jugendlichen gibt, was nicht am fehlenden Deutschsein, sondern an der nicht vorhandenen Integrationswilligkeit und erzieherischen Erreichbarkeit von N. liegt. Der Verteidiger legte Berufung ein, N. nahm die Berufung zurück und trat die Haft an. Bereits am Tag der Haftentlassung nach vollständiger Haftverbüßung beging er erneut Straftaten.

N. hat die Flucht überlebt, weil er sich auf der Straße behaupten konnte. Dort sind aber die hier für eine Integration geforderten Qualitäten wie Regeleinhaltung und Konsumfreude als Belohnung für geleistete Arbeit (ohne Fleiß kein Preis) nicht förderlich gewesen und N. hat diese (schuldlos) nicht erlernt. N. ist aber auch Realist und weiß, dass er, auch wenn er fleißig wäre, die Schule besuchte und sich bemühte, kein Bleiberecht in Deutschland hätte. Demzufolge ist seine Motivation, sich in diese Richtung zu bemühen, gleich Null.

Was tun beim Jugendgericht, wenn N. wieder erscheint? Den 18. Geburtstag und die Ausweisung abwarten? Dies macht wenig Sinn, da N. keinen Pass hat und faktisch wohl nicht abgeschoben werden kann. Aber welche Perspektive hat N. auf ein straffreies Leben in Deutschland, wenn er als Straßenkind sozialisiert ist, erzieherisch (auch wegen seiner Ablehnung der für ihn zuständigen weiblichen Autoritätspersonen) nicht erreichbar ist und der Illegalität anheimfällt? Die Antwort ist bitter, aber N. hat keine Chance, wenn er in Deutschland bleibt.

K.: Der junge Gambier mit fünf Aliaspersonalien, der kifft und dealt
K. ist in Deutschland unter diversen Aliaspersonalien mit unterschiedlichen Geburtsdaten registriert. Er reiste 2014 unter falscher Personalienangabe über Mali, Libyen und Italien unerlaubt in die Bundesrepublik ein. Er lebt aktuell in einer Sammelunterkunft, bezieht Leistungen nach dem Asylbewerberleistungsgesetz und schickt monatlich nach eigenen Angaben 50 bis 100 Euro an seine Mutter nach Gambia, damit die Geschwister dort die Schule besuchen können.

K. kifft sich über den Tag und weigert sich, an dem in der Sammelunterkunft angebotenen Alphabetisierungskurs teilzunehmen. Ob und inwieweit K. strafrechtlich vorbelastet ist, kann nicht abschließend beurteilt werden, da verschiedene Auszüge aus dem Bundeszentralregister vorliegen zu unterschiedlichen Personalien. K. wurde wegen Hehlerei sowie Handeltreibens mit Betäubungsmitteln in zwei tatmehrheitlichen Fällen u. a. zu einem Jugendarrest von drei Wochen verurteilt. Ob dieser Arrest jedoch am Ende sinnhaft vollstreckt werden kann, ist fraglich, da in den Jugendarrestanstalten keine Dolmetscher beschäftigt sind und damit eine Teilnahme von K. an den dortigen erzieherischen Projekten von vorneherein ausgeschlossen ist. Damit erscheint es nicht ausgeschlossen, dass auf die Arrestvollstreckung verzichtet werden wird.

Ob K. dieses Signal verstehen wird? Das Signal, dass keine Konsequenzen trotz aktenkundigen Falschangaben zu seinen Personalien erfolgen, hat K. jedenfalls bereits verstanden.

B.: Heute hier, morgen dort, auf der Durchreise im Schengenraum
Auch der 19- oder 20-jährige B. verfügt über diverse Aliaspersonalien mit unterschiedlichen Geburtsdaten. Sogar innerhalb ein und derselben mündlichen Hauptverhandlung vor dem Freiburger Jugendgericht gab er diverse Namen an. Zur Begründung führte er aus, dass er einen Namensbestandteil, konkret den Namen des Großvaters, der angeblich zur offiziellen Personalie gehört, nicht schön finde, weshalb er diesen manchmal erwähne und manchmal einfach weglasse (!).

B. kam Anfang 2014 aus Somalia nach Deutschland. Zuvor, so gab er an, habe er sich nach eigenen Angaben elf Monate in Italien in einer Kirche aufgehalten. Er sei gemeinsam mit einem Onkel geflüchtet, der auf der Flucht gestorben sei. Er besucht die Schule, lebt in einem betreuten Wohnen, verfügt über die üblichen finanziellen Barleistungen und hat einen gesetzlichen Betreuer zur Seite gestellt. Wegen vorübergehender drogenindizierter Psychosen wurde K. bereits im ZfP Emmendingen behandelt.

Die Unterstützung, die B. in Deutschland erhält, ist besonders. Denn Hilfe für junge Volljährige ist keine Pflicht-, sondern eine Ermessensleistung der Jugendhilfeträger. Dennoch zeigte sich B. nicht bereit, diese Hilfe hinreichend wertzuschätzen. Gegen ihn lief vor dem Freiburger Jugendgericht ein Prozess, in dem man ihm vorwarf (und deswegen rechtskräftig verurteilte), dass er ein

5.3 Unbegleitete minderjährige Flüchtlinge in der Praxis der Jugendjustiz

verschlossen abgestelltes Mountainbike unter Zerstörung des Schlosses entwendet habe. Beobachtet worden war B. von einer Polizeibeamtin, die privat unterwegs war und B. auf frischer Tat zufällig gesehen hatte.

Das Entwenden eines Fahrrads ist zunächst ein Vorgang, der bei den Jugendgerichten nicht selten zur Verhandlung gelangt. Besonders jedoch waren die Einlassung und die Reaktion von B. auf die Konfrontation mit der Straftat. Er wollte sich weder von der zivilen Polizistin, noch von der an den Tatort gerufenen Kollegin etwas sagen lassen. Man solle ihn in Ruhe lassen, er sei ohnehin nicht zufrieden mit Deutschland und wolle weiterziehen. Auf offener Straße polterte er rum, dass hier „fucking Deutsche" in „fucking Deutschland" seien, und überhaupt sei in Deutschland alles Scheiße. Außerdem habe man sein Fahrrad hier auch geklaut, und deshalb dürfe er, B., jetzt eben auch ein Fahrrad in „fucking Deutschland" klauen, wo eh jeder mache, was er wolle.

Wie umgehen mit dieser rechtsfeindlichen anarchischen Gesinnung, die ohne jedwedes Unrechtsbewusstsein öffentlich zur Schau getragen wird? Die verhängte Woche Dauerarrest wird jedenfalls vollstreckt werden können, da B. so gut Deutsch beherrscht, dass er betreut werden und die Schule besuchen kann. Dies gilt natürlich nur, falls B. nicht weiterzieht. Nachdem jedoch der Schengenraum seit jüngster Zeit vielfach nicht mehr frei ohne Grenzkontrollen passiert werden kann, wird B. vielleicht doch nicht weiter Richtung Skandinavien ziehen. Ob sich aber mit einer Woche Dauerarrest die rechtsfeindliche Gesinnung von B. ändern lässt, bleibt offen.

Als Bilanz aus jugendrichterlicher Sicht kann man vorläufig ziehen:
1. Unbegleitete minderjährige Flüchtlinge, die straffällig geworden sind, sind erzieherisch wegen fehlender Sprachkenntnisse mit den herkömmlichen Instrumentarien kaum erreichbar. Soweit es sich um illegale Einwanderer ohne Bleiberecht handelt, ist die Motivation, an Sprachkursen oder Integrationsmaßnahmen teilzunehmen, immer wieder dürftig. Die drohende Abschiebung befördert ein vorzeitiges Abgleiten in die Illegalität. Eine Chance hat nur, wer sich integrieren, die Sprache lernen möchte, und einer Ausbildung oder Erwerbstätigkeit und somit einer sinnhaften Beschäftigung nachgehen kann. Dass Müßiggang, der durch lange Wartelisten für Sprachkurse und Beschäftigungsverbote erzeugt wird, aller Laster Anfang ist, gilt für alle Menschen gleich, und damit auch für die unbegleiteten minderjährigen Flüchtlinge.

2. Diese wohlfeile Forderung in aller Munde lässt sich aber auch umkehren: Wenn nicht genug finanzielle Mittel und praktische Unterstützung gewährt werden, damit die erforderliche Integration gelingen kann, werden zugleich diejenigen Rahmenbedingungen befördert, die maßgeblich zur Entstehung von kriminellem Verhalten junger Migranten beitragen.
3. Je gewaltfreier und friedlicher ein Einwanderer sozialisiert ist, und je eher er sich von seiner Familie und der Gesellschaft unterstützt fühlt, desto eher kann eine positive Prognose gelingen.
4. Für die traumatisierten Flüchtlinge gibt es eine realistische Chance auf ein straffreies Leben dann, wenn ihnen ihre Sprachen sprechende Therapeuten zur Seite gestellt werden und die erlebten Gewalterfahrungen nachhaltig betreut werden.
5. Die Forderung, die in der Öffentlichkeit nach konsequenter Bestrafung straffällig gewordener junger Ausländer erhoben wird, scheint vor allem durch eine unverzügliche Reaktion realisierbar zu sein. Dazu ist es notwendig, die chronisch unterfinanzierte Justiz und Polizei in den Ländern endlich entsprechend der bereits kostenintensiv erhobenen Personalbedarfsberechnungen auszustatten.
6. In der Sache richtet sich die Höhe einer Sanktion im Jugendrecht nach der erzieherischen Erforderlichkeit und nach dem Unrechtsgehalt der einzelnen Straftat. Zum Teil entsteht der Eindruck, dass unbegleitete minderjährige Flüchtlinge anders sanktioniert und öfter in Untersuchungshaft genommen würden als deutsche Jugendliche. Dies liegt jedoch, soweit dies zutrifft, nicht am fehlenden Deutschsein dieser Straftäter, sondern zunächst daran, dass diese zum Teil erzieherisch wegen ihrer fehlenden Sprachkenntnisse nicht erreichbar sind. Zum anderen ist ihre strafrechtliche Verfolgung in der Praxis dadurch erheblich erschwert, dass sie sich bislang (noch) weitgehend ohne Regulierung frei im Schengenraum bewegen können, ein Großteil bei Schwierigkeiten einfach weiterreist und wegen der Verwendung unterschiedlicher Personalien später nicht greifbar ist. Daher kommt eine konsequente strafrechtliche Verfolgung straffällig gewordener junger Migranten ohne die Anordnung von Untersuchungshaft wegen offensichtlicher Fluchtgefahr bei mittlerer und schwerer Kriminalität nicht aus.
7. Nicht die angebliche, statistisch jedenfalls bislang nicht belegbare Häufung von Straftaten junger Migranten wird uns in Zukunft vor besondere Aufgaben stellen, sondern die oben aufgezeigten Probleme bei der Findung einer angemessenen erzieherischen Sanktion bei fehlendem Norm- und Werteverständnis und bei der Durchführung eines geregelten Strafverfahrens.

Anhang

Literaturverzeichnis

Abkommen über die Rechtsstellung der Flüchtlinge (Genfer Flüchtlingskonvention – GFK) vom 28.7.1951.

Adineh, Javad (2010): ... raus musst du noch lange nicht, sag' mir erst, wie alt du bist! Unbegleitete Minderjährige im Flughafenverfahren. In: Dieckhoff, Petra (Hg.) (2010): Kinderflüchtlinge. Wiesbaden: VS Verlag für Sozialwissenschaften, S. 75–80.

Amtsblatt der Europäischen Union: Richtlinie 2013/33/EU des Europäischen Parlaments und des Rates vom 26.6.2013 zur Festlegung von Normen für die Aufnahme von Personen, die internationalen Schutz beantragen (Neufassung), unter: https://www.easo.europa.eu/sites/default/files/public/Reception-DE.pdf (14.07.2016).

Auswärtiges Amt (2012): Schengener Übereinkommen. Stand: 29.05.2012. Abrufbar unter: http://www.auswaertiges-amt.de/DE/EinreiseUndAufenthalt/Schengen_node.html [Zugriff am 11.05.12].

Bender, Dominik/Bethke, Maria (2011): Das Kindeswohl im Dublin-Verfahren – Teil 2: Kindeswohlverletzungen. In: Asylmagazin (2011). Ausgabe 4, S. 112–119.

Bergmann/Dienelt et al. (2016): Ausländerrecht Kommentar. 16. Aufl. München: C.H.Beck.

Berthold, Thomas (2014): Vortrag anlässlich des Fachgesprächs „Jung, fremd und chancenlos? Was brauchen unbegleitete minderjährige Flüchtlinge in Freiburg" der Stadt Freiburg am 1.10.2014.

Berthold, Thomas/Espenhorst, Niels (2011a): Gestaltungsmöglichkeiten und Herausforderungen für Jugendliche und Vormundschaften im Umgang mit unbegleiteten minderjährigen Flüchtlingen. In: Das Jugendamt. Zeitschrift für Jugendhilfe und Familienrecht (JAmt). Herausgegeben vom Deutschen Institut für Jugendhilfe und Familienrecht. Heft 6–7/2011, S. 319–322.

Berthold, Thomas/Espenhorst, Niels (2011b): Mehr als eine Anhörung – Perspektiven für das Asylverfahren von unbegleiteten minderjährigen Flüchtlingen In: Asylmagazin (2011). Ausgabe 1–2, S. 3–8.

Berthold, Thomas/Espenhorst, Niels/Rieger, Uta (2011a): Eine erste Bestandsaufnahme der Inobhutnahme und Versorgung von unbegleiteten Minderjährigen in Deutschland – Teil 1: In: Dialog Erziehungshilfe (2011). Ausgabe 3. Hg. v. AFET Bundesverband Erziehungshilfe e.V., S. 23–30. Abrufbar unter: http://www.b-umf.de/index.php?/Datenbanken-und-Material/paper-des-b-umf.html (Zugriff am 28.03.2012).

Berthold, Thomas/Espenhorst, Niels/Rieger, Uta (2011b): Eine erste Bestandsaufnahme der Inobhutnahme und Versorgung von unbegleiteten Minderjährigen in Deutschland – Teil 2. In: Dialog Erziehungshilfe (2011). Ausgabe 4. Herausgegeben von AFET Bundesverband Erziehungshilfe e.V. Ausgabe 4/2011, S.31–38. Abrufbar unter: http://www.b-umf.de/index.php?/Datenbanken-und-Material/paper- des-b-umf.html (Zugriff am 28.03.2012).

Breithecker, Renate/Freesemann, Oliver (2009): Unbegleitete minderjährige Flüchtlinge – Eine Herausforderung für die Jugendhilfe. Abschlussbericht der wissenschaftlichen Begleitung der Aufnahmegruppe für junge Migranten (AJUMI) und der Aufnahmegruppe für Kinder- und Jugendliche (AKJ) des Kinder- und Jugendhilfezentrums der Heimstiftung Karlsruhe. Karlsruhe. PDF abrufbar unter: http://heimstiftung.karlsruhe.de/downloads/HF_sections/content/ZZk-2PRTDCEKjEv (Zugriff am 16.01.2013).

Brinks, Sabrina/Dittmann, Eva/Müller, Heinz (2015): Unbegleitete minderjährige Flüchtlinge in der Kinder- und Jugendhilfe – aktuelle Entwicklungen. In: Zeitschrift für Jugendkriminalrecht und Jugendhilfe (ZJJ) 3/2015, 281–285.

Brütting-Reimer, Eva (2012): Neue Regelung für unbegleitete minderjährige Ausländer (§ 58 Ia AufenthG). In: BAMF (Hg.): Entscheiderbrief 4/2012.

BAMF (Bundesamt für Migration und Flüchtlinge) (2010): Dienstanweisung Asylverfahren (DA-Asyl). Referat420. Stand: 4.3.2010. PDF abrufbar unter: http://www.proasyl.de/fileadmin/fm-dam/i_Asylrecht/Dienstanweisungen-Asyl_BAMF2010.pdf (Zugriff am 15.03.2013).

BAMF (Bundesamt für Migration und Flüchtlinge) (2011): Entscheiderbrief 10/2011.

BAMF (Bundesamt für Migration und Flüchtlinge) (2012): Entscheiderbrief 4/2012.

BAMF (Bundesamt für Migration und Flüchtlinge) (2015): „Aktuelle Zahlen für Asyl", Ausgabe Dezember 2015, abrufbar unter: www.bamf.de.

B-UMF (Bundesfachverband Unbegleitete Minderjährige Flüchtlinge e.V.) (2012): Erfassung des bundesweiten Zugangs von unbegleiteten minderjährigen Flüchtlinge für die Jahre 2009 bis 2011. Abrufbar unter: http://www.b-umf.de/index.php?/Datenbanken-und-Material/paper-des-b-umf.html (Zugriff am 17.10.2012).

B-UMF (Bundesfachverband Unbegleitete Minderjährige Flüchtlinge e.V.) (2015): Kritik an der Bezeichnung „unbegleitete minderjährige Ausländer_in". http://www.bumf.de/de/startseite/aktuelle-asylzahlen-unbegleitete-minderjaehrige-warten-besonders-lange (Zugriff am 10.1.2017).

B-UMF (Bundesfachverband Unbegleitete Minderjährige Flüchtlinge e.V.) (2016): Arbeitshilfe zur Beantragung von Hilfen für junge Volljährige. http://www.b-umf.de/images/Hilfen_fuer_junge_Volljaehrige_Arbeitshilfe_2016.pdf (Zugriff 15.2.2017).

Bundestags-Drucksache 17/5579 (18.4.2011): Antwort der Bundesregierung zur Lage von Asylsuchenden und anerkannten Flüchtlingen in Italien.

Bundestags-Drucksache 17/7433 (21.10.2011): Antwort der Bundesregierung zum Umgang mit unbegleiteten minderjährigen Flüchtlingen bei Aufgriffen durch die Bundespolizei.

Bundestags-Drucksache 18/5564 (15.7.2015): Antwort der Bundesregierung auf die Große Anfrage der Abgeordneten Luise Amtsberg, Beate Walter-Rosenheimer, Dr. Franziska Brantner, weiterer Abgeordneter und der Fraktion BÜNDNIS 90/DIE GRÜNEN.

Bundestags-Drucksache 16/12742 (23.4.2009): Antwort der Bundesregierung zur Anwendung des sogenannten Flughafenverfahrens.

Bundestags-Drucksache 14/8414 (22.2.2002): Bericht des Innenausschusses.

Bundestags-Drucksache 17/7433 (21.10.2011): Antwort der Bundesregierung zum Umgang mit unbegleiteten minderjährigen Flüchtlingen bei Aufgriffen durch die Bundespolizei.

Bundestags-Drucksache 15/5564 (15.7.2015): Antwort der Bundesregierung zur Situation unbegleiteter minderjähriger Flüchtlinge in Deutschland.

Caritasverband Frankfurt e.V.: Das Flughafenverfahren: Das Asylverfahren an Flughäfen. Abrufbar unter: http://www.caritas-frankfurt.de/77936.html (Zugriff am 3.12.2012).

Cremer, Hendrik (2006): Der Anspruch des unbegleiteten Kindes auf Betreuung und Unterbringung nach Art. 20 des Übereinkommens über die Rechte des Kindes: seine Geltung und Anwendbarkeit in der Rechtsordnung der Bundesrepublik Deutschland. Baden-Baden: Nomos.

Cremer, Hendrik (2008): Migration und Menschenrechte in Deutschland – Verpflichtungen, Verletzungen und aktuelle Entwicklungen in Europa. Abrufbar unter: http://www.migration-boell.de/web/migration/46_1858.asp (Zugriff am 7.3.2012).

Cremer, Hendrik (2011a): Menschenrechtsverträge als Quelle von individuellen Rechten, AnwBl. 3/2011, S. 159–165.

Cremer, Hendrik (2011b): Die UN-Kinderrechtskonvention. Geltung und Anwendbarkeit in Deutschland nach der Rücknahme der Vorbehalte. Berlin: Deutsches Institut für Menschenrechte.

Cremer, Hendrik (2016): Das Recht eines unbegleiteten minderjährigen Flüchtlings auf Betreuung und Unterbringung nach Art. 20 der UN-Kinderrechtskonvention. In: Zeitschrift für Jugendkriminalrecht und Jugendhilfe (ZJJ) 1/2016, S. 4–9.

Deutscher Caritasverband e.V. (2010): Kinderrechte für alle! Handlungsbedarf nach der Rücknahme der ausländerrechtlichen Vorbehaltserklärung zur UN-Kinderrechtskonvention. Fachpapier. Freiburg im Breisgau.

Deutscher Caritasverband, Referat Migration und Integration (Hg.) (2014): Unbegleitete minderjährige Flüchtlinge in Deutschland. Rechtliche Vorgaben und deren Umsetzung. Freiburg im Breisgau: Lambertus-Verlag.

DIJuF-Rechtsgutachten 12.5.2016 – J 6.220 Af: Der Begriff der „kurzfristigen Familienzusammenführung" als Kriterium des Verteilungsausschlusses nach § 42 b Abs. 4 Nr. 3 SGB VIII für unbegleitete minderjährige Ausländer. In: Das Jugendamt (JAmt) 2016, S. 307.

DIJuF-Rechtsgutachten 23.10.2013 – V 1.110 Go: Bestellung eines sachkundigen Rechtsanwalts für einen unbegleiteten minderjährigen Flüchtling; zur Frage der richtlinienkonformen Auslegung des § 1909 Abs. 1 S. 1 BGB, wenn für einen unbegleiteten minderjährigen Flüchtling bereits das Jugendamt zum Amtsvormund bestellt wurde, dieses aber nicht über die erforderliche Sachkunde verfügt. In: Das Jugendamt (JAmt) S. 2014, 144.

DIJuF-Rechtsgutachten 09.11.2010 – J4. 300 Sch: Pflichten und Aufgaben der Träger der Kinder- und Jugendhilfe gegenüber ausländischen jungen Menschen mit unklarem Aufenthaltsstatus; Inobhutnahme nach § 42 Abs. 1 Nr. 3 SGB VIII, Leistungen für junge ausländische Volljährige nach § 41 SGB VIII; Vereinbarkeit der Leistungen der Kinder- und Jugendhilfe mit aufenthaltsrechtlichen Bestimmungen § 6 Abs. 2, §§ 41, 42 Abs. 1 Nr 3 SGB VIII, In: Das Jugendamt (JAmt) 2010, S. 547–552.

DIJuF Themengutachten: Inobhutnahme trotz Belassen des Kindes am selben Ort, DRG-1160, DIJuF-Rechtsgutachten 1. Aufl. 2015.

DIJuF Themengutachten: Keine Unterbringung von unbegleiteten minderjährigen Ausländer/inne/n in (Erst-)Aufnahmeeinrichtungen für Erwachsene, DRG-1176, DIJuF-Rechtsgutachten 1. Aufl. 2015.

DIJuF Themengutachten: Vormundschaft für unbegleitete minderjährige Ausländer/innen/Flüchtlinge – Grundlagen und Grundsätze, TG-1034, Nerea González Méndez de Vigo 1. Aufl. 2015.

Dieckhoff, Petra (Hg.) (2010): Kinderflüchtlinge. Wiesbaden: VS Verlag für Sozialwissenschaften.

Drenkhahn, Kirstin (2015): Aktuelle Aktivitäten der EU im Jugendstrafrecht – Richtlinie über Verfahrensgarantien im Strafverfahren für verdächtige und beschuldigte Kinder. In: Zeitschrift für Jugendkriminalrecht und Jugendhilfe (ZJJ) 3/2015, S. 288–292.

Eisenberg, Winfried (2012): Fachärztliche Stellungnahme, Altersfestsetzung bei jugendlichen Flüchtlingen, Herford. https://www.ak-asyl.info/uploads/media/Eisenberg_Altersfestsetzung_bei_jugendlichen_Fluechtlingen.pdf (Zugriff 20.2.2017)

Erb-Klünemann, Martina/Kößler, Melanie (2016): Unbegleitete minderjährige Flüchtlinge – eine verstärkte familiengerichtliche Herausforderung. Familien-Rechtsberater (FAmRB) 2016, S. 160–165.

Espenhorst, Niels (2011): Ein Aufmerksamkeitsdefizit der anderen Art. Es braucht einen anderen Blick auf junge Flüchtlinge. In: Sozial Extra. Zeitschrift für Soziale Arbeit, Ausgabe 9–10, S. 19–22.

Espenhorst, Niels/Noske, Barbara (2015): „Ein Tag mit meinen Elter ist besser als ein Jahr hier." Unbegleitete minderjährige Flüchtlinge zwischen Aufenthaltsrecht und Jugendhilfe. In: Zeitschrift für Jugendkriminalrecht und Jugendhilfe (ZJJ) 2015, S. 276–280.

Europäische Kommission (2016): Pressemitteilung vom 2.5.2016, abrufbar unter ec.europa.eu/eurostat.

Europäischer Gerichtshof für Menschenrechte, Antragsnummer 45355/99 und 45357/99 (Shamsa/Polen).

Europäischer Gerichtshof für Menschenrechte, Antragsnr. 19776/92 (Amuur/Frankreich), Ziff. 48.

European Ageassesment Practice in Europe, https://easo.europa.

European Commission (2010): Communication from the Commission to the European Parliament and the Council: Action Plan on Unaccompanied Minors (2010–2014). COM (2010) 213 final, 06.05.2010.

Fischer, Gottfried/Riedesser, Peter (2009): Lehrbuch der Psychotraumatologie. 4. Aufl. München: Ernst Reinhardt Verlag.

Franzen, Ruben (2015): Gut gemeint … Wie sich die EU den Schutz von Kindern vorstellt, oder: wenn mit einer Revolution von oben das Jugendstrafverfahren von den Füßen auf den Kopf gestellt wird. In: Zeitschrift für Jugendkriminalrecht und Jugendhilfe (ZJJ) 3/2015, 293–295.

Göbel-Zimmermann, Ralph/Hruschka, Constantin (2016), in: Huber, Bertold (Hg.), AufenthG; § 3 f. AsylG. 2. Aufl. 2016, München: C.H. Beck.

Habbe, Heiko (2016): Stärkung des Rechtsschutzes für Asylsuchende im Dublin-Verfahren durch den EuGH. In: Asylmagazin 7/2016, S. 206–212.

Hauck, Karl/Noftz, Wolfgang (2013): SGB VIII, Berlin: Erich Schmidt.

Heinhold, Hubert (2012): Alle Kinder haben Rechte. Arbeitshilfe für die Beratung von Kindern und Jugendlichen mit Migrationshintergrund. Herausgegeben von der Katholischen Arbeitsgemeinschaft Migration (KAM). Freiburg im Breisgau: Lambertus-Verlag.

Heinhold, Hubert (2013): Die UN-Kinderrechtskonvention und das Aufenthaltsrecht. In: Asylmagazin 3/2013, S. 62–69.

Hessischer Landtag, Drucksache 16/5229 (4.4.2006): Antwort der Kultusministerin betreffend Schulbesuch von Flüchtlingskindern.

Hessischer Landtag, Drucksache 16/12742 (23.4.2009).

Hessischer Landtag, Drucksache 18/722 (31.7.2009): Antwort des Hessischen Ministers für Arbeit, Familie und Gesundheit auf die Kleine Anfrage der Abg. Mürvet Öztürk vom 28.05.2009 betreffend Erstaufnahmeeinrichtung für Flüchtlinge auf dem Flughafen Frankfurt.

Hessischer Landtag, Drucksache 17/10454 (10.8.2012).

Himmelrath, Armin (2016): Bildungsbericht – „So preiswert ist die Integration nie wieder zu haben", unter: http://www.spiegel.de/schulspiegel/bildung-so-preiswertist-die-integration-nie-wieder-zu-haben-a-1098035.html (16.6.2016).

Hocks, Stephan (2013): Anmerkung zu BGH 29.05.2013 – XII ZB 124/12. Tatsächliche und rechtliche Verhinderung des gesetzlichen Vertreters als Voraussetzung der Bestellung eines Ergänzungspflegers in ausländerrechtlichen Verfahren. In: Das Jugendamt (JAmt) 2013, 426.

Hörich, Carsten (2015a): Aufnahmeverfahren und Lebensbedingungen von Geflüchteten in Deutschland: Die rechtlichen Rahmenbedingungen. In: Archiv für Wissenschaft und Praxis der sozialen Arbeit, Heft 4/2015, S. 7–14.

Hörich, Carsten (2015b): Abschiebungen nach europäischen Vorgaben. Die Auswirkungen der Rückführungsrichtlinie auf das deutsche Aufenthaltsrecht. Baden-Baden: Nomos.

Huber, Bertold (Hg.) (2016) AufenthG. 2. Aufl. München: C.H. Beck.

Huber, Bertold (2016): Unbegleitete minderjährige Flüchtlinge im Migrationsrecht. In: Neue Zeitschrift für Verwaltungsrecht (NVwZ-Extra) 2017, S. 1–12.

Jockenhövel-Schiecke, Helga (2006): Was ist im Zusammenhang mit unbegleiteten minderjährigen Flüchtlingen zu beachten? In: Kindler, Heinz (Hg.): Handbuch Kindeswohlgefährdung nach § 1666 BGB und Allgemeiner Sozialer Dienst (ASD). München: Deutsches Jugendinstitut e.V., Kapitel 87.

Jordan, Silke (2000): Fluchtkinder. Allein in Deutschland. Karlsruhe: Loeper.

Katzenstein, Henriette/González Méndez de Vigo, Nerea/Meysen, Thomas (2015): Das Gesetz zur Verbesserung der Unterbringung, Versorgung und Betreuung ausländischer Kinder und Jugendlicher. Ein erster Überblick. In: Das Jugendamt (JAmt) 2015, S. 530–537.

Kepert, Jan (2015): Wann öffnet sich der Geltungsbereich des SGB VIII für Asylbewerber und Geduldete – Leistungserbringung ab dem ersten Tag des Aufenthalts in Deutschland? In: Zeitschrift für Kindschaftsrecht und Jugendhilfe (ZKJ) 2015, H. 3, S. 94–97.

Kluth, Winfried/Heusch, Andreas (Hg.): BeckOK AuslR, AufenthG.

Kunkel, Peter-Christian/Kepert, Jan/Pattar, Andreas Kurt (Hg.) (2016): Lehr- und Praxiskommentar, Sozialgesetzbuch VIII Kinder- und Jugendhilfe. 6. Aufl. Baden-Baden: Nomos.

Kurz-Adam, Maria (2015): Jugendhilfe ohne Grenzen? Anmerkungen zur Zukunft der Arbeit mit unbegleiteten minderjährigen Flüchtlingen in der Kinder- und Jugendhilfe. In: Zeitschrift für Jugendkriminalrecht und Jugendhilfe (ZJJ) 3/2015, S. 272–275.

Landesbetrieb Erziehung und Beratung Freie und Hansestadt Hamburg (Hg.) (2017): Unbegleitete minderjährige Ausländer, Inobhutnahme und Betreuung im Landesbetrieb Erziehung und Beratung.

Lorz, Ralph Alexander (2010): Nach der Rücknahme der deutschen Vorbehaltserklärung. Was bedeutet die uneingeschränkte Verwirklichung des Kindeswohlvorrangs nach der UN-Kinderrechtskonvention im deutschen Recht? Herausgegeben von der National Coalition für die Umsetzung der UN-Kinderrechtskonvention in Deutschland. Berlin.

Meißner, Andrea (2010): Vormundschaften für unbegleitete minderjährige Flüchtlinge. In: Dieckhoff, Petra (Hg.) (2010): Kinderflüchtlinge. Wiesbaden: VS Verlag für Sozialwissenschaften, S. 59–62.

Meysen, Thomas/Beckmann, Janna/González Méndez de Vigo, Nerea (2016): Zugang begleiteter ausländischer Kinder zu Leistungen der Kinder und Jugendhilfe nach der Flucht. In: Neue Zeitschrift für Verwaltungsrecht (NVwZ) 2016, H. 7, S. 427–431.

Ministerium für Familie, Kinder, Jugend, Kultur und Sport des Landes Nordrhein-Westfalen/Ministerium für Inneres und Kommunales des Landes Nordrhein-Westfalen/ LVR – Landesjugendamt Rheinland/ LWL-Landesjugendamt Westfalen (Hg.) (2013): Handreichung zum Umgang mit unbegleiteten minderjährigen Flüchtlingen in Nordrhein-Westfalen, Düsseldorf.

Mohnike, Klaus (2009): Bin ich so alt wie ich gemacht werde? In: Caritasverband für das Bistum Magdeburg e.V. (2009): Mit 15 hat man noch Träume – mit 16 das Asylverfahren. Die Situation von unbegleiteten minderjährigen Flüchtlingen in Deutschland, S. 15–22.

Müller, Kerstin (2012): Die Verweigerung des Schutzes für unbegleitete Minderjährige. § 58 Abs. 1 a AufenthG oder wie der Kindeswohlgedanke ins Gegenteil verkehrt wird. In: Asylmagazin (2012), Ausgabe 11, S. 366–370.

Münder, Johannes/Meysen Thomas/Trenczek, Thomas (Hg.) (2009): Frankfurter Kommentar SGB VIII. Kinder und Jugendhilfe. 6. Aufl., Weinheim: Juventus.

Neundorf, Kathleen (2016): Rechtliche Rahmenbedingungen der Unterbringung, Versorgung und Betreuung ausländischer unbegleiteter Kinder und Jugendlicher. In: Zeitschrift für Ausländerrecht und Ausländerpolitik (ZAR) 7/2016, S. 201–209.

Noske, Barbara (2011): Zum ‚unbegleiteten minderjährigen Flüchtling' werden. In: SozialExtra – Zeitschrift für Soziale Arbeit und Sozialpolitik (2011) 9/10, S. 23–26.

Nowottny, Thomas/Eisenberg, Winfried/Mohnike, Klaus (2014): Unbegleitete minderjährige Flüchtlinge, strittiges Alter – strittige Altersfeststellung, Deutsches Ärzteblatt, Jg. 111, Heft 18.

Palandt, Otto (Begr.) (2016): Bürgerliches Gesetzbuch BGB. 76. Aufl. München: C.H. Beck.

Parusel, Bernd (2009): Unbegleitete minderjährige Migranten in Deutschland – Aufnahme, Rückkehr und Integration. Hg. vom Bundesamt für Migration und Flüchtlinge (BAMF); Working Paper 26 der Forschungsgruppe des Bundesamtes. Nürnberg.

Parzeller, Markus/Bratzke, Hansjürgen/Ramsthaler, Frank (Hg.) (2008): Praxishandbuch Forensische Altersdiagnostik bei Lebenden. Medizinische und rechtliche Grundlagen. Stuttgart/München (u.a.): Boorberg.

Peter, Erich (2010): Die Erstversorgung unbegleiteter ausländischer Minderjähriger – rechtliche Rahmenbedingungen aus Sicht der Jugendhilfe. In: AG In- und Ausländer e.V. (Hg.) (2010): Unbegleitete minderjährige Flüchtlinge in Sachsen. Dokumentation der Fachtagung in Chemnitz, S. 11–22.

Pieplow, Lukas/Gebauer, Michael/Höynck, Theresia (2015): Kommentierung der EU-Richtlinie. In: Zeitschrift für Jugendkriminalrecht und Jugendhilfe (ZJJ) 3/2015, S. 296.

Reimann, Ronald (2012): Kinder und Kindeswohl im aufenthaltsrechtlichen Verfahren In: B-UMF/DRK (Hg.) (2012): Kindeswohl und Kinderrechte für minderjährige Flüchtlinge und Migranten, S. 57–65.

Richtlinie 2008/115/EG des Europäischen Parlaments und des Rates vom 16.12.2008 über gemeinsame Normen und Verfahren in den Mitgliedstaaten zur Rückführung illegal aufhältiger Drittstaatsangehöriger (Rückführungsrichtlinie).

Richtlinie 2011/95/EU des Europäischen Parlaments und des Rates vom 13.12.2011 über Normen für die Anerkennung von Drittstaatsangehörigen oder Staatenlosen als Personen mit Anspruch auf internationalen Schutz, für einen einheitlichen Status für Flüchtlinge oder für Personen mit Anrecht auf subsidiären Schutz und für den Inhalt des zu gewährenden Schutzes (Qualifikationsrichtlinie).

Richtlinie 2013/32/EG des Rates der Europäischen Union vom 26.6.2013 über Mindestnormen für Verfahren in den Mitgliedstaaten zur Zuerkennung und Aberkennung der Flüchtlingseigenschaft (Asylverfahrensrichtlinie).

Richtlinie 2013/33/EU des Europäischen Parlaments und des Rates vom 26.6.2013 (Aufnahmerichtlinie).

Riedelsheimer, Albert (2006): Die Rechte von Flüchtlingskindern stärken. In: Deutsches Institut für Menschenrechte (Hg.) (2006): Die Menschenrechte von Kindern und Jugendlichen stärken. Dokumentation eines Fachgesprächs über die Umsetzung der Kinderrechtskonvention in Deutschland, S. 23–29.

Rieger, Uta (2010): Kinder auf der Flucht. In: Dieckhoff, Petra (Hg.) (2010): Kinderflüchtlinge. Wiesbaden: VS Verlag für Sozialwissenschaften, S. 21–26.

Riegner, Klaus (2014): Die Vertretung unbegleiteter minderjähriger Flüchtlinge in asyl- und ausländerrechtlichen Angelegenheiten. In: Neue Zeitschrift für Familienrecht (NZFam) 2014, S. 150–154.

Riegner, Klaus (2015): Sachkunde und schwierige Geschäfte bei der Vormundschaft. In: Neue Zeitschrift für Familienrecht (NZFam) 2015, S. 193–197.

Schulz, Felix (2015): Der Krieg bleibt in Kopf und Körper – Traumatisierungen unbegleiteter minderjähriger Flüchtlinge und deren Folgen. In: Zeitschrift für Jugendkriminalrecht und Jugendhilfe (ZJJ) 4/2015, S. 390–394.

Schwab, Dieter (Hg.): Münchener Kommentar zum Bürgerlichen Gesetzbuch (2012). Band 8 – Familienrecht II. §§ 1589–1921, SGB VIII. München: C.H. Beck.

Schwarz, Ulrike (2016): Asylantrag bei UMF: Besonderheiten und Handlungsalternativen. In: Anwaltsnachrichten Ausländer- und Asylrecht (ANA-ZAR), 2/2016, S. 15–16.

Schweizerische Asylrekurskommission (2000): Entscheid über eine Grundsatzfrage gemäß Art. 104 Abs. 3 AsylG i.V.m. Art. 10 Abs. 2 Bst. a und Art 11 Abs. 2 Bst a und b VO ARK vom 12.9.2000.

Smessaert, Angela (2015): Bundesregierung beschließt den Entwurf eines Gesetz es zur Verbesserung der Unterbringung, Versorgung und Betreuung ausländischer Kinder und Jugendlicher – Ein Überblick sowie eine erste vorsichtige Einschätzung. In: Zeitschrift für Jugendkriminalrecht und Jugendhilfe (ZJJ) 3/2015, S. 286–287.

Statistisches Bundesamt (Destatis), Pressemitteilung 340 v. 16.9.2015.

Statista, Durchschnittsalter junger Menschen beim Verlassen des elterlichen Haushalts nach Geschlecht in Ländern Europas im Jahr 2015. http://de.statista.com/statistik/daten/studie/73631/umfrage/durchschnittliches-alterbeim-auszug-aus-dem-elternhaus/ (14.7.2016).

Steinhaber, Martin (27.5.2015): Serie Flüchtlinge Frankfurt, http://flughafenverfahren.worldpress.com (Zugriff: 26.4.2016).

Tewocht, Hannah (2016). In: Kluth, Winfried/Heusch, Andreas (Hg.), BeckOK AuslR, AufenthG, § 36 Rn.

Tiedemann, Paul (2015): Flüchtlingsrecht. Berlin/Heidelberg: Springer Verlag.

Übereinkommen über die Rechte des Kindes vom 20.11.1989 (UN-Kinderrechtskonvention). PDF abrufbar unter: http://www.national-coalition.de/index.php?id1=3&id2=3&id3=0 (Zugriff am 16.1.2013).

Ujkasevic, Corinna (2015): Junge Flüchtlinge in Deutschland – Ein besonderer Fall für die Refugee Law Clinic Cologne. In: Zeitschrift für Jugendkriminalrecht und Jugendhilfe (ZJJ) 4/2015, S. 368–370.

UN-Ausschuss gegen Folter (2011): Siebenundvierzigste Tagung vom 31.10.2011 bis 25.11.2011. Abschließende Bemerkungen zu dem Bericht Deutschlands gemäß Artikel 19 des Übereinkommens. PDF abrufbar unter: http://www.institut-fuer-menschenrechte.de/filead-min/user_upload/PDF-Dateien/Pakte_Konventionen/CAT/cat_state_report_germany_5_2009_cobs_2011_de.pdf. (Zugriff am 18.4.2013).

Veit, Barbara (2016): Das Gesetz zur Verbesserung der Unterbringung, Versorgung und Betreuung ausländischer Kinder und Jugendlicher. In: Zeitschrift für das gesamte Familienrecht (FamRZ) 2/2016, S. 93–99.

Verordnung (EG) Nr. 562/2006 des Europäischen Parlaments und des Rates vom 15.3.2006 über einen Gemeinschaftskodex für das Überschreiten der Grenzen durch Personen (Schengener Grenzkodex).

Wiesner, Reinhard (Hg.) (2015): Kommentar, SGB VIII Kinder- und Jugendhilfe. 5. Aufl. München: C.H. Beck.

Abkürzungsverzeichnis

A
Abs.	Absatz
a.F.	alte Fassung
Art.	Artikel
AsylbLG	Asylbewerberleistungsgesetz
AsylG	Asylgesetz
AsylVfG	Asylverfahrensgesetz
AufenthG	Aufenthaltsgesetz
AuslR	Ausländerrecht
AVwV	Allgemeine Verwaltungsvorschrift
AZR	Ausländerzentralregister

B
BaföG	Bundesausbildungsförderungsgesetz
BAMF	Bundesamt für Migration und Flüchtlinge
BGB	Bürgerliches Gesetzbuch
BGH	Bundesgerichtshof
B-UMF	Bundesfachverband Unbegleitete Minderjährige Flüchtlinge e.V.
BVerfG	Bundesverfassungsgericht
BVerwG	Bundesverwaltungsgericht

C
CT	Computertomographie-Diagnostik

E
EASY-Verfahren	IT-Anwendung zur Erstverteilung der Asylbegehrenden auf die Bundesländer
EMRK	Europäische Menschenrechtskonvention
EURODAC	European Dactyloscopy, europäische Datenbank zur Speicherung von Fingerabdrücken

F
FamFG	Gesetz über das Verfahren in Familiensachen und in den Angelegenheiten der freiwilligen Gerichtsbarkeit

G
GARP	Government Assisted Repatriation Program
GFK	Genfer Flüchtlingskonvention (Abkommen über die Rechtsstellung der Flüchtlinge vom 28.7.1951)
GG	Grundgesetz für die Bundesrepublik Deutschland
GU	Gemeinschaftsunterkunft

I
isd	im Sinne des
i.V.m.	in Verbindung mit
JAmt	Das Jugendamt – Zeitschrift für Jugendhilfe und Familienrecht

K
KICK	Gesetz zur Weiterentwicklung der Kinder- und Jugendhilfe
LEA (alt: LASt)	Landeserstaufnahmestelle für Flüchtlinge
LG	Landgericht

N
NGO	Non-Governmental Organisation / Nicht-Regierungs-Organisation
NJW	Neue Juristische Wochenschrift (Zeitschrift)

O
OLG	Oberlandesgericht

R
REAG	Reintegration and Emigration Program for Asylum Seekers in Germany
Rn.	Randnummer
RöV	Verordnung zum Schutz gegen die Schäden durch Röntgenstrahlung

S
SGB	Sozialgesetzbuch
SGG	Sozialgerichtsgesetz
SGK	Schengener Grenzkodex
StGB	Strafgesetzbuch

StPO		Strafprozessordnung
T		
TZFO		Therapiezentrum für Folteropfer der Caritas für die Stadt Köln
U		
umA		unbegleitete(r) minderjährige(r) Ausländer
umF		unbegleitete(r) minderjährige(r) Flüchtling(e)
UNHCR		United Nations High Commissioner for Refugees (Flüchtlingshilfswerk der Vereinten Nationen)
UN-KRK		UN-Kinderrechtskonvention
V		
VG		Verwaltungsgericht
VGH		Verwaltungsgerichtshof
VN		Vereinte Nationen
VwGO		Verwaltungsgerichtsordnung
VwVfG		Verwaltungsverfahrensgesetz
Z		
ZPO		Zivilprozessordnung

Die Autorinnen und Autoren

Herrmann, Timo
Abteilungsleiter Hilfen zur Erziehung am Institut für Kinder- und Jugendhilfe (IKJ) Mainz, herrmann@ikj-mainz.de

Hiller, Stephan
Geschäftsführer Bundesverband katholischer Einrichtungen und Dienste der Erziehungshilfe (BVkE), Stephan.Hiller@caritas.de

Hörich, Carsten
Dr., selbstständiger Dozent für Migrationsrecht und Lehrbeauftragter an der Martin-Luther-Universität Halle-Wittenberg, ca.hoerich@gmail.com

Irmler, Dorothea
MA, Psychotherapeutin, Ethnologin, Tätigkeit im Therapiezentrum für Folteropfer des Caritasverbandes für die Stadt Köln, therapiefolteropfer@caritas-koeln.de

Macsenaere, Michael
Prof. Dr., Geschäftsführender Direktor am Institut für Kinder- und Jugendhilfe (IKJ) Mainz. Aktuelle Lehrtätigkeit an der Johannes Gutenberg-Universität Mainz, Universität Köln, Hochschule Niederrhein. Forschungsschwerpunkte: Evaluation im Sozialwesen, Qualitätsentwicklung und wirkungsorientierte Steuerung, Ressourcenorientierte Pädagogik, Sportpsychologie, macsenaere@ikj-mainz.de

Neundorf, Kathleen
wissenschaftliche Mitarbeiterin am Lehrstuhl für öffentliches Recht von Prof. Winfried Kluth an der Martin-Luther-Universität Halle-Wittenberg, Mitwirkende in der an dem Lehrstuhl angebundenen Forschungsstelle Migrationsrecht (FoMig), betreut seit 2015 das Praxisprojekt Migrationsrecht, kathleen_neundorf@gmx.de

Riesterer, Ulrich
Erster Oberamtsanwalt bei der Staatsanwaltschaft Freiburg. Aktuell tätig in der Abteilung IV der Staatsanwaltschaft Freiburg mit Sonderzuständigkeit für Aufenthalts-, Waffen- und Umweltrecht

Schwille, Jakob
Dipl. Sozialpädagoge und Dipl. Sozialarbeiter, verantwortlich für den Bereich Erziehung – Schwerpunkt Inobhutnahme im Christophorus Jugendwerk Oberrimsingen bei Freiburg, Lehrbeauftragter an der Katholischen Hochschule Freiburg, Jschwille@cjw.eu

Stückrath, Birgitta
Dr., seit 2003 Richterin am Amtsgericht Freiburg, aktuell tätig als Jugendrichterin und Jugendschöffenrichterin mit Sonderzuständigkeit Jugendschutzdelikte, Schöffenwahl und Opferschutzbeauftragte, stellvertretende Fachbereichsleiterin, Stueckrath@AGFreiburg.justiz.bwl.de

Vogel, Claudia
Rechtsanwältin in Freiburg, u. a. Dozentin an der VWA-Freiburg zu migrationsrechtlichen Themen, Dozentin für Arbeitsrecht an der Dualen Hochschule Lörrach, Referentin Informationsveranstaltung für Arbeitgeber „Vom Geflüchteten zum Mitarbeiter", Freiburg, claudia-vogel@versanet.de